Heilerinnen und Heiler in der Deutschschweiz

Magnetopathen, Gebetsheiler, Einrenker

D1661953

ÉDITIONS FAVRE AG

Hauptsitz
29, rue de Bourg
CH-1002 Lausanne
Tel.: +41 21 312 17 17
Fax: +41 21 320 50 59
lausanne@editionsfavre.com

Büro in Paris
12, rue Duguay-Trouin
F-75006 Paris
Tel.: +33 1 42 22 01 90
Fax: +33 1 42 22 01 90
paris@editionsfavre.com

www.editionsfavre.com

Layout: EdiPlus GmbH

Offizielle Hinterlegung in der Schweiz im November 2009.

ISBN 978-2-8289-1106-5

Magali Jenny & Riti Sharma

Heilerinnen und Heiler in der Deutschschweiz

Magnetopathen, Gebetsheiler, Einrenker

FAVRE

À mon frère, Pierre, parce que les « pierres » ne sont pas seulement solides, elles sont surtout uniques et précieuses…

Für meine Eltern.

Herzlichen Dank

An Franz-Josef Schawalder für seine unschätzbare Unterstützung, seine wertvollen Impulse und Korrekturen als Lektor, an Prof. Reinhard Saller für das Vorwort, an Angèle Kopf Knipp für die Übersetzung, an unsere Telefonistin Laurence Dumoulin, an Familie Ursula und Josef Häfliger, Rita und Franz-Josef Schawalder und Familie Franziska Walliser und Beat Walker für ihre Gastfreundschaft und Beherbergung während unserer Recherchen durch die Schweiz, an Lidiane Quaglia vom Verlag Favre für ihre Geduld.

An alle bekannten und entfernten Informanten, ohne die die Adressliste nicht zustandegekommen wäre – insbesondere Sarah, Daniela, Marina und Josef.

An all jene aus nah und fern, die auf irgendeine Weise zu diesem Buch beigetragen haben.

Unser Dank gilt vor allem:

Den Heilerinnen und Heilern – die uns bereitwillig ihre Türen und Herzen öffneten – für ihre Zeit, ihre Gastfreundschaft und für all das Gute, das sie ihren Mitmenschen zukommen lassen. Danke an all die Personen, die sich uns anvertraut haben und uns ihre Sichtweisen darlegten.

Riti Sharma dankt:

Franziska, Cornelia, Carlos und Sabine für ihre Inputs, Julius Effenberger für seinen wertvollen Rat, und aus ganzem Herzen Erich Wyss für alles.

Magali Jenny remercie:

Franco pour son amour, ma maman Ileana pour tout, mon papa et ma nonna parce qu'ils veillent sur nous, ma belle-sœur de cœur Farida pour sa présence lumineuse, mes neveux Malik et Zakari pour leurs rires, Irma pour sa précieuse amitié, Mallory, Anne, Noële, Véronique, Ileana I., Carlo, Dominique, les motard-e-s, mes collègues, ma grand-maman pour mes racines suisses allemandes, Alain Wicht et *La Liberté* pour la photo, meiner deutschen «Gastfamilie» Kurt, Ute, Steffen und Eva Bressler, die mir die Sprache Goethes nähergebracht hat, mes amis proches et lointains, tous ceux sans qui rien ne serait possible.

Inhaltsverzeichnis

Inhaltsverzeichnis

Vorwort

Die Bedeutung, die Heilerinnen und Heiler sowie die von ihnen praktizierten Vorgehensweisen in den Vorstellungen von Patienten über Möglichkeiten von Beschwerdelinderung, Genesung und Heilung spielen, wird oft unterschätzt. Dies könnte damit zusammenhängen, dass zusammenfassende Darstellungen realitätsbezogener Informationen und möglichst vorurteilsfreie kritische Auseinandersetzungen in der derzeitigen Diskussion unterrepräsentiert sind. Hinzu kommt, dass die Praxis solcher Heiltätigkeit kulturgeschichtlich häufig sehr statisch, fast ahistorisch gesehen und die komplexe Dynamik von vielfältigen Entwicklungen in Ausbildung und praktischer Tätigkeit nur zögerlich wahrgenommen wird. Dies betrifft auch die Differenzierung von traditionellen und modernen Heilern, die Wege der Weitergabe entsprechenden Wissens, die Versuche der Professionalisierung von Berufsbildern und die schwierigen Fragen von Qualitätssicherung im Umgang mit hilfesuchenden Personen. Neben einer weiterhin bestehenden traditionellen Einbettung scheint sich zunehmend eine globale Übernahme und Vermischung von Gedankengut, Methoden und Vorgehensweisen zu entwickeln. Dies alles äussert sich in einer anschwellenden Vermischung von Heiltechniken und Theorien aus unterschiedlichen Kulturen. Die praktische Tätigkeit entwickelt sich in Richtung eines variablen Eklektizismus und Synkretismus.

Soweit Heiler und ihre Vorgehensweisen sich mit kranken Menschen und Krankheiten beschäftigen, werden diese Bereiche üblicherweise dem weiten Feld von Komplementärmedizin zugerechnet. Komplementärmedizinische Berufsgruppen müssen sich zumindest in der Beratungstätigkeit damit beschäftigen, da sie relativ häufig um möglichst qualifizierte patienten- bzw. situationsbezogene Einschätzungen gebeten werden. Für eine Beantwortung der Fragen und eine Begleitung der Patienten, die, zumeist temporär, eine Heilertätigkeit in Anspruch nehmen, reichen derzeit die vorhandenen Erfahrungen, die mit den momentan üblichen Methoden der Evidence-based Medicine gewonnen werden, nicht aus. Gerade die Fragen der Qualitätssicherung und die Fragen nach Seriosität von Anbietern müssen schwerpunktmässig anhand einer sorgsamen Einschätzung der Persönlichkeiten von Heilern aufgegriffen werden. Anhand von Quellen nachvollziehbare Darlegungen von Heilern und ihrer Tätigkeiten sind dringend notwendig. Dies sollte auch unmittelbar praktische Gesichtspunkte umfassen wie Kostenfragen und bevorzugte Tätigkeitsfelder.

Eine gleichermassen um Authentizität und kritische Auseinandersetzung bemühte Darstellung dieses offensichtlich bedeutsamen gesellschaftlichen Phänomens greift ein eigentlich selbstverständliches und zweifelsohne grosses und bislang weitgehend vernachlässigtes Informations- und Diskussionsbedürfnis in der Bevölkerung, aber auch in Berufsgruppen auf, die in Beratung und Therapie mit Heilern und Heiltätigkeiten konfrontiert sind.

Prof. Dr. med. Reinhard Saller

Hinweise

In diesem Buch geht es nicht darum, irgendjemand von irgendetwas zu überzeugen, sondern nur darum, über festgestellte Tatsachen zu berichten und über die Sichtweisen einiger Männer und Frauen, die es sich zur Aufgabe gemacht haben, anderen Menschen zu helfen, und die im Volksmund als Heilerinnen und Heiler bezeichnet werden. Die meisten der befragten Personen betonen jedoch, dass nicht sie direkt heilen, sondern dass eine höhere Macht oder der Kranke selber, der aus Ressourcen schöpft, die er bis dahin vielleicht ignoriert hatte, die Heilung bewirkt.

Dieses Buch liefert keine wissenschaftlichen Beweise, keine Erklärungen oder unwiderlegbaren Theorien. Bislang ist es der Wissenschaft noch nicht gelungen, das Unerklärbare, Unsichtbare und deren tatsächliche Wirksamkeit zu beweisen. Es erzählt von Begegnungen, nicht mit Magiern, Gurus oder Wundertätigen, sondern mit Männern und Frauen, die während der Zeit eines Interviews von ihren Erfahrungen als Heilerinnen und Heiler, ihren Lebensanschauungen und Gefühlen, ihren Erfolgen und manchmal auch Misserfolgen berichten.

Die Adressliste steht den Lesern und Leserinnen im Anhang zur Verfügung. Sie ist das Resultat einer Suche, die vor allem durch Mund-zu-Mund-Propaganda zustande kam und später durch verschiedene andere Quellen erweitert wurde. Alle aufgelisteten Personen haben ihr Einverständnis dazu gegeben, in dieser Adressliste aufgeführt zu werden. Neben den Deutschschweizer Heilerinnen und Heilern werden auch solche aus der Romandie aufgeführt. Es ist jeweils vermerkt, falls sie nur Französisch sprechen, obwohl sie betonen, dass die

«Sprache des Herzens» universell ist. Diese Liste erhebt keinen Anspruch auf Vollständigkeit, doch sie ist bestimmt für jene Ratsuchenden hilfreich, die sich an eine Heilerin oder einen Heiler wenden möchten. Es war den Autorinnen verständlicherweise unmöglich, mit allen aufgeführten Personen in persönlichen Kontakt zu treten; deshalb können sie auch nicht für deren Effizienz und Aufrichtigkeit garantieren.

Es ist jedem Menschen freigestellt, sich an eine/n der erwähnten Adressat(inn)en zu wenden oder auch nicht, und es steht in der Verantwortung jedes Einzelnen, selber Kontakt aufzunehmen, die Konditionen der Heilerin oder des Heilers anzunehmen oder abzulehnen und sich gegebenenfalls einer Behandlung zu unterziehen. Aus diesem Grunde lehnen die Autorinnen und der Verlag jegliche Haftung ab.

Der Besuch bei einem Heiler oder einer Heilerin darf den Gang zum Arzt nicht verhindern, denn diese Behandlungen sind kein Ersatz für ärztliche Betreuung. Auch sollte keine angefangene, ärztlich verordnete Therapie abgebrochen werden. Zahlreiche Heiltätige appellieren an eine offenere Medizin, die anerkennt, dass es die festgestellten Phänomene gibt, obwohl sie von der Wissenschaft noch nicht erklärt werden können, und viele sind bereit für eine Zusammenarbeit mit der Schulmedizin.

All jenen Skeptikern, die in diesen Berichten nur Folklore und Einfältigkeiten sehen, können die Heilenden und deren Klientel nur antworten: «Hauptsache, es wirkt…».

Einleitung

«*Wer über Heiler schreibt, wird oft als rückständig und offen für okkulte Phänomene betrachtet. Noch bizarrer mag es erscheinen, wenn Ärzte sich interessiert zeigen. Ihre unvoreingenommene Neugier widerspricht der Erwartung, die man an Ärzte stellt: Gewöhnlich müssten sie die Heiler als Scharlatane oder Verrückte verurteilen. Wer aber vernünftig argumentiert, wird kaum abstreiten können, dass Ärzte und Heiler ein gemeinsames, grundlegendes Ziel verfolgen, nämlich das des Heilens.*

Ärzte und Heiler halten sich aber eher auf Distanz und sehen es nicht gern, wenn man ihre Praktiken verwechselt. Vor allem die Ärzte wehren sich dagegen, mit Heilern in Verbindung gebracht zu werden.»[1]

Seit Generationen werden überall auf der Welt volkstümliche Heilmethoden weitervererbt, um leidenden Menschen Linderung zu verschaffen. Die Abgelegenheit gewisser Siedlungen, der Verlust von kulturellen Anhaltspunkten, aber auch Geldmangel sind unter anderem Gründe, warum auf dieses Wissen einer anderen Zeit zurückgegriffen wird. Das Wissen und die Techniken der Medizinmänner, Schamanen und Heiler mögen zwar unterschiedlich sein, gemeinsam ist ihnen allen jedoch, dass sie im Einklang mit der lokalen Kultur mit dem einzigen Ziel arbeiten, Körper und Geist als Ganzheit Linderung zu verschaffen und den Heilungsprozess in Gang zu setzen.

Über dieses Gebiet gäbe es viel zu berichten, darum beschränkt sich diese Arbeit auf die Heiler und Heilerinnen in der Deutschschweiz und den angrenzenden zweisprachigen Kantonen, die sich geografisch und kulturell nahestehen.

---

[1] Blondel, 1991: 61. Unsere Übersetzung.

Dieses Buch ist das Deutschschweizer Pendant zu Magali Jennys *Guérisseurs, rebouteux et faiseurs de secret en Suisse romande*[2], ein in der Romandie veröffentlichtes Buch, welches auf Forschungsdaten einer Lizentiatsarbeit im Bereich der Sozial- und Kulturanthropologie[3] beruht. Es basiert hauptsächlich auf Interviews mit über 30 Heilerinnen und Heilern in verschiedenen deutschsprachigen Kantonen.

Wie in der welschen Schweiz existiert auch in der Deutschschweiz eine lange Tradition von Volksheilern, Handauflegern und Gebetsheilern. Spricht man von ihren volkstümlichen Praktiken, tauchen unweigerlich Legenden, Erzählungen sowie erlebte und erzählte Geschichten aus der Kindheit auf. Auch wenn nicht jeder von uns die Hilfe eines Heilers in Anspruch genommen hat, so kennt er doch in seinem Umfeld mindestens eine Person, die schon Kontakt zu einem Heiler oder einer Heilerin hatte. Man hört öfters Geschichten von Eltern, die ihr Kind nach vielen erfolglosen Behandlungen beim Dermatologen auf Anraten einer Drittperson zu einem Heiler brachten, und dieser Warzen oder ein Ekzem zum Verschwinden brachte. Aber auch Erzählungen von Verbrennungen, die keine Narbe hinterlassen und nicht mehr schmerzen, oder von starken Blutungen, die augenblicklich aufhörten, nachdem ein Heiler angerufen wurde. Oder, dass sich bei immer wiederkehrenden Beschwerden ein Pendler als wirksam erweist, um deren Ursachen zu finden. Rückenschmerzen, Verrenkungen, Halssteife, Ekzeme oder Migräne, Arthrose und sogar Multiple Sklerose oder Krebs, die Übel, deretwegen man die traditionellen Heiltätigen aufsucht, sind zahlreich und reichen von unbedeutenden bis zu schwerwiegenden Fällen.

Ziel dieses Buches ist es, ein gesellschaftliches Phänomen zu beschreiben, ohne Stellung zu beziehen, soweit dies möglich ist. Denn das Ideal «Objektivität» gibt es nicht. Da es sich um ein umstrittenes Thema handelt, scheint uns Ehrlichkeit die

---

[2] Siehe JENNY, 2008.
[3] Siehe JENNY, 2005.

beste Vorgehensmethode bei dieser Arbeit zu sein, zumal das Unerklärliche schon immer einen schweren Stand hatte, auch heute noch von Geheimniskrämerei umgeben ist und von vielen Seiten kritisiert wird. Um hier etwas Licht ins Dunkel zu bringen, interessierten uns neben verschiedenen anderen Fakten hauptsächlich folgende Fragen: Wer sind nun diese Heiler? Wo lassen sie sich einordnen? Was heilen sie? Was kosten ihre Behandlungen? Wie erkennt man einen seriösen Heiler?

Die Arbeit ist in zwei Teile aufgebaut. Im ersten Teil wird den wichtigsten Fragen, die sich in Bezug zu Heilern in der Deutschschweiz stellen, nachgegangen. Dabei wird versucht, die Herkunft dieser volksheilkundlichen Techniken zu erläutern und verschiedene Heiler-Kategorien zu definieren. Es wird auf den Begriff der «Gabe» ebenso eingegangen wie auf die Position der Schulmedizin sowie der katholischen und reformierten Kirchen, denn das Christentum hat einen direkten Bezug zu dieser Tradition im schweizerischen Kontext. Schliesslich wird die Frage gestellt, warum die Schweizer Bevölkerung heute noch Heiler aufsucht. Der zweite Teil ist den Heiler-Porträts gewidmet. Darunter befinden sich bekannte und weniger bekannte Heilerinnen und Heiler, die jedes Jahr vielen Dutzend Menschen helfen. Mit einem Stern gekennzeichnete Wörter werden im Anhang im Glossar erklärt. Danach folgt die Adressliste der heiltätigen Personen, die nach Kantonen und Spezialgebieten unterteilt sind. Jene, die sich ins Thema vertiefen möchten, finden am Schluss des Buches ein reichhaltiges Literaturverzeichnis zur Orientierung sowie verschiedene Internetlinks.

Wir möchten noch darauf hinweisen, dass Zitate in Anführungszeichen, aber nicht in Kursivschrift, die nicht von einer Fussnote oder einer sonstigen Erklärung begleitet sind, die direkte Aussage der interviewten Personen (Heiler, Experten, Klienten usw.) wiedergeben. Einige dieser Personen wollten anonym bleiben, und aus diesem Grund sind gewisse Zitate ohne Quellenangabe. Alle Übersetzungen aus dem Französischen ins Deutsche wurden von den Autorinnen vorgenommen.

Um den Lesefluss zu erleichtern und lange umständliche Bezeichnungen zu umgehen, haben wir uns entschlossen, nur die maskuline Form von Heiler zu verwenden. Es versteht sich von selbst, dass stets beide Geschlechter, also sowohl Heilerinnen wie auch Heiler, damit gemeint sind.

Die Heiltätigen benennen jene Leute, die sie behandeln, sehr unterschiedlich, am gebräuchlichsten sind: Klienten, Kunden oder Patienten. Daneben werden Bezeichnungen wie Ratsuchende, Suchende oder Gäste verwendet. Die genannten Begriffe werden in diesem Buch so wiedergegeben, wie die befragten Personen sich oder die anderen bezeichnen.

Stand der Dinge

Alljährlich finden in der ganzen Schweiz verschiedene Gesundheitsmessen statt, die sich der «alternativen» Medizin widmen und dadurch Interessierte anziehen. Aussteller, die ihre zahlreichen Heil- und Pflegetechniken oder ihre natürlichen Produkte anbieten, sind dort ebenso anzutreffen wie Vortragende, die die Besucher über die neuesten Wohlfühlprodukte und «Gesundbleib»-Methoden informieren. Therapeutische Techniken und Theorien aus der ganzen Welt werden dort vorgestellt, aber sozusagen nichts, was die traditionelle Volksheilkunde der Deutschschweiz betrifft.

Im Gegensatz zu den präsentierten neuen Techniken lassen die traditionellen Praktiken der Schweizer Volksheilkunde den Anschein aufkommen, dass es sich dabei um Relikte aus einer anderen Zeit handelt und die heute verschwunden seien. Doch weit gefehlt. Sie sind nicht nur weit verbreitet, sondern das Thema scheint zudem wieder in Mode[4] zu geraten. Die Öffentlichkeit interessiert sich dafür, was auch Artikel über Heiler in der regionalen und nationalen Presse beweisen. Auch das Schweizer Fernsehen hat in den letzten Jahren mehrere Beiträge zu diesem Thema ausgestrahlt. Zudem veröffentlichen einzelne Heiler, oft in Eigenregie, ihre Autobiografien.

Das grösste Problem der Volksheilkunde bleibt aber nach wie vor, dass sie aus Mangel an wissenschaftlichen Beweisen als naiver Glaube abgestempelt wird. Auch das nachfolgende Zitat bringt dies zum Ausdruck: «*Das Geistige Heilen steht noch immer im Spannungsfeld von sensationsheischender*

---

[4] Einige Beispiele: Aschwanden, 2008: *Der Handaufleger*, Dokfilm SF; «Oh Wunder», Artikel in: *Annabelle*, 18/09; «Heiler werden», Theaterproduktion der Kaserne Basel, siehe: www.kaserne-basel.ch/Theater/151009.

Berichterstattung über „Wunderheiler" in Boulevard-Medien einerseits und pauschaler Ablehnung und Verurteilung von seiten gewisser medizinischer und wissenschaftlicher Kreise andererseits. Trotz vieler Medienberichte besteht immer noch ein Informationsdefizit. Bei den „Basler Weltkongresse für Geistiges Heilen" erleben wir die gewaltige Nachfrage nach seriösen Heilern und das Interesse an Informationen darüber, was sie tun. Dass unser Gesundheitswesen krank ist, ist eine Binsenweisheit. Ich glaube fest daran, dass es sich positiv auswirken wird, Geistiges Heilens [sic] ins Gesundheitswesen einzubeziehen. Die zunehmende öffentliche Akzeptanz und die unbestreitbaren Erfolge Geistigen Heilens werden ausserdem dazu führen, dass sich Wissenschaftler vermehrt mit den physikalisch-energetischen Aspekten auseinandersetzen, die bei dieser Behandlungsform mitwirken. Die Erforschung dieser feinstofflichen Energien wird auch der Suche nach Erklärungen für andere Psi-Phänomene einen Schub geben, da bin ich mir sicher.»[5]

Es macht nicht den Anschein, als ob sich die Schul- und die Volksmedizin in absehbarer Zeit einander annähern würden. Dies trotz der Tatsache, dass sie gegenseitig voneinander profitieren könnten, um dadurch wirkungsvoll gegen Krankheiten vorzugehen – zum Wohl des Patienten. Ebenfalls lässt sich feststellen, dass sogar im 21. Jahrhundert Heiler und Religion nicht immer gut aufeinander zu sprechen sind. Ein Teil der Gläubigen sieht in den Gebeten der Heiler diabolische Formeln und in der Heilung einzig und allein das Werk des Teufels. Sie scheinen die Tatsache zu ignorieren, dass die Mehrzahl der Heiler sich als Vermittler zwischen dem Klienten und einer höheren Macht verstehen, die sie sich nicht scheuen, göttliche Kraft oder sogar Gott zu nennen. Gewisse Menschen halten jedoch daran fest, in diesen populären Praktiken das Werk okkulter Mächte zu sehen.

---

[5] www.psi-infos.de/heiler-zentrum_basel_-_intervi.html (1 of 4) (Stand: 14. 01.2009).

Was versteht man unter «Heiler»?

«Är cha mit Worte tue», «Er cha meh als nume Brot ässe», «Er gseht meh als anderi». Mit solchen Redewendungen werden im Volksmund Menschen bezeichnet, die eine besondere Gabe besitzen und von denen man annimmt, dass sie etwas «mehr können» als der Durchschnittsmensch. Es sind die sogenannten Heiler.

Die Heiltätigen selber haben oft Mühe, sich zu definieren, und gebrauchen weder einen einheitlichen Begriff für ihre Tätigkeit noch für ihre Person. Die Bezeichnung «Heiler» kann als Oberbegriff verstanden werden, um Personen zu bezeichnen, die verschiedene Heiltechniken praktizieren, ohne eine Verbindung zur Schulmedizin zu haben. Ihre Wurzeln liegen ganz klar in der traditionellen Volksmedizin.

Zu den volkstümlichen Heilformen werden das Gebets- und Spruchheilen*, das Einrenken*, das Handauflegen oder der Magnetismus* gezählt. Die Heiler werden dementsprechend Gebetsheiler, Gesundbeter, Besprecher, Einrenker*, Handaufleger oder Magnetopathen* genannt. Auch Pendler* und Wassersucher, die heute unter dem Begriff Radiästheten* zu finden sind, gehören in diese Tradition. Die traditionelle Volkmedizin, in der die Heiler nur einen Teil darstellen, kennt viele verschiedene Heilformen, wie z.B. Krankenwallfahrten oder die Kräuterheilkunde, auf die hier aber nicht näher eingegangen wird.

Neben den traditionellen Heilern gibt es heute immer mehr sogenannte «moderne» Heiler, die eine naturheilkundliche Ausbildung gemacht haben oder fernöstliches und esoterisches Gedankengut in ihre Praktiken mit einbeziehen. Mittlerweile sind unzählige neue Heilmethoden im Umlauf, die alle ihre eigenen Bezeichnungen haben, wie z.B. die Energetik*, das Reiki* oder Therapeutic Touch. Der Begriff «Geistheilen» bzw. «Geistheiler*» ist ebenfalls eine relativ neue Bezeichnung, die vom englischen *spirit healing* oder *spiritual healing* (geistige Heilung) übernommen wurde und sich nicht als eine bestimmte Methode versteht, sondern vielmehr für fast alle Heilformen und synonym zum Begriff «Heiler» verwendet wird. Daneben tauchen auch immer häufiger Begriffe wie mentales, spirituelles und energetisches Heilen auf.

«Die traditionellen Heiler sind charakterisiert durch geringe Bildung, aus der sozialen Unterschicht, meist in ländlichen Gebieten tätig, aus innerer Berufung helfend, intuitiv handelnd ohne ausgefeilte Theorie, meist christlich-religiös orientiert.»[6] Was Harald Wiesendanger, Spezialist für Heilerfragen in Deutschland, im Jahre 1996 festgestellt hat, ist zehn Jahre später in der Schweiz schon nicht mehr aktuell. Auch wenn sie vollkommen in die Gesellschaft, in der sie leben, integriert sind und der Grossteil eine berufliche Tätigkeit in einem ganz anderen Bereich ausübt, ist heutzutage eine Professionalisierung dieser volksheilkundlichen Methoden zu beobachten. Immer mehr Heiler absolvieren eine Ausbildung in einem der vielen Bereiche der Alternativmedizin, einerseits um ihr Wissen zu vergrössern und andererseits um ein Diplom als Therapeut zu erlangen, das ihnen die Eröffnung einer Praxis und damit die Ausübung ihrer Gabe als Haupterwerbszweig ermöglicht. Diejenigen Heiler, die man als traditionell bezeichnen könnte, die nie eine Ausbildung gemacht haben, die ihre Fähigkeiten meistens intuitiv entdeckten oder denen das Wissen von einer anderen, schon praktizierenden Person weitergegeben wurde, gehören der älteren Generation an. Die Jungen haben fast alle eine oder mehrere Ausbildungen absolviert, was auch die Unterscheidung zwischen Heiler und Therapeut schwierig macht. Die Mehrheit derer, die in beiden Kategorien auftreten, sind übrigens im Schweizerischen Verband für Natürliches Heilen[7] (SVNH) eingeschrieben, der von seinen Mitgliedern eine gewisse Anzahl Qualitätskriterien verlangt, um als Therapeut qualifiziert zu werden, zum Beispiel regelmässige Weiterbildungen.

---

[6] WIESENDANGER, 1996: 19.

[7] Für mehr Informationen: www.svnh.ch

Aber nicht alle eröffnen eine Praxis. Daher fand der grösste Teil der Interviews bei den Heilern zu Hause statt, sehr oft bei einer Tasse Tee oder Kaffee. Diejenigen, die diese Tätigkeit hauptberuflich ausüben, haben meistens einen Raum zur Verfügung, der als Sprechzimmer dient. Er befindet sich oft ausserhalb der Wohnung, ist aber trotzdem nahe und schnell erreichbar. Überall war der Empfang herzlich und die Leute antworteten gerne auf die Fragen. Häufig schlug man uns vor, einen Test zu machen, und so wurde auf eine ganz spontane Art der eine oder andere Rat gegeben. Dabei zeigte es sich, dass es dem Heiler leichter fiel, direkt Hand anzulegen und zu zeigen, was er macht, als lange Erklärungen über seine Vorgehensweisen abzugeben. Bei etlichen der von uns besuchten Personen zeugt eine umfangreiche Fachbibliothek von ihrem Interesse an spezifischen Heilmethoden und von ihrem Begehren, sich immer mehr Wissen anzueignen. Andere wiederum verlassen sich rein auf ihren Instinkt und ziehen es vor zu handeln, anstatt nach Erklärungen zu suchen, die ihrer Meinung nach sowieso keinen Einfluss auf die Erhöhung der Heilungschancen ihrer Klienten haben.

Äusserlich unterscheiden sich die Heiler nicht vom Rest der Bevölkerung. Sie sind vielleicht anders, weil sie sich durch ein Verlangen auszeichnen, den Kranken und Leidenden zu helfen. Oder durch ein besonderes Talent, eine Sensibilität und eine aussergewöhnliche Empathie*, eine totale Einsatzbereitschaft und Verfügbarkeit. Und weil sie manchmal unerklärbare Situationen erleben. Wurden solche Menschen in gewissen Epochen stigmatisiert und gemieden, so ist dies heute nicht mehr der Fall. Viele werden heute gar als Originale betrachtet, und wenn es Probleme gibt, ist dies oft auch auf Neid zurückzuführen.

Die Heiler sehen sich überwiegend als Vermittler, die versuchen, eine in jedem Menschen innewohnende Kraft zu mobilisieren, um die Heilung in Gang zu setzen. Zu diesem Zweck bedienen sie sich der kulturellen Codes ihres Umfeldes, in dem sie leben und praktizieren. Daher müssen sie ihre Qualitäten zuerst beweisen, bevor sie das volle Vertrauen der Klienten erhalten. Dies ist ein Grund, warum vor allem die jüngeren Heiler sich Mühe geben, bekannt zu werden, und darum oft einen eher klassischen therapeutischen Weg einschlagen, um eine gewisse Legitimität zu erwerben. Aber sie werden sich sehr schnell bewusst, dass das, was sie am besten können, nicht das ist, was sie gelernt haben, sondern das, was «in ihnen ist» und was sich mit Instinkt, Intuition, angeborenem Wissen oder Gabe bezeichnen lässt. Werbung ist also nutzlos und die Mund-zu-Mund-Propaganda der beste Weg, um zu Ansehen zu kommen. Nicht wenige haben sehr viel zu tun, vor allem diejenigen, die erfolgreich sind. Neunstündige Arbeitstage seien keine Ausnahme, und einige arbeiten auch sonntags. Eine Informantin berichtete über eine Berner Einrenkerin und Heilerin, die schon gar nicht mehr ans Telefon gehe, da sie so viel zu tun hat. Die Leute aus der Umgebung würden einfach bei ihr auf dem Hof vorbei kommen und sich in die Stube – die als Wartezimmer dient – setzen und warten, bis sie an die Reihe kämen.

Der Begriff Heiler, der oft dazu benutzt wird, verschiedenste Kategorien und volkstümliche Praktiken ohne Unterscheidung zu umfassen, ist für diejenigen, die es betrifft, eher unbefriedigend. Selten sind jene, die nicht schon zu Beginn darauf bestanden, sie seien keine «Heiler». Alle betonen, dass, wenn sie auch helfen können, Leid und Schmerzen zu lindern, sie nie Wunder versprechen. Die erreichten Heilungen seien immer ein Resultat einer Kooperation der Schulmedizin, einer unerwarteten Veränderung beim Patienten, der sich entscheidet, damit zurechtzukommen und folglich zu genesen, oder das Werk und der Wille einer höheren Macht bzw. Kraft, die entweder Gott, universelle Energie oder göttliche Quelle genannt wird. Ein entscheidendes Merkmal dieser traditionellen Heiler ist der innige Wunsch, anderen Menschen oder Tieren zu helfen. Ein Volksgut, das fast verloren gegangen ist ...

Gibt es verschiedene Kategorien von Heilern?

Was verbindet einen Heiler, der eine Praxis führt, eine Grossmutter, die Warzen vertreibt, einen Sportmasseur mit speziellen Begabungen oder einen Gebetsheiler, der über das Telefon Fernheilung betreibt? Wenig und zugleich viel. Drei konstante Dinge sind ihnen gemeinsam und reihen sie in die schweizerdeutsche Volksheilkunde ein: Das Mitgefühl, die Bescheidenheit und dass jeder Heiler auf seine ganz persönliche Art arbeitet, das heisst, eine eigene Heiltechnik entwickelt hat und ein «Gespür» oder eine Gabe besitzt.

Es existieren mehrere Kategorien von Heilern, und auch wenn die Unterscheidung in der Romandie etwas leichter ausfällt als in der Deutschschweiz, dienen diese Kategorien in der umfangreichen Welt der schweizerischen Volksheilkunde als Orientierung. Die Unterteilung ermöglicht zudem die Unterscheidung der verschiedenen Anwendungsmethoden. Es muss jedoch betont werden, dass diese Kategorien nicht fix und abgegrenzt sind, und dass eine Person öfters in mehrere Kategorien passt, manchmal sogar in alle.

Im vorliegenden Buch ist der Begriff Heiler eher allgemein gefasst. Daneben werden drei Kategorien von Heiltätigen aufgeführt, die als Untergruppen betrachtet werden können:

Die klassischen Handaufleger bzw. Magnetopathen, sie arbeiten mit Energie.

Die Spruch- und Gebetsheiler*, sie arbeiten mit Formeln und Gebeten.

Die Einrenker respektive Masseure, sie arbeiten direkt auf dem Körper einer Person oder eines Tieres.

Es kann zudem zwischen Kontakt- und der Fernheilung unterschieden werden. Während der Kontaktheiler physischen Kontakt mit dem Patienten aufnimmt, z.B. das klassische Handauflegen, tritt der vom Patienten räumlich getrennte Fernheiler gedanklich in Kontakt mit diesem (z.B. Gebetsheilung).

Man könnte auch die Exorzisten dazuzählen, die aber genaugenommen dem Klerus angehören und diese Tätigkeit nach entsprechender Ausbildung innerhalb ihres Priesterberufs ausüben. Trotzdem gibt es aber auch eine verschwindend kleine Anzahl von Heilern, die sich mit dieser Thematik beschäftigen. Meistens sprechen die Heiltätigen jedoch von energetischen Häuserreinigungen oder Harmonisierungen von Räumen usw. Dies geschieht, indem sie Gebäude von Fremdenergien befreien und somit Geister oder Geistwesen*, die an einer lebenden Person oder an einem Tier anhaften und nicht ablassen wollen, vertreiben, befreien oder ins Licht führen. Daneben nennen die Heiler noch verschiedende andere schädliche Einflüsse, wie Wasseradern oder Erdstrahlen. Häufig benutzte Hilfsmittel bei den Hausentstörungen sind das Pendel und die Wünschelrute.

Schon im 16. Jahrhundert war der Gebrauch der Wünschelrute Gegenstand von Kontroversen. Paracelsus[8] lehnte die Rutengängerei als abergläubische, nutzlose Praxis ab und sprach ihr jede übernatürliche Verbindung ab. Die Kirche hingegen verurteilte die Wünschelrute wegen der dämonischen Einflüsse, die dabei am Werk seien. Gewisse Forscher sehen darin den Grund, warum viele Rutengänger begonnen haben, ihre Technik mit einer christlich religiösen Aura zu umgeben, was zum Aufsagen von Gebeten und zur Ausbildung verschiedener Rituale führte, und die hauptsächlich an die Zeit (christliche Feiertage), den Ort und die Materialien beim Schneiden der Rute gebunden waren, um möglichen Anklagen wegen Hexerei zu entgehen.[9] Der Wassersucher heisst in der deutschsprachigen Schweiz «Wasser-» oder «Brunneschmöcker». Die bekannteste Form der sogenannten «Wünschelrute» ist ein Y-förmig gegabelter Holzzweig. Das «Pendel» bezeichnet einen starren Körper, der unter dem Einfluss der Schwerkraft Schwingungen um eine horizontale

---

[8] Theophrastus Bombastus von Hohenheim (1493-1541), genannt Paracelsus, war ein Arzt, Alchemist, Astrologe und Philosoph. Er hinterliess ein grosses Werk medizinischer, naturkundlicher, philosophischer und theologischer Schriften.

[9] Siehe ELLIS, 1957: 13–14; VOGT & HYMAN 2000: 16–17.

Achse ausführt.[10] Grundsätzlich kann mit jedem Gegenstand, der an einem Faden hängt, gependelt werden.

Pendler und Wünschelrutengänger werden heute auch Radiästheten genannt. Der Begriff «Radiästhesie» wurde im Jahre 1930 vom katholischen Geistlichen Abbé M. L. Bouly aus Frankreich eingeführt.[11] Nach Brockhaus ist Radiästhesie «die Lehre von angeblichen Strahlenwirkungen, die von belebten oder unbelebten Objekten ausgehen und von besonders empfindlichen Menschen („Sensitive", „Radiästheten") mittels Wünschelrute oder eines siderischen* Pendels feststellbar sein sollen.»[12] Sich als Radiästhet zu betätigen heisst, mithilfe eines in der Hand gehaltenen Geräts (Pendel oder Rute) etwas zu suchen. Ging es ursprünglich um die Lokalisierung von unterirdischen Wasser- oder Erzvorkommen, wird heute nach allem Möglichen, wie verlorenen Gegenständen oder vermissten Personen und Tieren, gesucht. Seit dem letzten Jahrhundert werden aber auch vermehrt Personen nach Krankheiten oder Charaktereigenschaften sowie Grundstücke und Wohnungen nach krankmachenden Strahlen ausgependelt bzw. «gemutet». Radiästheten, die sich heilerisch betätigen, arbeiten oft mit verschiedenen Diagrammen als Hilfsmittel, wie z.B. Anatomiediagramme, auf denen sie mit dem Finger darüberfahren und mit der anderen Hand das Pendel halten. Dort wo es ausschlägt, lässt sich auf ein Problem schliessen. Diese Methode wurde Anfang des 20. Jahrhunderts, hauptsächlich durch französische Pendler, bekannt und ist vor allem in Frankreich und der Schweiz weit verbreitet. Sie wird auch angewendet, um eine der damit aufgespürten Krankheit angepasste Behandlung zu indizieren oder zu entscheiden, ob der Kranke einen Arzt aufsuchen solle. Viele Handaufleger benutzen zusätzlich ein Pendel, mit dem sie den genauen Ort ausfindig machen können, um ihre Hände aufzulegen.

---

[10] Siehe Duden, 2003: 1193.

[11] Siehe CANDI, 1986: 289.

[12] Brockhaus Enzyklopädie, 2006: 434.

Seit ihren Anfängen – die bis ins 15. Jahrhundert zurückverfolgt werden können – hat die Wünschelrutengängerei eine enorme Entwicklung erfahren, die komplexe Anwendungsmethoden und Theorien hervorgebracht und schliesslich zu dem geführt hat, was heute allgemein als Radiästhesie bekannt ist.

Es kann gesagt werden, dass jeder Heiler und jede Heilerin eine Kategorie für sich alleine ist, denn in dieser volkstümlichen Heilkunde wird der Persönlichkeit jedes Einzelnen viel Platz eingeräumt. Die Weltgesundheitsorganisation (WHO)[13] führt für das westliche Europa 280 Methoden der Alternativmedizin auf. Zu den bekanntesten zählen: die Homöopathie, die Akupunktur, die anthroposophische Medizin, die Bachblütentherapie, die Naturheilkunde, die Kinesiologie, die Reflexologie, die Osteopathie, das Shiatsu, die Hypnose, die Iridologie, die Thalassotherapie, die Aromatherapie, verschiedene Diätkuren, das Yoga... dabei handelt es sich entweder um diagnostische und/oder therapeutische Techniken.

Die Volksheilkunde gehört auch in diese Klassierung. Zurzeit ist ein wachsender Synkretismus, das heisst eine Vermischung verschiedener Heiltechniken und Denkschulen, feststellbar. Dieses medizinische Patchwork ist das Markenzeichen des modernen Heilers, der einerseits auf das Erbe seiner Vorfahren zurückgreift, andererseits auf das immer grösser werdende Angebot auf dem therapeutischen Markt.

Andere Techniken aus zum Teil weit entfernten Ländern haben schon seit einigen Jahrzehnten Eingang in die Deutschschweiz gefunden. So hat zum Beispiel der Schamanismus durch seine Nähe zur Natur und durch die Tatsache, dass zur therapeutischen Problembewältigung die Hilfe von geistigen Helfern angefragt wird, seinen Platz in der Volksheilkunde der Schweiz gefunden. Auch wenn er sich durch eine andere Weltsicht und durch die Anwendung von Trance von den hiesigen Methoden unterscheidet, so gehört er dennoch in die Welt der

---

[13] Engl. *World Health Organization*, WHO.

Heilung und hat es geschafft, sich gekonnt mit den Techniken und dem volkstümlichen Wissen der traditionellen Schweizer Volksheilkunde zu verbinden. Nicht wenige Heiler haben Schamanismuskurse besucht. Zahlreiche von uns befragte Heiler haben eine Ausbildung in Reiki gemacht. Diese ursprünglich aus Japan stammende Technik hat sich ebenso wie der Schamanismus in die Sammlung der heimischen volksheilpraktischen Methoden eingereiht. Auf den Schamanismus sowie Reiki wird in diesem Buch nicht speziell eingegangen.

Wer sind die Handaufleger?

«Geistiges Heilen gehört zu den ältesten überlieferten Heilmethoden überhaupt. Höhlenmalereien in den Pyrenäen deuten darauf hin, dass Menschen schon vor 15 000 Jahren die Kunst des Handauflegens kannten. Zeugnisse für Heilende Hände finden sich in mündlichen Überlieferungen und Schriften sämtlicher Hochkulturen dieser Erde.»[14]

In dieser ersten Kategorie werden die Handaufleger, die auch als Magnetopathen oder *Magnetiseure* bekannt sind, beschrieben. Sie arbeiten mit Energie. Dabei kann es sich um äussere Energie handeln, die durch ein Objekt oder eine Person kanalisiert wird, oder um eine innere Energie, die aus der Person des Heilers hervorgeht.

Im Volksmund war lange Zeit der Begriff Handaufleger gebräuchlich. Er wurde später durch den Ausdruck Magnetopath abgelöst und wird heute durch die erst neu entstandene Bezeichnung Energetiker* ersetzt. Es gibt aber einen wesentlichen Unterschied zwischen diesen beiden Berufsbezeichnungen: Der Energetiker versteht sich immer als ein Kanal. Er kanalisiert die universelle Energie und leitet diese, durch das Auflegen seiner Hände, weiter an den Patienten. Der Magnetopath hingegen verwendet entweder seine eigene Energie, um zu heilen, oder ist Kanal.

---

[14] EBNETER et al. in BÖSCH, 2002: 515.

Die erste Erwähnung des heilenden Magnetismus kann bis ins alte Ägypten zurückverfolgt werden. Das Papyrus Ebner, datierend aus dem Jahr 1552 v. Chr., beinhaltet folgenden Satz: *«Leg Du deine Hand auf ihn, sein Arm wird mit Leichtigkeit ausgestreckt, frei von Schmerzen.»* Die Priester kannten diverse Techniken des Handauflegens bei Kranken. Im Mittelalter, am Tage ihrer Krönung und zu gewissen speziellen Anlässen, heilten die französischen (und englischen) Könige die Kranken, indem sie ihnen die Hände auflegten und verkündeten: *«Der König berührt dich, Gott heilt dich!»*[15] Im 16. Jahrhundert führte Paracelsus den Begriff «universelles Fluidum» ein. Aber es ist vor allem Franz Anton Mesmer (1734–1815), dem man die Entdeckung des «Animalischen Magnetismus» zuschreibt. Hiermit bezeichnete er eine Kraft, die als «magnetisches Fluidum» das gesamte Universum und alle Lebewesen durchströmt und vom heilenden *magnétiseur* beeinflusst und gelenkt werden kann. Krankheiten sind demnach magnetische Stauungen im Körper, die durch Bestreichen mit einem Magneten gelöst werden könnten. Später realisierte er, dass dies auch mit blossen Händen möglich sei. Mesmer erregte mit seiner Methode viel Aufsehen.[16] Er erzielte aber auch einige Heilungserfolge, von denen damals schon vermutet wurde, dass es sich um Manipulationen von Mesmer handelte, die bei Patienten hypnotische, suggestive Effekte, sogenannte «Krisen» erzeugten.[17]

Auch wenn das Mysterium erhalten bleibt und die Erklärungen noch ausbleiben, so sind doch die Fakten da. Ob es sich dabei um einen heilenden Magnetismus handelt oder um eine Autosuggestion der Patienten, Heilungen finden jeden Tag statt.

Es gibt verschiedene Anwendungsformen. Normalerweise muss ein körperlicher Kontakt zwischen dem Heiler und der

---

[15] BLOCH, 1998.

[16] Siehe IWERSEN, 2001: 158.

[17] Siehe KIEFER, 2004: 209.

kranken Person stattfinden, um diese Energie zu aktivieren, es gibt aber auch Ausnahmen. Von den Ratsuchenden hört man oft, dass sie eine starke Hitze verspüren, ein Prickeln oder aber ein Kältegefühl, sobald der Heiler seine Hände aufgelegt oder diese in die Nähe des kranken Körperteils gebracht hat. Durch die regelmässige Anwendung kann beim Magnetopathen die Stärke seines Magnetismus und dessen Heilwirkung erhöht werden, aber man kann sie nicht an jemanden weitergeben. Einige Heiler sind der Meinung, dass jeder Mensch im Besitz von Heilmagnetismus ist, andere verneinen das. Für sie ist es eine Gabe, ein Geschenk Gottes oder der Natur, die ihnen gegeben wurde. «*Der Heilmagnetismus ist eine Therapieform, die den Heiler in die Lage versetzt, durch den Gebrauch seiner Hände eine Wirkung im Patienten zu erzielen, sodass sich der Kranke besser fühlt, von Beschwerden befreit oder geheilt wird.*»[18]

Der Magnetismus erlaubt es dem Heiler herauszufinden, wo sich das Problem befindet und wie lange die Hände aufgelegt werden müssen, um heilend zu wirken. Die Hand wird sozusagen durch den kranken Körperteil angezogen und beginnt sich aufzuheizen oder reagiert in irgendeiner anderen Form, sobald sie in dessen Nähe gelangt. Je stärker die Empfindungen sind, desto mehr benötigt die betroffene Stelle diese Kraft. Sobald die Hände erkalten und die Empfindungen nachlassen, bedeutet das, dass die behandelte Stelle nicht mehr dieser Energie bedarf, da sie zu einem Teil regeneriert ist. Es gibt natürlich verschiedene Anwendungsweisen des Magnetismus, aber die hier geschilderte scheint die am häufigsten verbreitete Art zu sein. Der Magnetopath fungiert sozusagen als Ladegerät und lädt Menschen, die es nötig haben, mit positiver Energie auf.[19] Gewisse Heiler betonen, dass sie den Menschen nicht zu berühren brauchen, damit die Energie ihre Arbeit macht.

---

[18] LIENERT, 2001: 9.

[19] Siehe BONTEMPS, 2004: 255-260. Unsere Übersetzung.

31

Wer sind die Spruch- und Gebetsheiler?

Sowohl die Heiler dieser Kategorie als auch ihre Techniken haben verschiedene Namen: «der för Hitz ond Brand tuet», «der Bluet stöllt», «der Warze vertriibt», «Gebetsheiler», «Gesundbeter», «Besprecher». Ihre Anwendungsbereiche umfassen «Heilsprüche», «Segenssprüche», «geheime Formeln» usw. Roland Inauen, Volkskundler und Kurator am Museum Appenzell, der sich eingehend mit dem Phänomen der Gebetsheilung beschäftigt hat, bevorzugt die Bezeichnung «Gebetsheilung» (in Deutschland und Österreich wird häufig der Begriff «Gesundbeten» benutzt), denn dadurch wird klar ersichtlich, dass die Anwendung der Heilmethode immer mit einem Gebet verbunden ist.

Diese Praktik ist vor allem auch in der ganzen Romandie stark verbreitet. Dort sind diese Heilsprüche und Gebete unter dem Namen «*secret*»* (Deutsch: Geheimnis) bekannt, und die ausführenden Personen heissen «*faiseurs de secret*». Sie praktizieren die Spruchheilung hauptsächlich über Fernheilung bzw. über das Telefon. Gebetsheiler findet man in allen Kantonen, doch im Appenzellischen scheinen sie besonders zahlreich zu sein. «*In Appenzell Innerrhoden leben heute noch Heiltätige, die als medizinische Laien mit Hilfe von altüberlieferten Heilsprüchen oder Segensformeln die Schmerzen oder das Fieber nehmen, Blut stillen, Warzen und hartnäckige Ekzeme vertreiben oder den „Brand" löschen, das heisst, sie versuchen, schwere Verbrennungen und Entzündungen zum raschen Ausheilen zu bringen, ohne dass auf der Haut Narben zurückbleiben.*»[20]

Die Pflicht, ständig zur Verfügung zu stehen, eine tadellose Lebensführung und die Empathie sind wichtige und von allen Spruch- und Gebetsheilern respektierte Elemente. Manchmal sind die Regeln der Weitergabe sehr streng und man darf sich fragen, ob der aktuelle Rückgang dieser Kategorie, vor allem bei den jüngeren, nicht auf dieses schwer zu überwindende

---

[20] INAUEN in: HALTER Ernst, 1991: 129.

Hindernis zurückzuführen ist. Immer mehr alte Menschen sterben, ohne ihre Methode weitergegeben zu haben, weil sie wegen der sehr einschränkenden Bedingungen weder die richtige Person noch den passenden Moment gefunden haben.

Am Beispiel einer Verbrennung soll gezeigt werden, wie die Formeln, die mit leiser Stimme oder im Geist gesprochen werden und anhand derer, die den bei der Genesung helfenden Heiligen eingehaucht werden, angewendet werden: Eine Person, die sich verbrannt hat, ruft den Heiler an. Meist fragt dieser nach dem Namen der Person, manchmal auch nach dem Geburtsdatum, und wo sich die Verbrennung befindet. Er besteht auch darauf, dass wieder angerufen werden soll, falls die Lage sich nicht bessert, damit er den Spruch nochmals ausführen kann. Er legt auf und zieht sich einige Minuten zurück. Darauf murmelt er die passende Formel, während er sich auf die Person konzentriert. Häufig bekreuzigt er sich dabei selber an den Orten des Körpers, wo sich die Verbrennungen des Hilfesuchenden befinden. Er rezitiert fast fortwährend das «Vater unser» und das «Ave Maria». Es kommt nur sehr selten vor, dass man mehr als drei Mal anrufen muss.

Diese Heiler intervenieren vor allem bei leichten Verletzungen oder ergänzen eine medizinische Behandlung. Manche Ärzte, meist aber das Pflegepersonal der Spitäler, wenden sich an sie. Aber im Gegensatz zur französischsprachigen Schweiz, wo in den Notfallaufnahmen der Spitäler oftmals eine Liste von Telefonnummern geführt wird, auf die man bei Verbrennungsverletzungen und Blutungen zurückgreifen kann, wehren sich die Deutschschweizer Spitäler dagegen, die Hilfe dieser Heiler in Anspruch zu nehmen. Dies, obwohl man sie von privater Seite regelmässig vom Spital aus anruft, wie man von ihnen erfährt. Die Spruchheiler wünschen gerne eine Rückmeldung, ob die Behandlung gewirkt hat oder nicht. Im Falle von schweren Verbrennungen empfehlen sie der betroffenen Person, sich in den Notfall zu begeben oder den behandelnden Arzt aufzusuchen. Die Wirkung der «Formel» bewirkt in erster Linie ein beinahe sofortiges Verschwinden der Schmerzen und verhindert meist die Bildung von Narben, selbst wenn eine Verbrennung sehr schwer war.

Wie kann man dieses Phänomen anders erklären als damit, dass die Methode funktioniert und die Menschen in diese volksheilkundlichen Praktiken vertrauen? Oft sagen sie, dass es ja nicht schaden könne und dass man eben alles ausprobieren sollte, was helfen könnte. Die Schulmedizin spricht von Autosuggestion oder von einem Placeboeffekt. Dabei gibt es einige Hinweise, die gegen diese Theorie sprechen: Wie kommt es, dass ein Säugling, der den Heiler nicht als solchen erkennt, plötzlich aufhört zu schreien, oder nach einer Verbrennung keine Narbe aufweist. Und wie kommt es, dass ein Erwachsener sich viel besser fühlt, nachdem man einen Heiler ohne dessen Wissen angerufen hat? Wie kann man erklären, dass diese «Formeln» genausogut auf Tiere wie auf Menschen wirken? Und selbst wenn es sich um Autosuggestion handeln sollte, ist es doch sehr wichtig, dass es die Menschen erleichtert. Die Zeugen für die Effizienz der Methode sind jedenfalls zahlreich.

«Der formale Unterschied zwischen Heilspruch und Gebet im eigentlichen Sinne wird von vielen Heilern nicht gesehen oder doch nicht gebührend zur Kenntnis genommen, ganz einfach, weil deren Grundhaltung in beiden Fällen die gleiche ist oder, vorsichtiger ausgedrückt, doch eine sehr ähnliche.»[21]

Es gibt für fast alle Krankheiten einen Heilspruch, wobei es sich in der Regel um harmlose Leiden oder leichte Verletzungen handelt. Am häufigsten sind die Formeln des Feuers und des Blutes, das heisst gegen Verbrennungen und Blutungen. Andere Leiden wie Gelbsucht, Gicht, psychische Probleme, Prüfungsangst und ... Heimweh werden auch behandelt. Weitere häufig angewendete Formeln beziehen sich auf Verstauchungen, Migräne, Schlafstörungen, Zahnschmerzen, Zysten, Herpes, Verdauungsschwierigkeiten und Tierkrankheiten. Vermutlich gibt es noch unzählige weitere.

---

[21] RUDOLPH, 1977: 308.

Im katholischen Kontext ist der Heilspruch meist ein an einen Heiligen gerichtetes Gebet. Dabei bezieht sich der Heiler auf das vom Heiligen erlittene Martyrium und bekreuzigt sich mehrere Male. Aber warum werden wundertätige Heilige angerufen? Das Anrufen wundertätiger Heiligen oder Thaumaturgen gab es schon immer. Sie werden als Boten oder privilegierte Helfer betrachtet, die sich im Sinne der Menschen bei Gott einsetzen. «[…] *Die Kirche hat sehr früh die thaumaturgische Kraft einer gewissen Anzahl Heiliger entdeckt und um diese einen Reliquienkult errichtet, sowie die Spezialitäten der Heiligen kodifiziert (…).*»[22] Ohne Zweifel war die Anrufung der Heiligen für zahlreiche Geistliche ein Mittel, um das Spruchheilen bzw. Gebetsheilen zu praktizieren, ohne dafür behelligt zu werden. Nicht selten findet man in Kirchen und Kapellen Votivbilder, die an einen bestimmten Heiligen gerichtet sind. Auch in den Heilgebeten ruft man meist einen spezifischen Heiligen an. Oftmals gibt es dabei eine Verbindung zu seinem Martyrium. Der heilige Laurentius, der verbrannt wurde, hilft beispielsweise gegen Verbrennungen, während die heilige Apollonia, deren Marter darin bestand, dass man ihr die Zähne auszog, gegen Zahnschmerzen hilft. «*Die drei „heiligsten Namen" sind schon früh zu einer der geläufigsten und wirkungsvollen Zauberformeln geworden, obschon – oder: weil – die Dreieinigkeit als solche bis heute ein geheimnisvoll unklarer oder dann ein massiv konkretisierter Begriff geblieben ist.*»[23]

Bei den Protestanten richten sich die Gebete eher an die heilige Dreifaltigkeit. Es ist nicht selten, dass eine einzige Person mehrere Heilsprüche kennt. Wenn sie bereits einige anwendet, werden ihr oft von anderen Personen noch weitere anvertraut. Oder aber der Heiler findet neue Heilungsgebete in Büchern und versucht, diese in die Praxis umzusetzen.

---

[22] WEISS, 1946: 303.

[23] Idem: 303.

Hier zwei Beispiele von Sprüchen[24], die helfen, den «Brand zu löschen»:

«Lorenz sass auf einem Rost,
Maria kam ihm zu Hilfe und zu Trost
und nahm ihn mit seiner gebenedeiten Hand
und löscht aus Lorenz seinen Brand.»

«Feuer stand still
Um der Worte willen,
Die S. Lorentz sprach,
Als er den feurigen Rost ansah.»

Eine andere, etwas detailliertere Variante für dasselbe Problem: «*Den Brand zu löschen, wo sonst nichts helfen will. St. Lorenz lag auf dem feurigen Rost. Der liebe Herr Jesus Christus kam ihm zu Hülf und zum Trost mit seiner göttlichen Hand und löscht ihm den Brand. Dieses muss dreimal gesprochen werden und es muss von dem Menschen das verbrannte Glied in die Hand genommen werden. Es soll dazu das Kreuz gemacht und ein Vater unser und Ave Maria gebetet werden.»*[25]

Und ein letztes Beispiel aus dem Kanton Zürich:
«Gott geht über Land,
Gott streckt aus seine rechte Hand,
Gott kann löschen einen stark brennenden Brand.
Im Namen ††† wird dann die Brandwunde dreimal angehaucht.»[26]

In den oben aufgeführten vier Formeln appelliert man an St. Lorenz, an Maria und Jesus. Oft wird die Zahl 3 als das Symbol für die Heilige Dreifaltigkeit erwähnt. Selbst wenn

---

[24] SPAMER, 1958: 283 und 285.

[25] KÜCHLER, 1903: 48.

[26] HIRZEL, 1898: 260.

die meisten Heilsprüche einen religiösen Hintergrund haben, gibt es heidnische Formeln, die manchmal sogar wissenschaftlich erklärt werden können, da sie sich beispielsweise auf eine Pflanze beziehen, die in der Arzneimittellehre ebenfalls Verwendung findet. Um beispielsweise gegen Warzen vorzugehen, gibt es eine grosse Anzahl Heilsprüche mit religiösen oder profanen Wurzeln. Sie müssen zu ganz bestimmten, durch die Mondzyklen vorgegebenen Zeiten angewendet werden. Sie ähneln dabei mehr einem magischen Ritual als der simplen Rezitation einer Formel.

«Aber das Geheimnis dieser Segensformeln wird streng gewahrt, und es hält schwer, in deren Besitz zu gelangen.»[27] In den meisten Fällen werden die Segens- und Heilsprüche mündlich weitergegeben, wobei gewisse Regeln beachtet werden müssen, um deren Wirksamkeit der Sprüche zu schützen. Oft hört man, dass der Heilspruch nur einer einzigen Vertrauensperson weitergegeben darf und dass die Person, die den Spruch überliefert hat, danach mit diesem nicht mehr heilen kann. Hingegen lautet in der französischsprachigen Schweiz eine fast allen gemeinsame Regel, dass der Heilspruch nur einer jüngeren Person übermittelt werden sollte und dass man selber immer noch davon Gebrauch machen könne. Die Regeln der Weitergabe variieren stark von einem Kanton zum nächsten. Vor allem in der Deutschschweiz gibt es starke regionale und kantonale Unterschiede, doch eine Tatsache scheint in allen Kantonen gültig zu sein: Die heilende Person kann allen helfen, ausser sich selbst.

Warum haben sich die Regeln der Weitergabe, die früher sehr streng waren, in einigen Kantonen ein wenig gelockert? Es ist anzunehmen, dass man früher den Heilspruch nur einer einzigen Person weitergab und es sich dabei meist um ein enges Familienmitglied handelte oder um jemanden, in den man ein grosses Vertrauen hatte, da man dessen Bereitschaft und Freude am Helfen erkannte. So konnte man das Verschwinden

---

[27] GISLER, 1913: 63.

der Formel verhindern, und eine gewisse auf Vertrauensbasis gegründete Familien- oder Freundestradition blieb erhalten. Leider musste man feststellen, dass zahlreiche Heilsprüche verloren gingen. Die Menschen fanden keine interessierten Nachfolger mehr, die Familienstrukturen änderten sich mit der Industrialisierung und Urbanisierung oder der Heiler starb unverhofft, ohne seine Formel weitergegeben zu haben. Zweifellos wurde die Tradition deshalb gelockert, um diesen Verlusten vorzubeugen.

Wer sind die «Einrenker»?

Einrenker sind Menschen, die durch verschiedene Handgriffe, durch Druck oder Massagen direkt auf den Körper des zu behandelnden Menschen oder Tieres einwirken, um schmerzende Körperteile zu entlasten. Fremd klingende Ausdrücke wie «Chnüdere löse» und «ä-mi-reise» gehören zu ihrem Sprachgebrauch. Ein steifer Hals, ein Hexenschuss, Rückenschmerzen, eine von einem Sturz verursachte Muskelzerrung, eine ausgerenkte Schulter, ein versteiftes Gelenk u.ä. sind typische Beschwerden, bei denen ein Einrenker zu Rate gezogen wird. Die manchmal spektakulären Techniken verlangen meist viel Kraft. Einrenker führen Bewegungen aus, die ihnen «eingegeben» werden und die rein auf Erfahrungswissen beruhen, dieses ist instinktiv. Manchmal haben sie bei einem älteren Einrenker bestimmte Handgriffe gelernt, nachdem dieser bei ihnen das gewisse «Aussergewöhnliche» entdeckt hatte. Sie spüren natürlicherweise, wie sie vorgehen müssen.

Meistens verläuft die Sitzung folgendermassen: Der Patient erläutert seine Beschwerden, manchmal zeigt er auch die schmerzende Stelle und er beschreibt die Empfindung, die der Schmerz verursacht und in welchen Situationen er auftritt usw. Abhängig von der zu behandelnden Körperstelle entkleidet sich der Patient, falls nötig, und nimmt auf einem Stuhl oder einem Bett Platz. Der Einrenker tastet die schmerzende Stelle ab, um die Ursache des Übels zu identifizieren, und beginnt mit seiner Arbeit. Es kann sein, dass der Patient während der Handgriffe einen heftigen Schmerz verspürt. Ein Knacksen oder ein anderes Geräusch zeugt dann vom «Durchbrechen» der Blockade. Danach fühlt sich der Leidende erleichtert, aber es kann auch vorkommen, dass die Schmerzen während ein oder zwei Tagen nach der Behandlung zunehmen, was von der Entzündung des Muskels oder des behandelten Gewebes herrührt. Trotzdem ist die Art des Schmerzes eine andere, und die Blockierung bei einem steifen Hals oder einem Hexenschuss verschwindet oft sofort. Der Einrenker legt nahe, dass der Klient nach zwei Tagen zu einer weiteren Sitzung kommen solle, falls die gewünschte Besserung nicht eintritt.

Auf nationaler Ebene stellt man schnell fest, dass das «Einrenken» eine vom Aussterben bedrohte Kategorie ist. Das Praktizieren fordert viel Energie und verlangt eine grosse Einsatzbereitschaft. Wahrscheinlich nimmt die Zahl der Einrenker deshalb stetig ab. Heute ist es gängiger, sich an einen Physiotherapeuten, Osteopathen, Chiropraktiker oder diplomierten Masseur zu wenden, wenn man Muskel- oder Gelenkbeschwerden hat. Da die Arbeit der Einrenker so intensiv ist, kommt es manchmal vor, dass der eine oder andere gezwungen wird, seine Tätigkeit temporär oder sogar definitiv einzustellen, um seine Gesundheit zu wahren. Einrenker finden sich vor allem in ländlichen Gebieten. Häufig waren es Bauern, die diese Handgriffe an ihren Tieren anwendeten und zusätzlich auch ihren Mitmenschen halfen. Nicht selten waren es auch Tier- und Landärzte, die sich dieser Techniken bedienten. Ein Heiler erklärt diesbezüglich: «Einrenker hat es früher überall im Wallis gegeben. Jetzt nicht mehr. Sie haben es von ihren Vätern gelernt und waren nicht beeinflusst, sie wollten helfen, aus innerer Überzeugung. Der Caldelari, ein Weinbauer, war so einer. Er hat das im Wohnzimmer gemacht, am Küchentisch. Sie brauchten auch Techniken, die man heute in Ausbildungen lernt, aber damals wussten sie das nicht. Zum Teil waren es auch die Landärzte, die als Einrenker tätig waren, wie z.B. der Landarzt Bellwald im Lötschental. Aber diese sind alle gestorben.»

Obwohl in den französischsprachigen Kantonen die Einrenker (unter dem Namen *rebouteux* oder *rhabilleur* bekannt) noch relativ häufig anzutreffen sind, war es in der ganzen Deutschschweiz praktisch unmöglich, eine unter diesem Begriff praktizierende Person zu finden. Nachforschungen bei zahlreichen Privatpersonen und Heilern ergaben, dass die «Einrenker» heutzutage unter den Chiropraktikern sowie den Sport- und den klassischen Masseuren zu finden sind.

Medizinisches Fachpersonal und ausgebildete Therapeuten stellen die Fähigkeiten dieser Einrenker stark in Frage. Sie behaupten sogar, dass die Einrenker beim Ausführen heikler Handgriffe – die sie nie gelernt haben – einen irreversiblen Schaden anrichten könnten. Auf der anderen Seite geht aus den Gesprächen mit den Heilern klar hervor, dass die Menschen dann zu ihnen kommen, nachdem sie – oft vergeblich – klassisch ausgebildete Therapeuten aufgesucht haben, und so mancher Bandscheibenvorfall konnte ohne Operation behoben werden. Nicht wenige Einrenker haben eine Stammkundschaft von Menschen, die beruflich einem erhöhten Risiko von Rückenbeschwerden ausgesetzt sind.

Zurzeit sind grosse Veränderungen in dieser Sparte von Heilern erkennbar. Neben dem langsamen Verschwinden der traditionellen Einrenker zeugen die Gründung von Schulen, die diese Heilkunst lehren, wie z.B. eine Schule in der französischsprachigen Schweiz (école de reboutologie[28]), von diesem Wandel. Nicht alle freuen sich über diese modernen Entwicklungen einer althergebrachten Arbeitsweise.

Braucht es dazu eine besondere Gabe?

Im Allgemeinen herrscht die Ansicht, dass es eine spezielle Gabe braucht, um als Heiler betrachtet zu werden. Weder die Definition, die Form noch die Transmission dieser Gabe sind einheitlich. Aber ein echter Heiler kann ohne sie nicht wirken.

---

[28] Für mehr Informationen: www.acadnat.ch/f/reboutologie.htm

Sie ist entweder angeboren, durch eine andere Person übertragen worden oder sie tritt nach einer besonders schmerzlichen Lebenserfahrung oder Krankheit in Erscheinung. *«Gott hatte mich durch Leid und Krankheit so weit vorbereitet, dass ich die Hilfe Suchenden verstehen und erkennen konnte, dass über allem Geschehen ein diviner Plan waltet, dass ein Ziel für jeden Menschen bestimmt ist, ein Sinn, den es in seinem Leben zu finden gilt»*, erzählt Frau Anderegg (siehe Porträt).[29] Die Anerkennung dieser angeblichen Gabe durch den Patienten ist essentieller Bestandteil des Heilungsprozess.

In der Schweiz wird der Begriff des «Heilers» nur in Bezug auf Personen mit dieser besonderen Gabe gebraucht und wird demzufolge nicht für einen Osteopathen oder Homöopathen, die eine Ausbildung in einer bestimmten Disziplin durchlaufen haben, verwendet. Es ist jedoch feststellbar, dass immer mehr «volkstümliche» Praktiker sich in verschiedenen «klassischeren» Gebieten ausbilden. Therapeuten, die eine Ausbildung absolviert haben, aber durch ihre Gabe eine enge Verbindung zur Volksheilkunde aufweisen, wurden folglich auch berücksichtigt. Nach Ansicht gewisser Heiler gibt es zahlreiche Menschen, die dazu befähigt wären, ihre Begabungen anzuwenden. Doch weigern sich viele, diese umzusetzen, weil sie sich nicht stark genug fühlen oder ganz einfach keine Zeit dazu haben. Es gibt Heiler, die sind davon überzeugt, dass alle Menschen die Gabe der Heilung besitzen, andere wiederum nicht. Sie betonen aber auch, dass es nicht jedermanns Schicksal ist, seine Mitmenschen zu heilen.

«Wenn eine Mutter ihr Kind tröstet, ist das Heilenergie. Liebe heilt, und jeder Mensch hat Selbstheilungsenergie in sich und auch Heilenergie für andere», erklärt eine Heilerin. Viele Heiler empfinden die Gabe als das Natürlichste der Welt. «Wir bestehen alle aus Energie, aus Licht. Und Licht ist Energie und der Körper ist einfach verdichtete Energie. Wir haben das nur

---

[29] ANDEREGG, 2008: 111.

41

vergessen. In Zeiten, als der Verstand vorherrschend wurde – spätestens bei den Hexenverfolgungen –, wollte man von all diesen Sachen nichts mehr wissen und hat sie verdrängt. Die Naturvölker haben nur so geheilt. Dazu verwendeten sie natürlich auch Pflanzen und Kräuter. Diese Heilprozesse waren teilweise auch mit Ritualen verbunden. Ob man das nun als Magie bezeichnen will oder was auch immer, sei dahingestellt. Sie waren nötig, damit die Leute vor allem visuell etwas wahrnehmen konnten, sonst hätten sie gesagt: „Was macht denn der da?" Und so hat sich das dann immer mehr entwickelt und verändert.»

Ein Grossteil der Heiler ist der Überzeugung, dass die Gabe von Gott oder einer höheren Macht kommt. Der Handaufleger besitzt oft einen stärkeren Magnetismus als der Durchschnittsmensch und hat die Gabe sich als Kanal, als Vermittler zur Verfügung zu stellen, um eine universelle Energie zu übermitteln. Der Gebetsheiler hat die ungewöhnliche Fähigkeit, sich bei den Heiligen oder bei Gott für jemanden einzusetzen und um Heilung zu bitten. Zudem haben viele auch die Begabung, sich mental auf eine Person zu konzentrieren, um über die Distanz zu wirken.

Die Gabe ist ein integraler Bestandteil des Heilers, aber sie ist nicht das einzige Attribut, das ihn definiert. Sie lässt sich nur durch die Praxis und die daraus resultierenden Erfahrungen und Kenntnisse entwickeln, was aber eine Frage der Wahl bleibt. Die Offenbarung einer Gabe kann auf verschiedene Arten stattfinden: als Folge einer schweren Prüfung im Leben, einer Krankheit oder eines Unfalls, als Folge einer Enthüllung durch eine Drittperson, durch eine intuitive ausgeführte Geste an sich selber, einer nahestehenden Person oder einem Tier, durch das Verlangen, einem anderen zu helfen, oder ein spontanes Interesse für paramedizinische Praktiken usw. Die Transmission dieser Gabe kann innerhalb einer gleichen Familie stattfinden und von Generation zu Generation weitergegeben werden, durch eine Art Initiation oder eine Lehre bei einem Heiler, nach der legitimen

Übermittlung einer geheimen Formel, eines Gebets usw. Ein Heiler sagt: «Der Junior könnte das auch, aber er will es nicht, und zwar will er das nicht, weil er ein anderer Typ ist als ich. Ich war von jung auf gewohnt, hart zu arbeiten. Die Jungen setzen heute andere Prioritäten. Aber ich mache es, weil es mir Freude bereitet, und zwar wegen der Patienten. Das ist für mich etwas Wunderschönes, wenn einer hier raus geht und sagt: „Jetz ischs mir wieder wohl".»

Die Gabe wird auch die «Intelligenz des Herzens» oder der sechste Sinn genannt. Sie kann auch als ein Austausch, eine Beziehung zwischen dem Heiler und seinem Klienten verstanden werden. Ein Begriff, der diesem Konzept sehr nahekommt, ist die Empathie. Ein guter Heiler muss den Schmerz des Ratsuchenden so gut wie möglich erkennen und (auf-) spüren, um ihm helfen zu können. «Die Gabe ist etwas, das man erhält und das man anschliessend weitergibt. Man muss ein Stück von seiner Person geben.» Auch wenn es eigentlich immer aus Freude und Dankbarkeit geschieht, den Menschen helfen zu dürfen, halten sich auch Vorstellungen, dass die erhaltene Gabe auch angewendet werden müsse und kein Recht bestünde, jemandem die Hilfe zu verweigern. «Es ist eher eine moralische Verpflichtung. Wenn man helfen kann, muss man helfen.» Für die meisten interviewten Personen ist das persönliche Engagement enorm. «Man muss sich voll und ganz einsetzen, das braucht viel Zeit und die familiären Einschränkungen sind gross», bestätigt eine Heilerin. Aus diesem Grund wollten nicht alle kontaktierten Personen interviewt werden. Einige haben ihre Gründe dafür geschildert; es scheint uns wichtig, diese hier aufzuführen, weil sie zeigen, dass es nicht immer einfach ist, anderen zu helfen:

Peter[30] hat keine Ruhe mehr. Jeden Tag erhält er Anrufe. «Es gibt aber Grenzen. Das bedeutet nicht, dass ich nicht mehr helfen will, ich nehme ja dafür keinen Lohn, aber ich bin Bauer und habe auf dem Hof genug zu tun.»

---

[30] Die folgenden fünf Vornamen sind alle fiktiv.

Edith möchte nicht an die Öffentlichkeit. Sie arbeitet zwar nicht im Verborgenen, aber mit den Leuten, die durch Mund-zu-Mund-Propaganda kommen, hat sie schon genug zu tun. Seit 25 Jahren macht sie das und hat noch jedes Interview abgelehnt.

Seit Walter pensioniert ist, hat er seinen Kundenkreis reduziert und nimmt heute nur noch seine Stammkunden an. Er spürt, dass mit dem Alter seine Kraft nachlässt, darum behandelt er weniger Personen, aber dafür mit der gleichen Intensität. Doch solange ihm der Herrgott die Kraft gibt, macht er weiter, und das heisst für ihn: Tag und Nacht erreichbar zu sein.

Martha fühlt sich erschöpft, seit sie vor einigen Jahren am Herz operiert wurde. Früher, als ihr Mann noch lebte, half er ihr mit den Anrufen. Aber alleine wird es ihr zu viel. Die Leute rufen nicht nur tagsüber und abends an, sondern manchmal auch um Mitternacht. Sie macht es um zu helfen und nicht fürs Geld, aber die Leute respektieren das heute nicht mehr.

Meinrad, ein Heiler aus der Ostschweiz, führte bis zu seiner Pensionierung ein Transportgeschäft und übt die Heilertätigkeit nun schon seit sechzig Jahren aus, aber wie er betont, nur als Hobby. Und das heisst vor allem abends und am Wochenende. Ihm genügt es, wenn seine Nachbarn und die Leute aus der Umgebung wissen, was er kann.

Die Pendler bzw. Radiästheten stellen die grösste Respektlosigkeit in Bezug auf verlorene Gegenstände fest. «Die Leute rufen oft an, um einen oft banalen Gegenstand, den sie manchmal schon vor Monaten verloren haben, wieder zu finden. Und falls der Radiästhet ihn nicht sofort findet, werden sie wütend.» Viele weitere Leute haben die gleichen Erfahrungen gemacht und deshalb beschlossen, damit aufzuhören.

In der Deutschschweiz sind die traditionellen Heiler, die keine Praxis führen, meistens schon älter und sehr gefragt. Sie ziehen es vor, keine Werbung zu machen und auch ihre Adresse nirgends anzugeben, und fahren fort, auf der Basis von

Mund-zu-Mund-Propaganda zu arbeiten. Meistens haben sie mit den Leuten aus der Nachbarschaft und der Region schon genug zu tun und möchten nicht noch mehr Zulauf. Für einen Heiler ist es immer sehr schwierig, einem Leidenden seine Hilfe zu verweigern. Der Umstand, dass sie nicht so bekannt sind, erlaubt es ihnen, mit ihrer Arbeit weiterzufahren, ohne von den vielen Anrufen und Anfragen überrollt zu werden.

Die angetroffenen Heiler haben alle unterschiedliche Wege und zum Teil auch schwierige Lebensläufe hinter sich. Jeder hat eine ihm eigene Geschichte, Behandlungsmethode und Gabe, die über die traditionellen Konventionen oder volkstümlichen Vorstellungen hinausgehen können. Genau dieses Element lässt sie am glaubwürdigsten erscheinen. Ihre Gabe kommt aus ihrem tiefsten Innern und sie müssen den ganzen Weg gehen, wobei Unverständnis, Zweifel, Ablehnung, Angst oder Ungläubigkeit den Pfad vorgeben. Es ist gar nicht einfach, diese Gabe zu akzeptieren und sie in den Dienst der anderen zu stellen. Einige, die Glück haben, finden innerhalb der Familie, ihres Umfeldes oder ihres Dorfs eine Person mit ähnlichen Fähigkeiten, mit der sie sich austauschen können. Alle Heiler mobilisieren diese persönliche Kraft, die seit immer in ihnen steckt, für deren Anerkennung sie jedoch oft viel Zeit benötigten. Denn die Gabe macht Angst. Sie macht den anderen Angst, aber auch demjenigen, der sie bei sich selber entdeckt.

Kann man (das) Heilen lernen?

Heute gibt es eine Vielzahl von Schulungsangeboten in den Bereichen geistiges Heilen, energetische Massage, Medialität*, Pendeln, Radiästhesie, Magnetismus, Einrenken usw., alles Techniken, die eine Verbindung zur populären Volksmedizin haben. Neben den zahlreichen Heilern, die Kurse anbieten, gibt es auch einige Schulen. Diese sind manchmal sehr teuer und die Resulate oft enttäuschend. Doch diese Ausbildungen ermöglichen es jedem Interessierten, diese

Praktiken besser kennenzulernen und vor allem sein Potenzial zu testen, falls man das Gefühl hat, in einem selber schlummere ein Heiler.

Betreffend Ausbildungen herrschen geteilte Meinungen. Einige Heiler bilden Nachfolger aus, die sie selber ausgewählt haben, und andere bieten ihre Kenntnisse einer breiteren Öffentlichkeit an. Viele sind der Ansicht, dass die Schulen nur eine Technik oder eine bestimmte Vorgehensweise unterrichten können, diese aber unnütz sind, wenn der Heilerlehrling keine innere Gabe besitzt. Die Unterrichtenden behaupten dagegen, dass jeder und jede die Gabe der Heilung besitzt, dass bestimmte Schüler jedoch begabter sind als andere. Über eines sind sich jedoch alle einig: Wenn das Heilen nicht Teil der Geschichte, des Lebensweges, der Bestimmung eines Menschen ist, dann kann er noch so viele Ausbildungen machen, seine Talente liegen woanders.

Für sehr viele Heiler und besonders für die Einrenker, lässt sich die Gabe nicht weitergeben und die neu eröffneten Schulen sorgen für Unstimmigkeiten innerhalb dieser Kategorie. Man hört sie oft sagen, dass es «an den Fingerspitzen Augen brauche» und dass es zwar möglich sei, verschiedene Handgriffe zu erlernen, aber nicht diese aussergewöhnliche taktile Sensibilität, die es dafür braucht.

Der Magnetopath Walter Aeschlimann äussert sich zum Thema Ausbildung: «Während meiner langjährigen Tätigkeit als Heilpraktiker/Massagelehrer bin ich einer grossen Anzahl Menschen begegnet, die nur „heilen" wollen und sich nicht für die Anatomie, Physiologie und Pathologie des menschlichen Körpers interessieren. Viele (selbsternannte) „Heiler" erachten es als unwichtig, Kenntnisse über Gesundheit und Krankheit des Menschen zu haben. Auch wenn man auf der feinstofflichen Ebene tätig ist, muss man sich medizinische Grundlagen aneignen. Menschen, welche therapeutisch tätig sind, müssen schwerwiegende gesundheitliche Probleme erkennen. Ansonsten sind sie eine Gefahr für die Volksgesundheit und werden zu Recht als Scharlatane betitelt.»

Zahlreiche Geistheiler lassen sich im Ausland aus- und weiterbilden. England hat viele bekannte Heiler und Ausbildungsmöglichkeiten anzubieten. Auch in den USA unterrichten mehrere Heilerpersönlichkeiten. Einige Suchende zieht es auch nach Südamerika oder sie besuchen die philippinischen Chirurgieheiler. Doch die Mehrzahl der Heilerlehrlinge suchen sich ihren Unterricht in der Schweiz.

Das 1992 von George Paul Huber gegründete Ausbildungszentrum Livitra[31] im Aargau, kann mit über 2000 Absolventen als die grösste Deutschschweizer Ausbildungsstätte für geistiges Heilen betrachtet werden. Sie gilt als seriöse Schule und wird von vielen weiterempfohlen. Im Raum Bern hat Renée Bonanomi in ihrer Schule für Bewusstwerdung[32] ebenfalls seit Jahren eine stetig wachsende Zahl von Interessierten zu verzeichnen. Von ihr werden verschiedene Seminare und Ausbildungskurse in Geistheilung und Medialität angeboten. Seit ihrer Eröffnung im Jahre 2006 werden in der Schule *Fréquence*[33] in Neuenburg neben der energetischen Massage auch Kurse in Geistheilung, Auralesen und Hellsichtigkeit angeboten. Diese verschiedenen Techniken haben alle das gleiche Ziel: die Heilung. Für den Begründer Hannes Jacob (siehe Porträt) hat jeder Mensch die Fähigkeit, seine Sensitivität zu entwickeln. Er ist davon überzeugt, dass in jedem ein potenzieller Heiler schlummert.

Werden die Heiler bezahlt?

Die Entlöhnung, vor nicht allzu langer Zeit noch ein heikles Thema, wenn nicht gar ein Tabuthema, gibt heutzutage weniger Anlass zu Auseinandersetzungen. Die Tradition verlangt, dass der Heiler, und besonders der Gebetsheiler, keinen Lohn für seine Dienste annimmt. Die Tatsache, dass heute

---

[31] Für mehr Informationen: www.livitra.ch

[32] Für mehr Informationen: Schule für Bewusstwerdung, Holzgasse 11, 3322 Schönbühl.

[33] Für mehr Informationen: www.mediumnite.ch

immer mehr Leute Geld für ihre Dienste verlangen, wird von vielen Patienten erst halbherzig akzeptiert. Das Thema wird auch innerhalb der verschiedenen Heilerkategorien kontrovers diskutiert. «Die Idee kommt von früher her, da hiess es: „Das ist Gotteslohn, das machst nicht du, das macht Gott, du bist nur das Handwerk, du bist nur ein Kanal, darum ist es Gotteslohn." Aber heute investiert man nicht nur Zeit, sondern muss Steuern zahlen und Telefonrechnungen, und wenn man massiert, fällt sehr viel Wäsche an. Das alles kostet Geld», erläutert eine Heilerin. Die meisten der Befragten geben an, nicht nur ihre Zeit zu opfern, sondern auch auf das Geld zu verzichten, das sie während dieser Zeit nicht verdienen. Mit sehr wenigen Ausnahmen ist eine solche heilerische Tätigkeit nicht der Weg, den man einschlägt um sich zu bereichern. Dazu erklärt Frau Lüthi (siehe Porträt): «Ich will den Menschen helfen und ihnen nicht das Geld aus der Tasche ziehen. Es darf ja nicht sein, dass jemand nicht kommen kann, weil er es nicht bezahlen kann.» Eine andere Heilerin meint: «Fernbehandlungen sind gratis, ich richte mich nach den Ethikrichtlinien des SVNH. Aber heute gibt es Heiler, die geben zuerst einen Einzahlungsschein, so etwas darf nicht sein.»

Das Thema der Gratisbehandlung ist vor allem für die Gebetsheiler immer noch aktuell. Dazu meint eine klare Mehrheit der Spruchheiler, dass sie die Gabe erhalten hätten und somit nicht berechtigt seien, dafür einen Lohn in irgendeiner Form anzunehmen. Die meisten akzeptieren eine Dankesgeste, wenn man darauf besteht, wie Wein, Blumen, Schokolade oder eine kleinere Summe Geld. Lieber aber sehen sie es, wenn man für einen guten Zweck spendet. Aldis Jaspers (siehe Porträt) versucht zu erklären: «Das Geben und Nehmen ist wichtig im Leben, und wenn du gibst, dann soll der andere in irgendeiner Form zurückgeben können. Das muss nicht im materiellen Sinn sein. Wenn ich mit einem Klienten arbeite, dann findet ein Energieaustausch statt, und wenn er nicht bezahlen kann, gibt es andere Möglichkeiten, den Therapeuten zu kompensieren. So sind die Leistungen im Gleichgewicht.»

Seit geraumer Zeit kann man Veränderungen im Bereich der telefonischen «Pflege» erkennen. Mehrere gebührenpflichtige Rufnummern sind aufgetaucht, aber im Allgemeinen sind die Gebetsheiler über diese neue Vorgehensweise schockiert. Wie dem auch sei, es ist immer höflich, den Spruchheiler im Voraus zu fragen, ob «man ihm etwas schulde», selbst wenn er die Frage negativ beantworten sollte. Auch andere Heiler beginnen kostenpflichtige Telefonnummern einzurichten, die vor allem bei der Fernheilung zur Anwendung kommen. Manuela Vogt-Ramseier aus dem St. Gallischen beispielsweise betreibt eine «Telefonpraxis» sowie eine mobile Praxis. Sie ist nicht die einzige Heilerin, die hin und wieder in verschiedene Städte der Schweiz reist, um entweder bei Bekannten in einer Wohnung oder in einem gemieteten Hotelzimmer während eines Tages oder eines Wochenendes Konsultationen durchzuführen.

Das Internet wird immer mehr zu einer Plattform für Heiler, um sich anzubieten; neuerdings können sogar Fernheil-Abonnemente gelöst werden. Auch die Heiler passen sich den veränderten Bedürfnissen unserer sich rasant verändernden Umwelt an. Manche Heiler wollen auch im Voraus für ihre Dienste bezahlt werden. Sie bestehen darauf, dass man ihnen eine gewisse Geldsumme zukommen lässt, bevor sie ihre Hilfe anbieten, ausser es handle sich um einen Notfall. Ein seriöser Heiler hat klar vorgegebene Tarife, und der Patient hat ein Anrecht darauf, diese vor der Behandlung zu kennen. Immer mehr Heiler geben auf ihrer Website ihre Preise bekannt.

Wenn die Spruch- und Gebetsheiler im Allgemeinen kein Geld verlangen, so beschäftigt sie diese Aktivität auch nicht den ganzen Tag und sie können durchaus einen anderen Beruf ausüben, um für ihren Lebensunterhalt zu sorgen. Ausser sie erhalten zahlreiche Anrufe an einem Tag, was bei manchen der Fall ist. Für andere Heiler verhält es sich anders. Meist dauern die Behandlungen länger, je nach Fall zwischen dreissig und neunzig Minuten. Am Anfang haben sie zumeist wenige Kunden, was ihnen auch erlaubt, einer anderen, lukrativeren Beschäftigung nachzugehen. Sobald sie jedoch einen gewissen

Ruf erlangt haben, werden sie von mehr und mehr Menschen um Hilfe gebeten, sodass ihnen nur zwei Möglichkeiten bleiben: Erstens, den Patientenkreis so klein zu halten, dass sie die wenigen Personen am Abend oder am Wochenende behandeln können. Diese Zwischenlösung ruft aber oft eine gewisse Frustration hervor, weil sie nicht mehr Menschen helfen können. Dazu kommt die enorme Belastung, sich nie erholen zu können. Das Familien- und Sozialleben leidet ebenfalls darunter. In solchen Situationen kommt zweitens die Professionalisierung zum Zug. Die Heiler absolvieren oftmals eine alternativmedizinische Ausbildung, die in Zusammenhang mit ihrer Praktik steht. Dies erlaubt ihnen einerseits, sich schneller selbstständig zu machen und nur noch diese eine Tätigkeit auszuüben, und andererseits können sie dank des Diploms die Behandlungskosten von den Krankenkassen abgelten lassen. Dies bringt auch Weiterbildungen und Kontrollen mit sich, die für die Klienten eine weitere Sicherheit darstellen. Falls die Heiler beschliessen, ihrer Tätigkeit im Vollzeitpensum nachzugehen, sind sie gezwungen, um sich und ihre Familie zu ernähren, einen Lohn zu verlangen, der sich zwischen CHF 50.– und CHF 150.– pro einstündige Sitzung bewegt. Dieser Preis orientiert sich an den üblichen Preisen einer naturmedizinischen oder komplementärmedizinischen Behandlung.

Nicht selten kommt es vor, dass die Leute die Kostenerhebung durch den Heiler skandalisieren. Aber man könnte sich auch fragen, warum Heiler im Hinblick auf die für ihre Tätigkeit investierte Energie nicht auch das Recht auf eine anständige Entlöhnung für die Verfügbarkeit ihrer Talente hätten. Ist es nicht ungerecht, sie kostenlos arbeiten lassen zu wollen? Der finanzielle Aspekt spielt sicherlich eine grosse Rolle bei der Auswahl der geeigneten Therapie. Die meisten komplementärmedizinischen Behandlungen werden in der Tat laut KVG[34] nicht von der Krankenkasse übernommen, es sei denn, man

---

[34] Krankenversicherungsgesetz (KVG). Das Schweizer Volk hat im Frühling 2009 die neue Verfassungsbestimmung «Zukunft mit Komplementärmedizin» angenommen. Sie ist zurzeit in Bearbeitung.

verfügt über eine Zusatzversicherung oder die Behandlung wird von einem Arzt verschrieben.

Der finanzielle Aspekt ist – noch vor der wissenschaftlichen Unbeweisbarkeit – der von den Kritikern meistgenannte Anlass, um die Volksmedizin des Scharlatanismus zu bezichtigen.

Sind Heiler Scharlatane?

«Alle sieben oder acht Jahre wenigstens haben gewisse Gegenden das wahre Unglück, von einer herumfahrenden Marktschreyerbande heimgesucht [...] zu werden.»[35] Von eben diesen fahrenden Händlern und Wundermittelverkäufern und deren sprachlichen Geschicklichkeit (ital. *ciarlare* = tratschen) stammt der Begriff Scharlatan. Es versteht sich von selbst, dass Heiler, die das Unglück anderer ausnutzen, indem sie unrealistische Versprechungen machen, um sich an den exorbitant hohen Preisen für ihre Behandlung zu bereichern, zu verurteilen sind. Kranke, ratlose Menschen sind zu allem bereit, um den letzten Funken Hoffnung nicht sterben zu lassen. Die von uns angetroffenen Heiler betonten deshalb, dass jemand, der offensichtlich keine finanziellen Mittel zur Verfügung habe, viel weniger oder gar nichts bezahlen müsse. Das primäre Ziel sei nämlich immer, jemandem helfen zu können und nicht sich zu bereichern. «Es gibt viele Esoteriker, die heben regelrecht ab, sie meinen, sie seien halbe Engel und können fliegen. Man muss auf dem Boden bleiben, ohne die Verbindung nach oben zu verlieren. Vielmals geht es nur ums Geld, um Materie», sagt Beda Rechsteiner (siehe Porträt).

Die Verwechslung von lokalen Heilern und Scharlatanen gibt es nicht erst seit gestern. Die Stellungnahme eines Arztes im Jahr 1930 hat nichts von ihrer Heftigkeit verloren: *«Scharlatanismus ist jede illegale medizinische Aktivität jener, die unsere Handwerkskunst kein bisschen erlernt haben und sich einbilden,*

---

[35] Rahn in: Bieger, 2004: 111.

alle Krankheiten durch ihre Gabe heilen zu können [...] Der Scharlatan ist per Definition ein unaufrichtiger Mensch, der ohne Skrupel die Dummheit der anderen ausnutzt.»[36] Dabei ist der Unterschied zwischen einem guten und einem schlechten Heiler leicht zu erkennen: Die Patienten kommen nicht mehrmals zu jemandem, der ihnen nicht hat helfen können. Die Mund-zu-Mund-Propaganda funktioniert bestens, um sich einen guten Ruf zu schaffen, aber auch, um diesen zu verlieren.

Matthias A. Weiss gibt auf der Website seiner Praxis Hokairos[37] verschiedene Ratschläge: *«Wie erkennt man unseriöse Heilerinnen und Heiler? Grundsätzlich gibt es keinen absoluten Schutz vor Scharlatanerie. Es gibt aber doch einige Punkte, die im Zusammenhang mit Geistigen Heilerinnen und Heilern auf Unseriosität hindeuten:*

• *Die Stundenansätze werden nicht zum Voraus bekannt gegeben.*

• *Die heilende Person verlangt sein/ihr* [sic] *Honorar im Voraus. An Heilung interessierte Heilerinnen und Heiler behandeln, bevor sie sich bezahlen lassen.*

• *Die heilende Person verspricht das Blaue vom Himmel, sofortige Besserung, viel Geld, neue Liebe und Ähnliches.*

• *Die heilende Person verlangt, sich von Familie und Freundeskreis zu lösen.*

• *Die heilende Person lehnt die etablierte Medizin ab und behauptet, nur ihr Weg sei der einzig richtige.*

• *Allgemein ist zu empfehlen, auf das eigene Gefühl und Empfinden zu hören. Sagt einem dieses, dass etwas nicht stimmt, unbedingt darauf hören und auch danach handeln.»*

Viele Heiler äussern sich sehr kritisch gegenüber vermeintlichen Scharlatanen. So sagt zum Beispiel eine Heilerin: «Wir haben viel Unfug, z.B. Telefonnummern für vier Franken, das ist spekulative Heilung. Oder solche, die sagen, der Klient solle

---

[36] BOSSON, 1998: 162. Unsere Übersetzung.

[37] www.geistheilen.ch – und insbesondere die folgende Seite: www.geistheilen.ch/index.php?id=geistheilen_faq

das Antibiotika absetzen, da es schädlich sei. Oder Hunderte von Franken zahlen und das wiederholen.»

In diesem Zusammenhang wird oft die Frage nach Werbung gestellt. Manche Heiler sehen es nicht gern, wenn andere eine Annonce in der Zeitung platzieren. Die meisten denken, dass die Mund-zu-Mund-Propaganda ausreichen sollte. «Da gibt es Inserate in der Zeitung, darin steht: "Partner wieder zurück, ohne sein Wissen!", daneben steht eine Telefonnummer, die man anrufen kann, und ohne Wissen des Partners soll alles wieder gut werden. Das ist eine Frequenz, bei der man sehr stark spüren sollte, dass es sich um Manipulation handelt.» Diese Mund-zu-Mund-Propaganda ist in der Tat fast ein Beweis für die Wirksamkeit einer Behandlung bzw. den Erfolg eines Heilers. «*Die Leute, die etwas Besonderes können (Blutstillen, gegen Hitz und Brand, gegen Schwini [Muskelschwund], u. drgl.), werden unter der Hand von einem zum anderen empfohlen. Ihre Tätigkeit ist nicht öffentlich, aber von nicht zu unterschätzender Bedeutung.*»[38]

Das Vertrauen hat auf jeden Fall erste Priorität. Wenn die Ärzte sich mit einem traditionellen Heiler, dem sie vertrauen, beraten und mit ihm zusammenarbeiten könnten, dann würde der Missbrauch in vielen Fällen verhindert. So denken auch die Heiler. Diese sind weit davon entfernt, für sich ein Wissen in Anspruch nehmen zu wollen, das sie nicht besitzen. Ebensowenig wollen sie Macht auf die Menschen ausüben und sind auch nicht gegen einen Dialog mit den Ärzten. Im Gegenteil, sie versuchen den Kontakt zwischen den praktizierenden Medizinern und ihren Patienten zu erhalten und zu intensivieren, unter anderem dadurch, dass sie die wissenschaftliche Sprache, welche den Patienten oft fremd ist, vereinfachen.

Nicht erst seit gestern schaden die Scharlatane den richtigen Heilern, und zwar beträchtlich. Aber es ist nicht einfach, sie zu identifizieren. Man kann einige Hinweise auflisten, aber auch die verändern sich mit der Zeit: Meist verlangt ein Heiler

---

[38] INAUEN, 1999: 131.

keine exorbitant hohe Bezahlung, er verspricht keine Wunder, sondern nur, dass er sein Bestes gibt, jedoch nicht garantieren kann, dass der Patient geheilt wird. Er verabreicht auch keine Medikamente, sondern überprüft höchstens die Wirksamkeit eines von einem Arzt verschriebenen Medikamentes. Die Befragten sind sich darüber einig, dass sie niemals jemandem raten würden, eine von einem Arzt verschriebene, notwendige Behandlung zu unterbrechen. Falls ein Heiler auf eine schwere Krankheit stösst oder diese Art von Erkrankung generell nicht behandelt, zögert er nie, die Person zu einem Arzt oder ins Spital zu schicken.

Die beste Lösung, um den richtigen Heiler zu finden, ist, sich auf seinen Instinkt und die Empfehlung anderer, die bereits gute Erfahrungen gemacht haben, zu verlassen. Zudem darf man nie vergessen, dass ein Patient immer auch die Möglichkeit hat, einen Scharlatan rechtlich anzuklagen, falls es sich um einen schwerwiegenden Missbrauch handelt.

Gibt es Unterschiede zwischen der Romandie und der Deutschschweiz?

Die Kategorien der Heiler sind im Welschland viel ausgeprägter und klarer abgegrenzt als in der Deutschschweiz, vor allem was die *faiseur de secret* (Gebetsheiler) und die *rebouteux* oder *rhabilleurs* (Einrenker) angeht. Der französische Begriff *guérisseur* (Heiler) wird weniger als Oberbegriff für die verschiedenen Heilerkategorien verwendet, sondern steht hauptsächlich für die Handaufleger bzw. Magnetopathen *(magnétiseurs)*. Für die Gebetsheiler und die Einrenker werden die jeweiligen Eigenbezeichnungen verwendet.

Auch in der Romandie ist die Kunst des Einrenkens am Aussterben. Bei ihnen findet man hauptsächlich mehr Männer. Das mag daher rühren, dass die Tätigkeit eine physische Kraft für das «Einrenken» und auch viel Zeit für den Patienten erfordert. Im Gegensatz dazu befinden sich unter den Gebetsheilern mehr Frauen. Sie gehen oft neben der Betreuung der

Kinder und dem Haushalt einer beruflichen Tätigkeit nach und finden deshalb für die Fernheilungen nur abends und am Wochenende Zeit. Im Vergleich mit der Deutschschweiz, wo die Gebetsheiler am Verschwinden sind, sind die *faiseurs de secret* in der Romandie noch viel zahlreicher und vor allem weniger versteckt tätig – und oft über ihre Region oder die Kantonsgrenzen hinaus bekannt. In der Deutschschweiz handelt es sich wie bei den Einrenkern hauptsächlich um ältere Generationen, die Mühe bekunden, geeignete Nachfolger zu finden. Junge Menschen, die eine Gabe in sich entdecken, schrecken vor dem grossen Einsatz, der dafür verlangt wird, zurück oder suchen sich eine der Zeit angepasstere, modernere Methode.

In der Deutschschweiz sind die Kategorien viel unklarer. Es gibt bedeutend mehr Personen, die sich dem geistigen Heilen widmen. Viele haben Ausbildungen im Ausland besucht und es herrscht ein sehr freier Umgang mit anderen therapeutischen Methoden, die ohne zu zögern in die eigene Behandlungsmethode aufgenommen werden. Die Professionalisierung dieser Heiltätigkeiten ist in der Deutschschweiz viel fortgeschrittener als in der Romandie. Die Heiler haben immer häufiger eine oder mehrere Ausbildungen in einer Sparte der Alternativmedizin besucht und eröffnen Praxen. Sie haben fixe Tarife und Konsultationszeiten. Ein Grossteil ist in Verbänden zusammengeschlossen, darunter vorrangig im Schweizerischen Verband für Natürliches Heilen (SVNH). Diese Mischung der Techniken erschwerte es den Autorinnen, Zugang zu den traditionellen Heilern zu finden, die sich im Bereich der schweizerischen Volksheilkunde bewegen.

Im Welschland, werden alte, aber auch neuere Adresslisten von Heilern in der Bevölkerung herumgereicht und liegen sogar in mehreren Spitälern offiziell auf. In der Deutschweiz fehlen solche Listen (noch) weitgehend, und den Spitälern sind sie gänzlich fremd.

Die wenigen folgenden Zeilen sind eine rasche und keineswegs vollständige Zusammenfassung einiger Unterschiede, die bei den Treffen mit Heilern aus französischsprachigen

Kantonen festgestellt wurden. Es gibt viel mehr Ähnlichkeiten als Unterschiede, dazu zählen unter anderem der Respekt vor den Traditionen, die benutzten Techniken, die Verfügbarkeit, die Bereitschaft zum Helfen und die Voraussetzung, über die Gabe zu verfügen.

In der Deutschschweiz Heiler zu finden ist keine leichte Sache. In einigen Kantonen ist es für einen Aussenstehenden fast unmöglich, die traditionellen Volksheiler ausfindig zu machen, da sie sich fast alle gegen die Veröffentlichung ihrer Namen und Adressen wehren. Dazu erklärt ein Walliser Heiler: «Im Wallis wird zum Thema Heiler geschwiegen. Die Leute reden nicht darüber. Es gibt noch viel Angstmacherei. Es ist immer ein Abwägen: Darf ich das machen, darf ich das sagen? Die Jüngeren mit Begabungen werden von ihren Eltern aufgefordert zu schweigen oder vom Umfeld unter Druck gesetzt. Ich kenne einen der musste das Dorf verlassen, er praktiziert jetzt nur hobbymässig.»

Eine andere Informantin berichtet, dass heute noch über viele Dinge nur unter den Einheimischen gesprochen wird. «Die Hexenverbrennungen sind im Wallis noch nicht so lange her, ich habe manchmal das Gefühl, dass man deswegen noch immer über bestimmte Sachen nicht spricht. Es wird wohl Dinge geben, die wir zwar ahnen, die wir aber nie wissenschaftlich zu Papier werden bringen können, weil die Leute, die davon wissen, das einfach nicht erzählen wollen, vor allem nicht an Aussenstehende. Das ist für sie eine Art Identifizierung und Abgrenzung nach aussen.»

Diesbezüglich sei auch Graubünden ein «hartes Pflaster», erzählt eine Heilerin aus dem Bündnerland. Eine weitere Heiltätige, Melanie Danuser aus Chur, kennt die Schwierigkeiten aus der eigenen Familiengeschichte: «Viele im Bündnerland haben die Gabe, aber sie schauen erfolgreich weg!» Wer mehr darüber wissen möchte, findet entsprechende Hinweise im Atlas der schweizerischen Volkskunde. Neuere Untersuchungen zu diesem Phänomen fehlen.

Was sagt die Geschichte dazu?

Es ist schwierig, Genaueres über die Herkunft dieser volksheilkundlichen Praktiken zu sagen. Nach Ansicht der befragten Personen sind sie «uralt» und existieren seit «Anbeginn
der Zeit». «Als Teil des menschlichen Evolutionsprozesses sind
sie mit uns, seit es die Menschheit gibt.» Einige sind auch der
Meinung, dass diese Praktiken für das Überleben der Menschen unentbehrlich waren, da sie schon immer gezwungen
wurden, sich in irgendeiner Form zu heilen und zu pflegen.
Andere schreiben sie der volkstümlichen und religiösen Tradition zu: «Das kommt aus der katholischen Tradition und aus
dem ruralen Umfeld.» Schriftliche Zeugnisse sind rar, da es
sich bei dieser Art der Heilpraktik hauptsächlich um mündlich
überlieferte Traditionen oder um intuitiv Erfahrenes einzelner
Persönlichkeiten handelt, was auch Roland Inauen bestätigt,
indem er ausführt: *«Die Tatsache, dass es sich beim Gebetsheilwesen um eine Geheimkunst handelt, sowie der Umstand, dass
für deren Ausübung weder je eine Bewilligung notwendig war
noch (in den meisten Fällen) ein Honorar dafür gefordert wurde
und wird, hatte wohl zur Folge, dass die Gebetsheilerei auch nie
aktenkundig geworden ist. Auf jeden Fall sucht man in den Ar-
chiven vergebens nach Anhaltspunkten zum Thema, obwohl diese Art des Heilens mit Bestimmtheit seit etlichen Jahrhunderten
praktiziert wird.»*[39]
Es ist ungewiss, ob die geheimen Formeln und Gebete
schon immer in Verbindung mit der Religion standen. Die ersten schriftlichen Zeugnisse solcher Formeln stammen aus dem
Mittelalter und den Hexenprozessen. Es ist deshalb anzunehmen, dass sie schon sehr früh mit dem Christentum liiert wurden. Man findet heute jedoch noch in gewissen Praktiken, die
sich stärker auf die Handlung als auf die Worte (wie etwa die
Formeln für Warzen) ausrichten, heidnische Elemente, wie sie
allen volksheilkundlichen Traditionen gemeinsam sind. Die

---

[39] INAUEN, 1995: 48.

Natur, die in der Anwendung dieser Formeln ebenfalls sehr präsent ist, verweist auf dieses vorchristliche Wissen. Pflanzen und Kräuter werden häufig eingesetzt und dem Mondzyklus wird grosse Bedeutung beigemessen (wenn man etwas wegnehmen will, wartet man auf den abnehmenden Mond, und wenn man etwas hinzufügen will, auf den zunehmenden Mond). *«Der Glaube an die Wortmagie solcher Segen hat sich durch alle Kulturschichten hindurch bis in die Gegenwart gehalten. Viel trug die christliche Umformung dazu bei.»*[40] Heidnische Zaubersprüche existierten schon in vorchristlicher Zeit und sind vor allem durch die germanische Zauberspruchdichtung, die nordischen Sagen, bekannt. Sie wurden seit der Spätantike entweder christianisiert, das heisst durch christliche Gebete und Segenswünsche ersetzt.

Wenn diese Techniken auch nicht verschwunden sind, so haben sie sich an das sozio-ökonomische Umfeld der heutigen Zeit und an die Fortschritte der Schulmedizin angepasst und verändern sich fortlaufend. Das ist vor allem bei den gesprochenen Formeln und den Heilungsgebeten feststellbar, die mit dem Aussterben von gewissen Krankheiten in Europa, wie z.B. der Lepra, quasi ihren Sinn verloren haben und langsam in Vergessenheit geraten. Andere Heilsprüche oder Methoden wiederum entwickeln sich in ihrer Anwendungsform. Für das Spruchheilen und die Fernheilung wird heute das Telefon benutzt, was die Angelegenheit sichtlich erleichtert. Vor der Einführung dieses technischen Kommunikationsmittels wurden Boten zu den Heilern geschickt, um ihnen zu melden, dass sich eine verletzte Person nicht fortbewegen konnte und der Hilfe des Heilers vor Ort bedurfte. Auch die Leiden und Krankheiten verändern sich. So stehen heute andere Beschwerden im Vordergrund als noch vor 100 oder erst 50 Jahren: Schlaflosigkeit, Stress, Depression, Burn-out-Syndrom und unerklärliche Schmerzen sind ein Charakteristikum der modernen westlichen Gesellschaft. Das Interesse für das Irrationale, das

---

[40] WEISS, 1946: 273.

Mysteriöse, das Paranormale wächst ständig. «Der Mensch hat das Bedürfnis an etwas zu glauben, darum werden diese Praktiken überdauern.» Das Unerklärliche hat seinen Platz in der konsumorientierten Gesellschaft behalten und versucht, sich nicht von ihr einfangen zu lassen, was manchmal schwierig erscheint. Ein Heiltätiger meint dazu: «Es ist nicht wichtig zu wissen, wie es funktioniert, sondern dass es wirkt. Es ist schwierig zu erklären. Es sind Sachen, die man spürt, zumal alles auf der Gefühlsebene geschieht, und oft versteht man das erst durch die Feststellung.» Viele Heiler sehen es ähnlich, man sollte nicht zu weit nach Erklärungen suchen, denn: «Das was zählt, ist das Resultat.»

Im Bernischen und Luzernischen zum Beispiel hat das Heilen eine lange Tradition. Es existieren einige Quellen über Heiltätige aus dem 18. und 19. Jh. Zu den bekanntesten zählen der Wunderdoktor Michael von Schüpbach von Langnau und der Wasendoktor Uli Zürcher, beide aus dem Emmental. Im 19. Jh. war im Luzerner Neuenkirch der Bauer und Laienprediger Nicklaus Wolf von Rippertschwand als Heiler erfolgreich tätig. Ein vom Bischof damals auferlegtes Verbot wurde wenig später wieder aufgehoben. Heute wird er als Heiliger verehrt. Nach Johann Schluep (siehe Porträt) gab es früher mehrere solche Heiler, vor allem in der Innerschweiz und im Appenzellischen. Vereinzelt auch in seiner Gegend, so sei der Christ in Lyssach eine Kapazität gewesen, ebenso Jakob Weber aus Utzenstorf. Zu diesen «Buremannlis» und «Chrütermannlis» hatte man früher Vertrauen gehabt. Das waren ehrliche, bescheidene Menschen, die ihren Beruf gerne gemacht hätten und dabei sehr alt wurden, heisst es.

Alles nur Aberglaube?

Geschichten und Legenden geben einen guten Einblick in die Wesensart der Bewohner der Deutschschweizer Kantone. Und es ist leicht festzustellen, dass eines der dominanten Merkmale dieser hauptsächlich ruralen Mentalität vergangener

Zeiten der Aberglaube war. Er bedeutete lange Zeit Missglauben, Luther unterschied sogar unter dem «falschen» und «richtigen» Glauben. Hoffmann-Krayers definiert Aberglaube wie folgt: «*Aberglaube ist der Glaube an die Wirkung und Wahrnehmung naturgesetzlich unerklärter Kräfte, soweit diese nicht in der Religionslehre selbst begründet sind.*»[41] Stoll bemerkt dazu Folgendes: «*So sinnlos und lächerlich derartige Dinge dem aufgeklärten Beobachter auch scheinen mögen, so sind sie doch in mehrfacher Hinsicht von hohem Interesse und gut beglaubigt.*»[42] Wie in vielen Ländern ist der Aberglaube auch auf dem Gebiet der Schweiz eng an die Religion gebunden. Um das Schicksal zu beschwören, werden in der Regel Worte oder Gesten aus dem religiösen Kontext verwendet. Sobald solche religiösen Elemente zum Schutz vor Unheil oder zur Abwendung eines schlechten zukünftigen Ereignisses Verwendung finden, fallen sie unter die Bezeichnung Aberglaube, der streng mit der Volksmedizin verbunden ist, wie aus einem Text von 1913 ersichtlich wird: «*Wie in früheren Zeiten, so wird auch jetzt noch einzelnen Persönlichkeiten die Fähigkeit zugeschrieben, gewisse Krankheiten der Menschen und des Viehes durch Besprechung zu heilen. Hierüber sind auch in Uri die wunderbarsten Erzählungen im Umlaufe.*»[43]

Es war der Mangel am Verständnis der Naturphänomene, welcher der Angst Platz machte. Wie sollte aber der Aberglaube vertrieben werden, wenn die Leute kaum Zugang zu Bildung und damit zu logischen Erklärungen hatten, die ihnen wissenschaftliche Entdeckungen und Erkenntnisse offen dargelegt hätten? Für viele war jedes seltsame Ereignis ein Werk des Teufels und es war eine Frage des Überlebens, die diabolischen Zeichen zu erkennen, zu interpretieren und vor allem zu lernen, wie ihr schädliches Wirken eingedämmt werden konnte. Um den Kampf mit diesen Gegnern aufzunehmen, hatten

---

[41] Idem: 299.

[42] STOLL, 1901: 194.

[43] GISLER, 1913: 63.

die Bewohner der einzelnen Kantone Techniken und Rituale entwickelt, die aber nicht alle per se als Aberglaube abgetan werden können. Zahlreiche alltägliche Gesten wurden erst begonnen, nachdem das Zeichen des Kreuzes ausgeführt wurde. Man dachte, dass dieses Zeichen auch gegen Naturkatastrophen schützt.

Noch heute bekreuzigen sich viele Leute während eines Gewitters. Und die Verwendung von geweihtem Wasser, Salz und Ölzweigen, von Kruzifixen und religiösen Bildern, die man bei sich zu Hause aufbewahrt, ist ein weit verbreiteter Brauch. Quellen mit mirakulösen Eigenschaften sind noch tief im Volksglauben verankert. Ebenso werden gewissen grossen Bäumen energiespendende Kräfte zugeschrieben. Bestimmte Orte und Plätze erleben unter dem Namen «Magische Kraftorte» zurzeit einen wahren Tourismusboom. In den ländlichen Gebieten spielte (und spielt) der Mond eine sehr wichtige Rolle, nicht nur in der Landwirtschaft, wo er die Pflanz- und Erntezeiten zu bestimmen half, sondern auch in zahlreichen Heilungsritualen. Was für die einen als Erfahrungstatsache galt, wurde mit der wachsenden Industrialisierung von anderen (vor allem den Städtern) als Aberglaube abgelehnt. Mehr noch als vor den zerstörerischen meteorologischen Phänomenen, die allesamt natürliche Ursachen hatten, waren es die Geister und die Hexen, vor denen die Bevölkerung Angst hatte. Spukende Häuser und Höfe, in denen merkwürdige Geräusche vernommen wurden oder in denen sich seltsame Dinge ereigneten, waren Nahrung für fantasiebegabte Geschichtenerzähler.

Was sind Zauberbücher?

In unzähligen Geschichten, Märchen und Sagen ist oft von Zauberbüchern die Rede. Ein Zauberbuch* oder ein Grimoire ist ein Buch, das magisches Wissen zur Ausübung von Zauberei enthält. Darin befinden sich diverse Anleitungen, Sprüche, Formeln, Beschwörungen, Zeichnungen, Pentagramme*, kabbalistische Zeichen usw.

Auch heute noch wird regelmässig über unerklärliche Phänomene gesprochen, doch es sind vor allem die Heiler in den welschen Kantonen, insbesondere im katholischen Fribourg und Jura, die mit einer Mischung aus Respekt und Angst in der Stimme die Zauberbücher erwähnen. Selbstverständlich gibt es auch in den deutschsprachigen Kantonen solche Bücher, aber die befragten Heiler machten selten Angaben dazu. Einige erzählten jedoch von Büchlein, die seit Längerem im Besitz der Familie sind oder von einem bestimmten Familienmitglied erstellt wurden und Angaben zur Ausübung einer volkstümlichen Heilpraktik bzw. Aufzeichnungen über Heilpflanzen für bestimmte Krankheiten oder Gebete enthielten. Weder die zauberische noch die potenziell diabolische Seite dieser Bücher wurde erwähnt. Diese Rezept- und Gebetsbüchlein scheinen sich in die Linie der traditionellen volksmedizinischen Handschriften einzureihen. Zur Illustration ein kleines Textbeispiel: «*Es hat mir auch ein bäuerliches „Doktorbuch" vorgelegen. Es ist ein Heftchen mit allerlei Mitteln, aufgezeichnet von Hs. Jakob Fischer in der Wannwies, geb. 1812, gest. 1885, „für Leut und auch für das Vieh". Es sind 16 Rezepte, von denen ich einige hersetze. […] 2. Wann sich einer gehauen hat, so sprich nur folgende Worte: Glückselige Wunden, glückselige Stunden, glückselig ist der Tag, wo Christus der Herr geboren war. (Es folgen drei Kreuze, also muss die Wunde bekreuzt werden.)*»[44]

Doch die alten Zauberbücher von früher sind rar geworden, und wer tatsächlich eines von ihnen besitzt, erfährt man nicht so leicht. Es herrscht eine gewisse Geheimniskrämerei und ein Hauch des Mysteriösen umgibt die Angelegenheit. Zu den bekanntesten Zauberbüchern gehören das *6. und 7. Buch Mosis* (Zusammenfassung von 22 Schriften magischer, sympathetischer und religiöser Schriften), das erstmals 1797 im deutschen Sprachraum erschien; das *Romanusbüchlein* (Sammlung von Segen und Beschwörungen), die älteste datierte Ausgabe trägt das Jahr 1788; das *Albertus-Magnus-Buch* (sympathetische und

---

[44] KUHN, 1923: 287–288.

natürliche ägyptische Geheimnisse für Menschen und Vieh),
das Anfang des 19. Jh. erschien; das *Gertruden-Buch* (Zwing-
buch zum Schatzheben und andere Beschwörungen) und das
Christophelsbuch sowie die *Claviculae Salomonis* (Schlüssel
Salomos). Das Buch mit dem Titel *Die magischen Werke* von
Heinrich Cornelius Agrippa von Nettesheim kann ebenfalls zu
dieser Liste hinzugezählt werden.

Solche Zauberliteratur wurde lange Zeit als Teufelsmagie
verstanden. *«Kirchliche Stellen haben zu allen Zeiten vor den
gefährlichen Zauberbüchern gewarnt.»*[45] Weit verbreitet waren
auch handschriftliche Textsammlungen, die weit eher natürliche Rezepte oder religiös-magische Segens- und Beschwö-
rungsformeln zur Bekämpfung von Krankheiten bei Menschen
und Tieren enthielten. In den Akten diverser Hexenprozesse
werden handschriftliche Zauberbücher erwähnt. Über deren
Herkunft und Inhalt ist jedoch kaum etwas bekannt. Erst mit
den gedruckten Ausgaben ab dem 17. und 18. Jh. lässt sich eine
Tradition volkstümlicher magischer Literatur verfolgen. Doch
die meisten dieser Zauberschriften wurden anonym verfasst
und mit fiktiven Verlegernamen und -orten sowie falschen
Jahresdaten versehen, um ihre vorgetäuschte antike Herkunft
zu legitimieren.

Es besteht zweifellos eine Verbindung zu magischen Ritualen – Beweise dafür sind die unzähligen Warnungen, die sie begleiten –, aber auch zur Religion. Die andauernde Anwendung
des Gebets kann als erste Charakteristik der Zauberbücher
gesehen werden. Wörter und Zeichen, die von weither kamen,
wurden sorgfältig weitergegeben. Im Volksglauben herrschte
die Meinung, dass Zauberbücher das Böse abwehren und zum
Glück verhelfen. Gefährlich konnten sie nur werden, wenn jemand sich an Verwünschungen heranwagte, ohne zu wissen,
wie man damit umzugehen hatte. Ansonsten ging man davon
aus, dass sie in guter Absicht angewendet, zur Auffindung verlorener Gegenstände oder zur Heilung von Mensch und Tier

---

[45] HANF, 2007: 153.

nützlich sind. Walter Hanf erzählt in seinem Buch über Spruch-
und Gebetsheiler in der Eifel, dass unter der dortigen Bevölkerung zum Teil heute noch die Meinung verbreitet ist, «*dass
Zauber- und Sympathiebücher einst herausgegeben worden seien,
um einzelne Menschen in die Lage zu versetzen, der notleidenden
Menschheit zu helfen...*»[46] Weiter berichtet er, dass die Kirche in
den vergangenen Jahrhunderten, durch ihre abneigende Haltung und ständigen Kontrollen wesentlich dazu beitrug, dass
diese magischen Texte eher unter dem Ladentisch gehandelt
wurden, was wiederum zu ihrer Mystifizierung beitrug. Noch
heute sind viele davon überzeugt, dass es einen Zusammenhang zwischen den Zauberbüchern und den Hexenverfolgungen gibt, und stimmen folgender Aussage ohne Zögern zu:
«*"Ja, solche Bücher hat es wirklich gegeben. Damit konnten sich
die Christen gegen die Hexenverfolgung schützen. Später ist damit grosser Unfug getrieben worden [...]"* berichtete eine Frau aus
Udenbreth 1951 im Gespräch mit Professor Matthias Zender...*»[47]

Betrafen die Hexenverfolgungen auch die Heiler?

Seit jeher gaben sich die Magie und die Hexerei die Hand.
In der deutschsprachigen Schweiz können wir uns mit der Unterscheidung zwischen weisser (positiver) und schwarzer (ne-
gativer) Magie begnügen. Die weisse Magie behebt das Übel,
das einer Person schadet oder diese leiden lässt. Ob sich dieses
nun konkret durch physische Probleme oder abstrakt durch
unerklärliches Pech oder ein Unglück manifestiert, die weisse
Magie praktizierende Person wird versuchen, das Böse abzu-
wenden oder zu eliminieren. Die schwarze Magie dagegen besteht darin, Böses zu tun, jemandem zu schaden, entweder aus
persönlichen Gründen oder auf Begehren einer Drittperson.
Diese schwarze Magie wirkt schädlich und wird oft Hexerei
genannt. «Sogenannte Schwarzmagier, die negative Energien

---

[46] Idem: 149.

[47] Idem: 149.

aussenden, hat es immer gegeben», sagt Frau Schiesser (siehe Porträt) und fährt fort: «Negative Energien sendet man bereits dann aus, wenn man über jemanden böse oder schlechte Worte spricht oder denkt. Deshalb ist es so wichtig, dass man sich seiner Wortwahl bewusst ist, da jedes Wort Energie ist. Wenn man über jemanden schlecht redet oder ihn gar verflucht, nimmt die Person diese Energie bewusst oder unbewusst auf. Auch Eifersucht gehört in diese Energieform, diese kann man energetisch sehr gut spüren. Die geistige Welt sendet nie negative Energien aus. So sind auch die Heilenergien immer nur positive Energien. Auch der Mensch ist ein geistiges Wesen und ursprünglich entstanden aus Licht und Liebe. Alles andere ist das, was die Menschen daraus machen.»

Es kann nicht verhindert werden, dass alles, was im Volksglauben nicht anerkannt wird, als Magie oder Hexerei bezeichnet wird. Konflikte entstanden erst mit dem Primat der Religion und dem alleinigen Recht der Kirche, Erklärungen zum Mysteriösen abzugeben. Das was ursprünglich für alle gut sein sollte, wurde für einige zum Hindernis und zu einem Problem, das ausgemerzt werden sollte. So wurde die Magie in den Rang der Zauberei versetzt. Und die Grenze zwischen dem Magier – dem Wohltäter und dem Weisen – und dem bösen, mächtigen Zauberer und Hexenmeister wurde zunehmend unscharf. Vieles deutet darauf hin, dass die Stigmatisierung der Hexer und Hexen eine direkte Verbindung zu den Heilern, Spruchheilern und Einrenkern hat. «*Es fehlt keineswegs an Quellen, die die unmittelbare Anziehungskraft des Hexensglaubens in Fällen von sonst nicht erklärbaren Krankheiten und Naturkatastrophen belegen. Im Jahre 1630 sagte der Küster (Offermann) von Maria Ablass beispielsweise aus, dass seine Magd vor kurzem gestorben sei und der eilends herbeigerufene Doktor als Ursache vermutet habe sie sei „wegen vieler Boeser versamblung im leib in ein hitzigh fieber gerathen".*»[48]

---

[48]JÜTTE, 1991: 49.

Aus frühneuzeitlichen Quellen ist zu erfahren, dass die Spruch- und Gebetsheiler aus ganz unterschiedlichen sozialen Schichten stammten, sich jedoch auffallend viele Frauen, hauptsächlich aus bescheidenen Verhältnissen, darunter befanden. Frauen, die Krankheiten durch Zaubersprüche und Gebete zu heilen versuchten, wurden «*gelegentlich auch als „wahrsagersche" und „zaubersche" bezeichnet. Nicht wenige dieser Frauen gerieten damals durch besondere Umstände in den Verdacht, eine Hexe zu sein.*»[49]

Tatsächlich wurde die letzte Hexe Europas 1782 in der Deutschschweiz hingerichtet. Es handelte sich um Anna Göldi, die als Magd im Haus des Richters und Ratsherrn Tschudi im Kanton Glarus angestellt war. Sie wurde beschuldigt, die Tochter des Hausherrn «verderbt», also verhext zu haben. Das Mädchen soll Stecknadeln erbrochen und unter krampfartigen Zuckungen gelitten haben. Der Umstand, dass Anna Göldi es fertigbrachte, die angeblich tauben Glieder des Mädchens zu heilen sowie es vom «Gufenspeien» zu befreien, indem sie unter anderem «Tränke» braute (Abführmittel), bestätigte das Bild der Hexe, die ihre Verwünschungen wieder aufhob.[50] Nach mehreren Verhören und letztendlicher Folter wurde ein Geständnis erzwungen und Anna Göldi durch das Schwert hingerichtet. Im Jahre 2008, also 226 Jahre nach ihrer Verurteilung durch die protestantische Kirche, wurde sie für unschuldig erklärt und rehabilitiert.[51] Der Kampf um ihre Rehabilitation war lang und schwierig, doch hat sie anderen Rehabilitationen die Türen geöffnet, wie etwa derjenigen, die zurzeit im Gange ist und den Fall Catherine Repond, genannt Câtillon, behandelt, die 1731 in Fribourg als Hexe verbrannt wurde. Obwohl Anna Göldi als Giftmischerin und nicht als Hexe verurteilt wurde, weist der Prozess grosse Ähnlichkeiten zu den früheren Hexenprozessen auf. In der damaligen Zeit wimmelte es von

---

[49] Jütte, 1996: 100.

[50] HAUSER, 2007.

[51] Antrag des Regierungsrates Glarus betreffend Rehabilitation Anna Göldi: www.gl.ch/documents/Bulletin_20_vom_10._Juni_2008.pdf

Denunziationen. Aus Gerichtsakten erfahren wir von entsetz-
lichen Folterungen, in denen es die «befragten» Personen nie
versäumten, einen oder zwei Namen preiszugeben, im Glauben
ihrem Schmerz ein Ende zu bereiten und dem Scheiterhaufen
zu entgehen. Auf diese Weise wurde eine beeindruckende Zahl
von segens- und heilkundigen Menschen, die Pflanzen zur
Pflege und Heilung verwendeten, hingerichtet. Darunter befanden sich besonders viele Frauen, die unter anderem auch als
Hebammen Heilpflanzen und Segensprüche benutzten.

Als Beispiel kann die Hinrichtung von Margaretha Pürs-
terin aufgeführt werden, die 1680 als Giftmörderin und Hexe
in Basel verbrannt wurde, wie aus der von Brunn'schen Chro-
nik zu erfahren ist.[52] Oder die Verurteilung von Alli Bürgin,
sie «*wurde 1477 auf immer über den Rhein verbannt und musste Urfehde schwören. Sie hatte gestanden, ihrem Ehemann ein
Mus von Ruten und Haselwurz zubereitet und zu essen gegeben
zu haben, damit er daran sterbe.*»[53] Von der Obrigkeit wurde vor
allem die Verwendung von geheimen Formeln, die in ihren
Augen zwingenderweise eine Verbindung zur schwarzen Magie und dem Teufel besassen, verurteilt. Auch wenn die Folterungen und Hinrichtungen auf dem Scheiterhaufen im 18. Jh.
ein Ende fanden, so tun es die Anschuldigungen noch nicht.

Auch nach dem Jahrtausendwechsel lassen sich noch im
Jahre 2009 unzählige Heiler, Gebetsheiler, Einrenker, Pendler,
Magnetopathen und Exorzisten in der ganzen Schweiz ausfindig machen. Der Begriff Hexe wird heute selten gebraucht,
und sollte er doch innerhalb eines Gesprächs auftauchen, hinterlässt er keineswegs mehr diese beunruhigende Wirkung
wie in vergangenen Epochen. Im Gegenteil, die Bezeichnungen Hexer und Hexe haben heute eine Aufwertung erfahren
und einen entscheidenden Bedeutungswechsel durchgemacht,
von einer negativen Fremd- zu einer positiven Selbstbezeich-
nung. Besonders seit der Entstehung der modernen paganen

---

[52] Siehe GUGGENBÜHL, 2002: 29.

[53] GANTENBEIN, 1996: 232.

Hexenbewegungen. Es wird heute auch oft von einer neuen Hexen-Religion gesprochen. Diese ist aber alles andere als einheitlich, weder als weltanschauliche Überzeugung noch als kultische Praxis.

Bei der Schilderung von aussergewöhnlichen Ereignissen, die sie erlebt haben, können sich einige der befragten Heilerinnen nicht verkneifen zu erwähnen: «Vor nicht allzu langer Zeit wäre ich deswegen auf dem Scheiterhaufen gelandet!» Und wenn einige bekennen, dass sie manchmal als Hexer oder Hexe bezeichnet werden, so geschehe dies nicht nur alleine aus Bosheit, sondern auch als eine Art Spitzname, der gleichzeitig Bewunderung und Faszination für diese mysteriösen Praktiken beinhalte. Kirchliche und weltliche Gerichte haben heute nicht mehr die Macht, Menschen wegen Hexerei zu verurteilen und zu foltern, und nach der Auffassung der Heiler werden diese Heilpraktiken, die den Menschen seit seinen Anfängen begleiten, nie verschwinden, im Gegenteil …

Und die Schulmedizin?

Unkonventionelle Therapiemethoden werden heute noch kontrovers diskutiert. Es ist es noch nicht so lange her, dass die Ärzte selbst um Anerkennung kämpfen mussten. Die schon vor ihnen da gewesenen Heiler genossen ein viel grösseres Vertrauen in der Bevölkerung. Von Anfang an wehrten sich die Ärzte, damals noch viel geringer an der Zahl als die Heiler, gegen die illegale Ausführung medizinischer Praktiken. «*Der elitäre Arzt sprach dem „Ungebildeten" bei der Suche nach neuen Wegen in der Heilkunde jegliche Kompetenz ab.*»[54] An diesem Standpunkt hat sich bis heute wenig geändert. Viele Ärzte sehen in den Heilern Personen, die ohne Studium und Kenntnisse der rationellen und wissenschaftlichen Medizin zu heilen versprechen. Damit verbundener Aberglaube, oftmals gepaart mit Ignoranz, sei deshalb eine Gefahr für die Kranken. Es wird

---

[54] BIEGER, 2003: 14.

zudem behauptet, dass eine allenfalls geglückte Heilung auf den Einsatz von schulmedizinischem Wissen zurückzuführen ist. Selbst wenn sich heute manches geändert hat, herrscht immer noch ein grosses Misstrauen vieler Ärzte gegenüber volksmedizinischen Praktiken und deren Anwendern vor. So erklärt Jean-Claude Blumenstein (siehe Porträt): «Die Ärzte sind immer noch allergisch auf unsere Arbeit.»

Die Menschen zögerten jedoch, sich an die Ärzte zu wenden, selbst wenn es sich um einen schweren Fall handelte. Die ärztliche Praktik entsprach nicht ihrer regionalen Kultur und flösste ihnen kein Vertrauen ein. Ausserdem schienen die verlangten Honorare den Menschen viel zu hoch, da sie gewohnt waren, einem behandelnden Heiler einen sehr viel bescheideneren Lohn zukommen zu lassen. «*Mit dem Beginn des industriellen Zeitalters gelang der akademisch gebildeten Ärzteschaft schliesslich die Monopolisierung des Gesundheitsmarktes. Damit wurden dem Laiensystem alle medizinischen Leistungen entzogen [...], und die handwerklichen Heiler wie auch die Hebammen wurden auf die Position von Hilfskräften zurückgestuft.*»[55]

Dies könnte das heute noch angespannte Verhältnis zwischen diesen beiden Welten erklären. Die Ärzte, die um Anerkennung kämpften, prangerten die volksheilkundlichen Praktiken an. Damals gab es neben den Ärzten, Chirurgen, Badern und Apothekern eine breite Palette von volkstümlichen Heilkünstlern, unter denen sich bestimmt Könner, aber auch Scharlatane befanden. In diese paramedizinische Gruppe gehörten die Hebammen, die jüdischen Ärzte, Zahnbrecher, Scharfrichter, Wanderärzte, Wurzelgräber, Kräutersammler, Hexenmeister und Lachsner («...*Schamane unserer Vorfahren und war immer dann gefragt, wenn jemand an einer unheilbaren Krankheit litt, wenn das Vieh im Stall dahinsiechte, wenn jemand etwas verloren hatte oder die Zukunft wissen wollte oder wenn jemand kein Glück in der Liebe hatte.*»[56]).

---

[55] Idem: 35–36.

[56] GANTENBEIN, 1996: 230.

Doch waren die Grenzen zwischen den ersten Schulme-dizinern und den Laienbehandlern nicht klar, die Übergänge waren fliessend und es fand noch ein gegenseitiger Austausch statt. So mancher Arzt blieb durch den damaligen Volksglau-ben geprägt, wie z.B. der Basler Arzt Theodor Zwinger (1658–1724), von dem berichtet wird, dass es ihm nicht gelang, sich der altertümlichen Überzeugungen zu entledigen. Wie aus seinem Arzneibuch hervorgeht, spielten die Mondphasen und sogar die Zauberei darin eine wichtige Rolle.[57]

Im Gegensatz zu heute, wo der Patient einen Heiler oft erst dann aufsucht, wenn die Schulmedizin versagt hat, retteten die Ärzte von damals die Leben gutgläubiger Menschen, die den Anweisungen eines Scharlatans gefolgt waren. Oft konnte für sie nichts mehr getan werden. Im Hinblick auf ein mögliches Versagen waren die Heiler und die Ärzte in der gleichen Lage. Die Heiler konnten die Illusion einer Heilung aufrechterhalten, ohne jedes Mal ein positives Ergebnis zu erzielen, genauso wie die Ärzte. Die Legitimierung dieser oder jener Praktik stand auf dem Spiel. Hingegen scheint die Selbstmedikation nie in eine unrechtmässige Kategorie eingestuft worden zu sein. Grossmutters Rezepte, die manchmal in Heften oder Zauber-büchern festgehalten wurden, sowie Heilsprüche und alter-tümliche Praktiken wurden von Generation zu Generation weitergegeben. Die regionalen Heiler waren nur gelegentliche Therapeuten, die nicht von ihrer Tätigkeit leben konnten. Sie waren ihren Klienten gleichgestellt und benutzten hauptsäch-lich Pflanzen sowie gängige natürliche Produkte. Auf Aber-glauben basierende Heilpraktiken waren ebenfalls Teil ihres Repertoires. All dies, um der Abgeschiedenheit, der Armut und vor allem dem Ärztemangel etwas entgegenzuhalten.

Die Prozesse gegen illegale medizinische Praktiken fanden oft aufgrund einer Denunzierung eines Arztes statt. In den meisten Fällen wurde eine ziemlich hohe Geldbusse verhängt. Obwohl auch die Ärzte nicht vor medizinischen Misserfolgen

---

[57] Siehe GRABNER, 1972: 173.

sicher waren, wurden vordergründig die Heiler zur Rechenschaft gezogen. Die Mediziner zögerten dennoch oft, die regionalen Heiler anzuschwärzen, denn sie mussten Beweise liefern können. Ausserdem erwiesen sich die Behörden den Heilern als wohlgesinnt und die Justiz blieb eher passiv. Vor allem aber fürchteten sie den Groll der Bevölkerung.[58]

Die Erfolge der Schulmedizin waren in den letzten Jahrzehnten so beeindruckend, dass sich der soziale Status der Ärzte, welcher jetzt von der Bevölkerung anerkannt ist, stark verändert hat. Tendenziell richten sich Kranke zuerst an einen Schulmediziner, bevor sie auf Alternativ- und Volksmedizin zurückgreifen. Aber sowohl die Ärzte wie auch die Heiler und Patienten stellen fest, dass die Alternativ- und Volksmedizin wieder vermehrt an Bedeutung gewinnt. Eher unauffällig in den 70er-Jahren beginnend, avanciert sie seit etwa zehn Jahren zu einem richtiggehenden sozialen Phänomen. Wie lässt sich diese neuartige Entwicklung erklären? «*Ein möglicher Grund hierfür kann in einer stark technisierten, unpersönlichen Schulmedizin vermutet werden, bei welcher die psychische Befindlichkeit des Menschen zu wenig Beachtung findet, und soziale Aspekte von Krankheit nicht in die Therapie miteinbezogen werden. Zudem ist die Schulmedizin v.a bei akuten Erkrankungen hochwirksam, bei vielen chronischen Beschwerden bietet sie jedoch nur begrenzt Hilfe an. Die Euphorie, dass mit der modernen Medizin Krankheit und Tod in den Griff zu bekommen sind, hat sich gelegt.*»[59]

Natürlich gibt es auch andere Gründe für diesen Trend. Cilgia Catrina Trippel erwähnt in ihrer Forschungsarbeit gleich mehrere: «*Einer davon ist das metaphysische Heilangebot (Religion und Magie), das in der Behandlungsart der Heiler integriert ist […]. Ein zweiter Grund ist, dass Schwerkranke ja auch nicht immer unbedingt eine «Wunderheilung» erwarten, sondern oft schon zufrieden sind, wenn der Heiler ihnen Kräfte übermitteln kann, mit denen sie lernen, die Krankheit besser zu ertragen.*

---

[58] Siehe BOSSON, 1998.

[59] WECHSLER, 2002: 1.

[...] Drittens: die Zeitfrage. Heiler nehmen sich im allgemeinen mehr Zeit für ihre Klienten als Schulmedizinern das möglich ist. Viertens: Heilerbehandlung ist nebenwirkungsfrei, was man von der schulmedizinischen Behandlung nicht behaupten kann. [...] Fünftens: der heute grassierende Esoterikboom sorgt zusätzlich für Abwanderung von der Schulmedizin.»[60]

In einem Artikel mit der Überschrift «Wie die Hightech-Medizin die altüberlieferten Praktiken wieder auferstehen lässt»[61] wird im Rahmen eines Gespräch mit dem Gesundheitsanthropologen Prof. Ilario Rossi auf folgende interessante Aspekte verwiesen: Heute gibt es vielfältige Ressourcen; zwei von drei Schweizern greifen auf eine kombinierende Strategie zurück; die Ausführenden im volksheilkundlichen Bereich haben weder eine politische noch eine rechtliche Legitimität; sie haben kein langes Studium hinter sich bringen müssen, um Erleichterung verschaffen zu können; der Bezug zum Heiligen bleibt durch alle Zeiten hindurch bestehen; das Basiswerkzeug der Heiler ist die Intuition; die Empathie ist einer der Hauptgründe, um den Besuch bei einem Heiler, anstatt bei einem Arzt zu rechtfertigen; die Suche nach physischen und metaphysischen Antworten; das Verbinden rationaler und irrationaler Elemente; die zunehmende Technisierung der Medizin soll durch den Bezug zum Grundlegenden und Ursprünglichen kompensiert werden; die Suche nach einer Therapie wird von einer Suche nach Spiritualität begleitet. Liselotte Lüthi (siehe Porträt) erklärt dies wie folgt: «Nach all den Jahren Chemie- und Tablettengläubigkeit hat nun ein grosser Gegentrend eingesetzt. Die Leute gehen wieder lieber zu einem Heiler, egal in welcher Form er auch heilen mag. Das wurde lange Zeit belächelt.» Trotz alldem sind laut den befragten Personen nur wenige Ärzte für die Volksmedizin offen. Die Heiler hingegen zeigen gegenüber diesen mehr Toleranz und geben offen zu, dass auch sie, wie jedermann, die Mediziner brauchen.

---

[60] TRIPPEL, 2002: 2.

[61] Siehe GILLES, 2003. Unsere Übersetzung.

Gibt es eine Opposition zwischen der Schul- und der Volksmedizin?

«Was uns heute als Ergebnis des Professionalisierungsprozes-
ses im Bereich der Medizin streng getrennt zu sein scheint, befin-
det sich damals schon in Konkurrenz miteinander, steht sich aber
noch nicht unversöhnlich gegenüber. So waren die Grenzen zwi-
schen Schul- und Volksmedizin in der frühen Zeit noch fliessend.»[62]

Auch wenn der Heiler keine Heilung verspricht, versucht er
immer, das körperliche oder seelische Leiden seiner Kunden zu
vermindern. Der Begriff Heilung ist unzertrennbar mit jenem
der Krankheit verbunden. Heute wird bei Anzeichen einer
Krankheit in der Regel zuerst der Arzt aufgesucht. Hat dieser
keine Erklärung zur Hand und findet nicht immer das richtige Heilmittel und wird dadurch keine Lösung gefunden, die
dem Patienten Erleichterung verschafft, spricht er schnell von
psychosomatischen Störungen und schlägt dem Betroffenen
vor, einen Psychiater zu konsultieren. Durch diesen Rat fühlt
sich der Kranke nicht ernst genommen oder sogar als «Irrer»
verkannt, wodurch sich zu den körperlichen Symptomen das
psychische Leiden gesellt. Der Kranke hat oft das Empfinden,
dass für den Arzt allein die Krankheitserscheinungen im Vordergrund stehen, und weniger er als ganzheitlicher Organismus. Da nichts hilft, entscheidet er sich also, einen Heiler um
Rat zu bitten, der den Kranken als solchen wahrnimmt, und
nicht nur dessen Krankheit. Dort wird er als ganze Person aufgenommen, die sich eines Problems, das heisst der Krankheit,
des Leidens und der Schmerzen, zu entledigen sucht.

Die vage Vorstellung von einer Krankheit wird mithilfe gewisser Rituale konkreter gemacht. Diese sind zwar unerklärbar, aber die Ausführungen der Ärzte, die vom wissenschaftlichen Jargon geprägt sind, sind für die meisten Menschen
ebenso unverständlich. Der Arzt richtet sich an den Intellekt
des Patienten, während sich der Heiler des ganzen Körpers
und des Geistes annimmt, auch wenn dies eine mysteriöse

---

[62] JÜTTE, 1991: 10.

Annäherung sein mag. Aber ist eine Bekreuzigung, ein Gebet, das Handauflegen oder eine Massage letzten Endes wirklich so viel mysteriöser als die wissenschaftlichen Bezeichnungen von Krankheiten und deren Erregern? Der Heiler benutzt einen kulturellen Code, den jeder versteht. Dadurch kann das für die Heilung förderliche Vertrauen aufgebaut werden. Das heilende Ritual verbindet die leidenden Menschen mit Natur, Religion und Kultur.

In Bezug auf die Verbundenheit mit der Natur scheint es selbstverständlich, dass diese nur durch einen traditionellen Heiler hergestellt werden kann. Er weiss besser, welche Methoden anzuwenden sind, da er denselben kulturellen Hintergrund hat wie seine Kundschaft und deren Redensarten er versteht. Zudem kennt er die volkstümlichen Theorien über diese oder jene Krankheit, unabhängig davon, ob sie der Wahrheit entsprechen oder auf Irrtum beruhen. In Einzelfällen ist er auch in der Pflanzenheilkunde bewandert. Er wendet, oftmals unbewusst, von seinen Vorfahren und manchmal sogar von Ärzten überlieferte Prinzipien an, deren Bedeutung er gar nicht kennt.

Der emeritierte Chefarzt der Externen Psychiatrischen Dienste Baselland, Dr. Jakob Bösch, der sich seit Jahren mit dem geistigen Heilen befasst und darüber auch publizierte, umschreibt die Stellung der Schulmedizin folgendermassen: *«Die klassische Medizin sieht die Krankheiten als lokale oder generalisierte Defekte in einem komplizierten im wesentlichen physikalisch-chemischen Mechanismus, die durch äussere Einwirkung oder innere Störung der Regulation, Produktion oder der Abwehr verursacht ist. Die Prozesse und Krankheiten werden nach dem allgemeinen Sprachgebrauch korrigiert, bekämpft, vielleicht gar ausgemerzt; [...]. Viele geistige Heiler betonen hingegen, dass sie nicht Krankheiten bekämpfen, sondern kranke Menschen behandeln.»*[63]

---

[63] BÖSCH, 2002, Teil 1: 512.

Doch nicht immer erfolgt auch die Heilung. Da weder der Arzt noch der Heiler Wunder versprechen oder bewirken können, verlassen die Ratsuchenden, wenn die Symptome nicht gänzlich verschwinden, den jeweiligen Therapeuten oft unbefriedigt. Im Unterschied zum Arzt versuchen die Heiler, so gut wie möglich mit ihrem Patienten und dessen Leiden in Kontakt zu treten. Sie haben Verständnis für die Sorgen und Nöte ihrer Klienten. Bis zu einem gewissen Grad nehmen sie teil daran. Vieles können sie aus eigener Erfahrung nachvollziehen, da nicht wenige unter ihnen gleiche oder ähnliche Erfahrungen gemacht haben. Wieder andere haben die Fähigkeit, Schmerzen der Patienten eins zu eins zu übernehmen, was sehr unangenehm sein oder gar schädliche Auswirkungen haben kann, wenn der Heiler nicht damit umzugehen bzw. sich abzugrenzen lernt. Ein wesentliches Merkmal der Heiler scheint also ihre zwischenmenschliche Beziehungsfähigkeit zu sein, an der ihre eigentliche Heilkompetenz gemessen wird. Die Heiler-Patient-Beziehung ist somit ein wichtiges Element im Prozess der Genesung und kann ausschlaggebend für das Eintreten der Heilung sein.

Die Wirksamkeit der traditionellen Therapie ist aber nicht das einzige Argument derer, die den Heiler einem Schulmediziner vorziehen. Eine Warzen behandelnde Gebetsheilerin zögert keinen Moment mit der Antwort auf die Frage, warum man eher zu ihr als zu einem Arzt komme. «Es ist weniger schmerzhaft! Man muss keinen Termin beim Dermatologen vereinbaren, und ausserdem kommen die Warzen wieder, wenn man sie vereist. Es gibt da vielleicht auch finanzielle Aspekte. Da es ja nichts kostet, kann man es mal ausprobieren.» Viele Heiler und Patienten vertreten die Ansicht, dass die Schulmedizin und die Volksmedizin nicht unvereinbar seien, sondern sich eher ergänzen. Aber in medizinischen Kreisen sieht man das allerdings anders, obwohl heutzutage die gängige Meinung vorherrscht, dass Ärzte sich langsam für alternative Lösungsvorschläge öffnen, auch wenn sie noch in der Minderheit sind. Roland Inauen erwähnt in diesem

Bezug das Gebetsheilwesen, das zusätzlich zur konventionellen ärztlichen Behandlung angewendet wurde und wird, um Krankheiten, auch psychosomatische, und Schmerzen zu bekämpfen.[64]

Einer der entscheidenden Faktoren bei der Auswahl des Therapeuten ist die Schwere der Krankheit oder der Verletzung. Oft ruft man wegen einer Kleinigkeit an, was vergleichbar mit dem Gang zum Apotheker ist. Paradoxerweise wenden sich Menschen auch als letzte Hoffnung an einen Heiler, wenn der Fall völlig hoffnungslos ist. Drängt der Fall zur Eile, z.B. bei Verbrennungen oder Unfällen, ruft man, bevor man sich ins Spital begibt, oftmals einen (Gebets-) Heiler an.

Um ein abschliessendes Wort über die Schwierigkeiten im Dialog zwischen der Volks- und Schulmedizin aufzuführen und um die Unterschiede, die man zwischen ihnen feststellen kann, nochmals zu verdeutlichen, soll ein Heiler zitiert werden, der sehr pragmatisch über das Unwissen der medizinischen Welt urteilt: «Die Ärzte sagen mir oft: „Weshalb heilen Sie sich nicht selber?" Ich antworte ihnen jeweils, dass auch jeder Doktor eines Tages sterben muss.»

Selbst wenn in den meisten Gesprächen mit Ärzten eine gewisse Ablehnung gegenüber diesen Praktiken durchdringt, sind doch nicht alle der Ansicht, dass die Volksmedizin nur einen Irrweg für leichtgläubige Menschen darstelle. Es scheint, dass eine wachsende Anzahl Ärzte zumindest Zweifel an herkömmlichen und festgefahrenen Meinungen äussert. Dazu auch Prof. Dr. med. Reinhard Saller vom Universitätsspital Zürich, der sich eingehend mit dem Thema der unkonventionellen Therapiemethoden beschäftigt hat und sich heute mit der Phytotherapie befasst, schreibt Folgendes: «*Da die Medizin als praktische Disziplin mit Menschen zu tun hat, muss sie praktische und wissenschaftliche Bereiche umfassen, die ganz unterschiedliche Aspekte miteinbeziehen (z.B. auch Psychologie,*

---

[64] Siehe INAUEN, 1995: 49.

Soziologie, Ökologie, Philosophie, Kultur, Ethik, Rhetorik, Spiritualität, Religion).»[65]

Gibt es wissenschaftliche Beweise?

«Zur Geistheilung finden sich inzwischen diverse Studien, Dissertationen und weitere wissenschaftliche Publikationen, welche alle zum Schluss kommen, dass Geistheilung mit statistischer Signifikanz wirkt und dass die Ergebnisse replizierbar sind.»[66] Genau an dieser Aussage eines Heilers scheiden sich die Geister. Die Wissenschaftler der exakten Wissenschaften stellen den immer noch als «unerklärbar» geltenden Phänomenen die Sachlichkeit der wissenschaftlichen Erkenntnisse gegenüber. Charakteristisch für die Schulmedizin ist, dass sie auf einer naturwissenschaftlichen und statistischen Grundlage aufbaut. Das heisst die Wirkung sollte objektiv feststellbar und der Erfolg muss reproduzierbar sein – Bedingungen, die die Geistheilung nicht erfüllen kann. Denn selbst wenn Mediziner den einen oder anderen Fall unter die Lupe nehmen, können sie meist nur den Zustand des Patienten nach der Behandlung feststellen. Hingegen können sie nichts oder nur wenig über den Zusammenhang der angewendeten Methode und den damit erzielten Ergebnissen in Erfahrung bringen. Nach Prof. Dr. Saller gibt es in diesem Zusammenhang keine «allgemeine schulmedizinische Ansicht», da die Beurteilung zu stark personenbezogen sei und sich daher nicht pauschalisieren lasse. Im Gegensatz zu früher würden diese Phänomene mehr zur Kenntnis genommen und sich die Ärzte eher dafür interessieren, ob die Arbeit des Heilers den medizinischen Therapien entgegenwirke oder dem Patienten gar schade.

Wissenschaftliche Studien sind bereits über mögliche diagnostische und therapeutische Mittel durchgeführt worden.

---

[65] SALLER, 1997: X.

[66] KLAUS: www.spiritheal.com/wissen.htm (Stand am 02.09.2009)

Andere Studien befassten sich mit der geistigen Einwirkung auf Materie und auf lebende Organismen sowie mentale Felder und energetische Strukturen des Menschen. Der Placeboeffekt bildete Gegenstand weiterer Studien, wobei die erhaltenen Resultate zu variabel sind, als dass sie als wissenschaftlich betrachtet werden können. *«Mit dem Stichwort „Placebo" wird die Tatsache umschrieben, dass es gar nicht immer um die „objektive" Zusammensetzung eines Medikaments oder die „objektiv" konstatierbare Wirksamkeit eine Heilverfahrens gehen muss, wenn wir vom Erfolg sprechen, sondern mindestens ebenso sehr um die subjektive Bereitschaft des Patienten, mit gläubigem Vertrauen sein Schicksal in die Hand seines Arztes zu legen.»*[67] Resultate von Versuchen mit Tieren, Pflanzen und organischen Zellen stellen diesen Placeboeffekt jedoch infrage.

In Russland werden seit mehr als dreissig Jahren paranormale Phänomene auf universitärer Ebene untersucht. Geforscht wird auch in den USA und europaweit. So hat z.B. an der Universität Columbia eine Forscherin *«…zusammen mit der Heilerin Dora Kunz mit „Therapeutic Touch" eine einheitliche, lehrbare Methode entwickelt, die heute an ungefähr drei Vierteln der amerikanischen Krankenpflegeschulen im ordentlichen Lehrplan enthalten ist und inzwischen in mehr als 80 Ländern gelehrt werden soll.»*[68]

Zahlreiche (Naturheil-)Ärzte, die sogenannte «energetische» Therapien anwenden, haben Artikel über das Geistheilen verfasst. Mehr noch sind die unzähligen Erzählungen der Heiler selber und ihrer Klienten ein Beweis für die zahlreichen Heilungen, die jedes Jahr stattfinden. Dass solche Berichte auf Tatsachen beruhen, beweist das nachfolgende Zitat von Prof. Bösch: *«Einerseits finden sich bei besonders heilbegabten Personen energetische Vorgänge, wie die Fähigkeit, Metallplatten bis zu 100-mal stärker als Durchschnittspersonen elektrostatisch aufzuladen, die Infrarot-Absorption von Wasser zu verändern,*

---

[67] RUDOLPH, 1977: 61.

[68] BÖSCH, 2002, Teil 1: 516.

*oder die Fähigkeit, Licht um mehrere Zehnerpotenzen stärker
von den Händen abzustrahlen gegenüber Durchschnittspersonen.
Andererseits zeigen sie die Fähigkeit, lebende Materie auch über
beliebig weite Distanzen sowie unter Abschirmung im Faraday-
Käfig zu beeinflussen.»*[69]

Das Kapitel abschliessend sei noch aus einer wissenschaftlichen Studie über Fernheilung und klinische Forschung erwähnt: «*...das Fehlen wissenschaftlicher Erklärungen darf und
kann kein Argument für die Nichtexistenz eines Phänomens
sein, [...].*»[70] Und wenn das Mysteriöse nun ein integraler Bestandteil der Volksheilkunde wäre und an dessen Wirksamkeit mitbeteiligt wäre? «*Ein abschliessendes Urteil im Kontext
einer «evidence-based medicine»* [Medizin, die auf Beweismit-
teln basiert.] *bezüglich Wirksamkeit oder Wirkungslosigkeit der
Fernheilung ist anhand der bisherigen Datenlage zum jetzigen
Zeitpunkt noch nicht möglich.*»[71]

Was denken die Ärzte?

Zahlen, Beweise, Wissenschaften, Logik usw. sind die Wörter, die den Alltag und das Denken der westlichen Kulturen
prägen. Man stellt sie oft Begriffen wie sonderbar, unerklärbar,
Magie oder gar Betrug und Scharlatanismus gegenüber. Dabei
warnen uns die Ärzte ohne Unterlass vor Praktiken, die wir
anscheinend nicht bereit sind aufzugeben. Aber warum? Vielleicht weil diese Methoden unser kollektives Gedächtnis wieder in Erinnerung rufen? Weil es sie immer gegeben hat? Weil
es nicht schaden kann? Weil sie oft weniger kostspielig, dafür
aber sehr effizient sind? Weil sie eine Alternative oder Ergän-
zung zur wissenschaftlichen Medizin darstellen, welche von
vielen Menschen oft als trocken, herzlos und nicht einfühlsam
empfunden werden?

---

[69] Idem: 511.

[70] EBNETER, BINDER, SALLER, 2001: 285.

[71] Idem: 274.

In einem Artikel fragt der Arzt Rolf Streuli[72] nach dem Grund für den Erfolg der Heiler. Er stellt fest, dass die moderne Medizin zwar riesige Fortschritte gemacht hat, gleichzeitig aber «*sehr technisch und unpersönlich geworden ist. Die Patienten begegnen uns Ärzten oft in einem abgedunkelten Raum, hinter einer beunruhigenden Maschine sitzend und trauen sich kaum, uns in die Augen zu sehen. Wir verfallen allzu leicht der Faszination des Bildschirms und vergessen dabei, dass das, was sie wirklich suchen, menschliche Wärme ist.*» Er stellt fest, dass sich die Gründe, die Menschen dazu bewegen, Alternativmediziner aufzusuchen, oft gleichen: Sie wollen so viel wie möglich zu ihrer eigenen Heilung beitragen, indem sie alles tun, um gegen die Krankheit anzukämpfen. Sie bieten ihre ganze psychische Kraft auf, um aus dieser Situation herauszufinden oder zumindest mit ihr zurecht zu kommen. Er erklärt, dass in einer Studie mit 50 Onkologen, die selbst an Krebs erkrankt waren, 49 an die Nützlichkeit der Bestrebungen einer natürlichen Heilung glaubten. «*Die logische und wissenschaftliche Argumentation greift nicht, wenn wir persönlich mit einer katastrophalen Diagnose konfrontiert werden.*» Er bedauert, dass die Ärzte unfähig scheinen, die Bestrebungen um eine natürliche Heilung ihrer Patienten zu unterstützen und sie somit autonom werden zu lassen. Die Hoffnungen und Ängste der Patienten sind eng mit der menschlichen Ausstrahlung des Arztes und mit dessen verbaler und nonverbaler Kommunikationsfähigkeit verbunden.

In der heutigen Zeit trifft man immer öfter auf Ärzte, die Heilern vertrauen, auch wenn sie es nicht an die grosse Glocke hängen. Die Ärztin Helen Burach[73] aus Nidau erklärt: «*Oft funktioniert es*» und zögert deshalb nicht, ihre Patienten zu einem Heiler zu schicken, wenn die Schulmedizin an ihre Grenzen stösst.

---

[72] Streuli, 2006: 441. Unsere Übersetzung.

[73] Siehe Richard: 2005.

Die Formeln gegen Verbrennungen erweisen sich als sehr effizient in der Behandlung von Nebenwirkungen der Strahlungstherapie. In der Westschweiz haben manche Ärzte das bemerkt und empfehlen ihren Patienten, die Hilfe eines Gebetsheilers in Anspruch zu nehmen, um die Behandlung besser durchstehen zu können. Die Verbrennungen heilen schneller oder treten erst gar nicht in einer schlimmen Form auf. Vor allem wird das allgemeine Wohlbefinden des Patienten gestärkt. In der deutschsprachigen Schweiz scheinen diese Verfahrensweisen jedoch noch nicht angekommen zu sein.

Eine Anfrage der Autorinnen in zahlreichen Kantons- und Privatspitälern der Deutschschweiz ergab, dass der offizielle Standpunkt der Spitalleitungen ausdrücklich betont, es werde nur mit konventionell ausgebildeten Therapeuten und Ärzten zusammengearbeitet. In einigen Spitälern wurde dazu vermerkt, dass man nichts dagegen hätte, wenn sich der Patient auf privater Basis einen Heiler beiziehe, sofern dieser nicht mit den ärztlich verordneten Therapien in Konflikt käme. Geht man einzelne (Spital-)Ärzte direkt an, scheinen einige von ihnen Kenntnisse von solchen Heilerbesuchen am Krankenbett zu haben.

So ist aus diversen Quellen zu erfahren, dass offiziell nicht mit Heilern zusammengearbeitet wird, aber auch keine Einwände dagegen beständen, sofern deren Wirken den Therapien nicht entgegengesetzt ist. Die Ärzte belächeln es zwar, aber wenn die Patienten dies wünschen, sei es kein Problem. In einigen Spitälern wird ihnen sogar Zeit zur Verfügung gestellt, damit der Heiler eine Stunde in Ruhe mit dem Patienten verbringen kann. Diesbezüglich meint auch Prof. Saller, dass man so etwas sowieso nicht verhindern könne und es darum sinnvoller wäre, wenn die Ärzte darum wüssten und somit auch die Möglichkeit hätten, ein Auge darauf zu werfen. Zumal er heute öfters von Kollegen erfährt, dass der Patient die Krankheit vermutlich nicht überstanden hätte, wenn er nicht die Hilfe eines Heilers beansprucht hätte.

Das Kantonsspital Glarus hat mehrere Jahre mit diversen Naturärzten zusammengearbeitet, daneben auch mit zwei Heilerinnen. Es ist sozusagen der einzige dokumentierte Fall, in dem ein Spital (hier unter der Leitung von Dr. Kaspar Rhyner) offiziell mit Heilern kooperiert hat. Auch an den externen Psychiatrischen Diensten Baselland wurden (unter der Leitung von Dr. Jakob Bösch) zeitweise Geistheiler mit einbezogen. Heute existiert jedoch keines dieser Projekte mehr. Hingegen werden von privater Seite vermehrt Pläne für eine konkrete Heiler-Mediziner Zusammenarbeit umgesetzt, so wie z.B. das vom Heiler Jakob S. Schären (siehe Porträt) geführte Kurhaus Hohtürli, in dem er Hand in Hand mit dem Schulmediziner Dr. Edgar Mosimann arbeitet.

Dr. med. Yves Guisan, ehemaliger Vizepräsident der Verbindung der Schweizer Ärztinnen und Ärzte (FMH) erklärt: *«Ich bin für eine friedliche Koexistenz, denn Konflikte bringen niemandem etwas.»* Als er nach der offiziellen Haltung der FMH zu Heilern gefragt wird, antwortet er: *«Es gibt keine. Solange die Heilerfrage nicht Gegenstand einer Gesellschaftsdebatte wird, müssen wir nicht intervenieren. Die letzte wichtige politische Debatte zum Thema wurde vor ungefähr vierzig Jahren geführt. Damals wurde im Grossen Rat des Kantons Waadt die Frage aufgeworfen, ob die Heiler eventuell im Gesetz über das öffentliche Gesundheitswesen verboten werden sollten. Die Debatte wurde mit dem Kompromiss beendet, dass es weder ein Verbot noch eine Befugnis geben solle.»*[74]

Im Gegensatz zu anderen europäischen Ländern herrscht in den offiziellen medizinischen Kreisen der Schweiz eine gewisse Toleranz gegenüber der Volksmedizin. FMH-Präsident Dr. med. Jacques de Haller bestätigt: *«Die Spitäler betreiben eine Erste-Hilfe-Medizin. Wenn die Verzweiflung gross ist und Ungewissheit herrscht, haben sie nicht auf alle Fragen eine Antwort. Falls es eine Lösung gibt – und offensichtlich gibt es Leute,*

---

[74] Siehe Busson und David, 2008. Unsere Übersetzung.

denen ein Heiler helfen kann –, wäre es töricht, diese nicht in Betracht zu ziehen.»[75]

Die kantonalen Gesetzgebungen drücken sich nur vage zu diesem Thema aus. Jeder Kanton verfährt anders, sei es ein stilles Dulden oder eine eher restriktive Art der Kontrolle. Heiler ohne Ausbildungen, die keinem Verband angehören und somit nicht geprüft sind, werden in manchen Kantonen als «Wildheiler» und somit als Gefahr betrachtet.

So heisst es zum Beispiel im Kanton Luzern: *«Wer gewerbemässig körperliche oder seelische Funktionsstörungen mit geistigen Kräften (Parapsychologie, Magnetopathie, Geistheilung, Augendiagnostik und dergleichen) behandelt, hat es dem Gesundheits- und Sozialdepartement zu melden. [...]Die gesetzlichen Grundlagen für den Umgang mit diesen Heilern bilden das Gesetz über das Gesundheitswesen (26.6.1981) und die Verordnung über die Berufe der Gesundheitspflege (17.12.1985). Dabei wird unterschieden zwischen bewilligungs- und meldepflichtigen Heilern [...].»*[76] Normalerweise darf ein Heiler keine auf medizinischen Begriffen beruhende Diagnose stellen und keine Medikamente verordnen oder verabreichen. Die Justiz kommt nur zum Zug, wenn körperliche Schäden am Patienten festgestellt werden können oder letzterer Anklage erhebt, was jedoch sehr selten geschieht.

In der Westschweiz scheint die wissenschaftliche Haltung der Ärzteschaft weniger straff zu sein. Dies beweist beispielsweise der Film von André Béday und Charles Chalverat[77] über die Themen Heilsprüche und Heilergabe, welcher den Medizinstudenten vorgeführt wird. André Béday erklärt: *«Vor ungefähr 30 Jahren hielt man die Heiler noch für Scharlatane, aber heutzutage ist man in medizinischen Kreisen davon überzeugt, dass sie sehr effizient sind, ganz wie man sich damals für die Alternativmedizin geöffnet hat.»* Es sollte noch betont werden,

---

[75] Idem. Unsere Übersetzung.

[76] LIENERT, 2001: 39.

[77] BÉDAY, 1999: *Le Don redonné* und CHALVERAT, 1986: *Voie parallèle.*

dass das Pflegepersonal, was diese Praktiken angeht, im Allgemeinen sehr viel offener ist als die Ärzte. Oft wählen die
Krankenschwestern auf Verlangen der Patienten und immer
in ihrem Einverständnis die Nummer von einem Heiler, meist
einem Gebetsheiler. Eine derart offene Einstellung des medizinischen Personals lässt sich in der Deutschschweiz nicht
feststellen.

Wie verhält sich die Religion dazu?

Die Kirchen und die Wissenschaft sträuben sich dagegen,
offiziell die Existenz und die Wirksamkeit dieser Praktiken
anzuerkennen. Trotz der wissenschaftlichen und technologi-
schen Allmacht unserer Zeit sind diese natürlichen Methoden
nicht verschwunden. Dies haben sie den immer zahlreicher
werdenden Ratsuchenden zu verdanken, die ihnen trotz aller
Ablehnung durch Religion und Wissenschaft den Fortbestand
ermöglichen.

Selbst wenn viele der interviewten Personen betonen, dass
der Begriff Glaube nicht an eine konfessionelle Religion gebunden ist, findet er sich doch oft im christlichen Gedankengut verankert. Was gut verständlich ist, stellt doch das Christentum die in der Schweiz seit Jahrhunderten vorherrschende
Religion dar, deren Einfluss in zahlreichen Bereichen des alltäglichen Lebens spürbar ist. Die Volksmedizin macht da keine
Ausnahme. Da die Wissenschaft nicht auf alle existenziellen
Fragen der Menschheit zu antworten versteht, kann sie die Religion nicht ersetzen.

Seit einiger Zeit stellt man einen Rückgang religiöser Praktiken fest. Man glaubte, dass sie innerhalb kurzer Zeit von der
Bildfläche der westlichen Kulturen verschwinden würden, um
neuen Werten Platz zu machen. Aber diese erwiesen sich als
unfähig, fundamentale Fragen der Menschen zu beantworten,
wie beispielsweise die nach dem Ablauf des Lebens und des
Todes. Obwohl unsere industrialisierte Gesellschaft zwar auf
der Wissenschaft und Technik basiert, die auch Krankheit und

Tod scheinbar im Griff haben, hat sie die Rückkehr des Religiösen dennoch nicht verhindern können.

Religiöse Präsenz (vor allem der katholischen Religion) zeigt sich am stärksten in der Praktik der Spruchheilung. Während die Heiler im Allgemeinen über einen aus verschiedenen Komponenten zusammengestellten Glauben verfügen und vor allem an eine universelle Energie glauben, die sie manchmal auch Gott nennen, sind alle Gebetsheiler im klassischen Sinne gläubig. Dies zeigt auch eine vergleichbare Studie im Kanton Appenzell Innerrhoden. *«Die Gebetsheilenden in Innerrhoden betrachten sich ohne Ausnahme als von Gott mit der Fähigkeit zum Heilen begabt beziehungsweise begnadet. Dabei darf von der Vorstellung ausgegangen werden, dass die von Jesus seinen Jüngern zugesprochenen Gaben auch heute noch nicht ganz erloschen sind, dass also Menschen, die fest im christlichen Glauben stehen, ähnliches zu tun vermögen wie diese.»*[78] Auch wenn sie nicht unbedingt praktizieren oder sogenannte Kirchgänger sind, ist ihr Glaube bis auf wenige Ausnahmen klar in der christlichen Religion verankert. Sie sind überzeugt, dass heilende Gebete ohne den tiefen Glauben an jene, die man um Hilfe anruft, zwecklos seien. Wie es Pfarrer Felix Felix ausdrückt: *«Diese Heilerinnen sind sich bewusst, dass nicht sie heilen können, sondern nur Gott allein. Gott, der Einzige, der bestimmt, wie, ob und wann Heilung durch die Zuwendung der Heilerinnen, die sich lediglich als* Instrumente *der göttlichen Heilkraft verstehen, erfolgt.»*[79]

Aber der Glaube steht nicht unbedingt in Verbindung mit einer konfessionellen Religion. Das Wichtige, sagen mehrere befragte Personen, sei, dass der Klient an «(irgend)etwas» glaube: Sei es an den Heiler, an die angewandte Technik, an deren Wirksamkeit, an einen Gott, an eine höhere Kraft usw. Das Vertrauen in diesen Glauben bewirkt eine Zuversicht, die beim Heilen hilft, ohne jedoch unverzichtbar für die Wirksamkeit

---

[78] INAUEN, 1999: 136.

[79] ANDEREGG, 2008: 114.

der Behandlung zu sein. Für die Heiler selber verhält es sich anders. Sie müssen an ihre Fähigkeiten glauben und auf die Wirksamkeit ihrer Gabe oder ihrer Technik vertrauen. Dieses Element ist unabdingbar für eine optimale Wirksamkeit. Der religiöse Glaube hat in diesem Fall nichts mit dem Glauben an seine eigene Methode zu tun.

Gott oder Teufel?

Diese Frage kann man sich tatsächlich stellen. *«Sowohl das Besprechen als auch das Gesundbeten wurzeln in der Vorstellung, dass Krankheiten von einer höheren, übernatürlichen Macht, das heisst einem Gott oder einem Dämon, zur Strafe oder Warnung gesandt werden und deshalb nur von dieser Macht auch wieder genommen werden können. Dazu bedarf es eines entsprechenden Zauberspruches oder auch eines Gebetes.»*[80]

Die Heiler anerkennen fast alle, dass es möglich wäre, mit den von ihnen praktizierten Techniken Schaden anzurichten. Sie selbst stehen aber laut eigener Aussage auf der «guten» Seite, denn sie sind überzeugt, dass schlechte Worte oder Taten immer auf denjenigen zurückfallen, der sie ausgesendet hat. Marco Truttmann (siehe Porträt) erklärt: «Wenn jemand helfen kann, dann kann er auch manipulieren. Von dem wird auch mehr gesprochen als von guten Taten. Wenn das nicht so wäre, gäbe es gewisse Zeitschriften nicht. In der Presse werde das immer aufgebauscht. Auch das ist ein Teil meiner Arbeit, in solchen Menschen das Vertrauen wieder zu entfachen, um nach innen zu blicken und ihr Herz zu öffnen, weil sie sich irgendwo anvertraut haben und dadurch das Vertrauen verloren haben. Einige Klienten begleite ich, die von anderen abhängig gemacht wurden und die es viel Geld gekostet hat. Ich baue darauf, dass der Klient sein Leben eigenverantwortlich gestaltet und seine Situation positiv verändern will. Gemeinsam mit ihm verfolge ich das Ziel, lebensfördernde

---

[80] JÜTTE, 1996: 90.

Veränderungen in Gang zu setzen und sein Leben erfüllter zu gestallten!»

Manche Leute sind überzeugt, dass Heiler die Kräfte des Bösen verwenden. Das mag daran liegen, dass die Behandlungen nie in der Öffentlichkeit stattfinden, dass die Gabe nur wenigen gegeben ist und die Gebete geheim gehalten werden. Daraus folgert man, dass dahinter noch etwas stecken muss. In Wirklichkeit werden die Behandlungen aber nie in der Öffentlichkeit durchgeführt, um die Privatsphäre des Hilfesuchenden zu schützen und um die Beziehung zum Heiler zu fördern. Die Gabe ist zwar nur wenigen gegeben, aber dies stimmt ja auch für alle anderen Talente. Die Geheimhaltung der Gebete kann man dadurch erklären, dass der Gebetsheiler die Personen gezielt aussuchen kann, denen er das Gebet übergeben will. Somit wird verhindert, dass der Spruch in falsche Hände gerät und zur eigenen Bereicherung oder Schadenzufügung für andere. Wie ernst es den Gebetsheilern damit ist, erläutert folgende Heilerin: «Man muss vorsichtig sein und viel Achtung haben, denn so wie es das Helle gibt, gibt es auch das Dunkle. Auf dem Land ist das immer noch ein Thema und die Leute fragen oft, ob sie geplagt werden. Eine Frau sagte mir, ihr Mann behaupte, dass alle, die das „Helle" können, auch das „Dunkle" beherrschen. Das kann ich mir nicht vorstellen! Wirklich nicht. Ich glaube nicht, dass das funktioniert. Du kannst doch nicht einen Tag weiss arbeiten und am anderen dunkel. Aber jemand, der immer an allem etwas auszusetzen hat, alles negativ sieht und dann therapeutisch arbeiten will, das geht natürlich nicht. Jemand, der nur das Dunkle sieht, passt nicht in diese Arbeit. Leute mit Neid sollten sich unbedingt helfen lassen, sie haben ein schlimmes Leben. Das ist schlimmer als eine Krankheit, wenn man allen alles missgönnt.»

Gefühle wie Eifersucht, Neid, Angst vor dem Unerklärbaren usw. sind solchen Vorwürfen vielleicht eigen. Die Geschichten vom Teufel oder von Dämonen Besessenen treten ebenso regelmässig in den Gesprächen auf. In diesen Fällen hilft nur noch eines: einen Exorzisten zu Rate zu ziehen.

Was ist ein Exorzismus?

*«Krankheit wurde im Urchristentum auf den Einfluss dämo-
nischer Kräfte zurückgeführt, Heilung entsprechend als Exorzismus aufgefasst [...].»*[81] Um Exorzismus* betreiben zu können,
muss man an Gott und an den Teufel glauben. Selbst wenn in
der Katholischen Kirche der Exorzismus immer schon präsent
war, macht es den Eindruck, als sei er von ihr lange Zeit ignoriert worden. Vielleicht scheint das so, weil man weder über
diese Aktivitäten sprach noch etwas sah, weil sie so furchtein-
flössend waren, ja sogar richtiges Entsetzen auslösen konnten.
Die Evangelikale Kirche greift indessen öfter in ihren Hei-
lungskulten auf den Exorzismus zurück. Man stellt heutzutage
ein verstärktes Interesse für diese unerklärten Phänomene fest,
und der Exorzismus, der lange Zeit ein Schattendasein führte,
scheint wieder aktuell zu werden. Im Vatikan wurde ein Aus-
bildungskurs organisiert, in dem Priester lernen, wie ein Exorzismus praktiziert wird.

Manche befragte Heiler haben angegeben, in einigen Fällen
auf Exorzismus zurückgegriffen zu haben oder einen Priester
bei dessen Intervention begleitet zu haben. Einen Dämon, der
von einem Ort oder einem Körper Besitz ergriffen hat, zu vertreiben, kommt einem Gewaltakt gleich, der grosse Gefahren
für jene bergen kann, die den Exorzismus praktizieren. Um
sich zu schützen, benützen sie Weihwasser oder gesegnetes
Salz, ein Kruzifix, eine Bibel oder einen Rosenkranz. Ob sie
nun dem Klerus angehören oder Laien sind, die Exorzisten
müssen ein moralisch einwandfreies Leben führen.

Pfarrer Schindelholz nennt das Beispiel eines Exorzismus,
dem er im Jura beigewohnt hat: *«Ich war Messdiener und trug
den Weihwasserkessel, da uns die Nachbarn gerufen hatten, einen Exorzismus bei ihr durchzuführen, sie lag ja im Sterben. Der
Herr Pfarrer öffnete also die Tür und ich befand mich, meinen
Weihwasserkessel haltend, zwischen ihm und dem Kapuziner.*

---

[81] LIENERT, 2001: 21.

*Als diese Frau, die in einem unbeschreiblich heruntergekomme-
nen und verschmutzten Zustand in einer Ecke sass, die beiden
Priester erblickte, schrie sie, schrie, wie nur eine Frau schreien
konnte. Und während sich der Kapuziner ihr immer mehr nä-
herte und dabei Gebete sprach, wand sie sich immer mehr, bis
sie ganz plötzlich aufsprang und wie ein Vogel fliegend gegen die
Wand prallte. Zwei oder drei Mal ist sie in der Horizontalen ge-
laufen, wie eine Fliege, die Füsse an der Wand, auf der Höhe eines Mannes ungefähr, um den ganzen Raum herum. Dann rollte
sie sich wieder, halb nackt wie sie war, in ihrer Ecke zusammen.
Der Priester fuhr mit seinen Gebeten fort. Da stiess sie nochmals
einen Schrei von unglaublicher Stärke aus und seufzte ein letztes
Mal auf. Da sahen wir, dass auf ihren Fusssohlen Kreuze täto-
wiert waren.»*[82]

Von allen befragten Personen erzählen zweifellos Hanni
Gass und Daniel Schmutz (siehe Porträt) die meisten Anekdo-
ten zu diesem Thema. Zusammen praktizieren sie Exorzismen.
Und selbst wenn manche etwas praktischer Veranlagte versuchen werden, eine Erklärung für diese Phänomene zu finden,
werden sie zugeben müssen, dass es diese nicht immer gibt.
Manche Heilungen haben einen exorzistischen Charakter.
*«Die Vertreibung eines Krankheitsdämonen durch Zaubersprü-
che ist zweifellos ein sehr altes, magisches Heilverfahren, das sich
bereits in den frühen Hochkulturen nachweisen lässt.»*[83] Die anderen befragten Heiler benutzen den Begriff Exorzismus nicht.
Sie erklären, dass sie vielmals Häuser und Orte auf der energetischen Ebene «reinigen» oder «harmonisieren», aber auch
Menschen helfen, sich von Wesenheiten zu befreien. Der Unterschied ist jedoch der, dass es sich dabei nicht um Dämonen
handelt, sondern um verstorbene Personen, die, aus welchem
Grund auch immer, nicht an den Ort gelangt sind, wo sie sein
müssten. Die Heiler sprechen dann von verstorbenen Seelen

---

[82] SCHINDELHOLZ, 1970: 124–125. Unsere Übersetzung.
[83] JÜTTE, 1996: 90.

oder Wesenheiten, die in dieser Welt blockiert sind und befreit werden müssen, indem man ihnen z.B. verhilft, ins Licht zu gehen oder dorthin, wo sie hingehören.

In einem Artikel[84] berichtet der Exorzist und Priester Jacques Le Moual: *«Der Teufel existiert in den verschiedensten Formen. Das können Strahlen, Seelen usw. sein, die kommen, um die Lebenden zu stören. […] gegen Satans Angriffe ruft man den Erzengel Michael an, den Prinzen der himmlischen Waffen.»* Er gibt auch zu, dass er nie einen richtigen Exorzismus hat durchführen müssen. Die Kriterien, die eine Exorzismusprozedur rechtfertigen, sind sehr präzis: eine übermenschliche und ungewohnte physische Kraft, ein Geist, der vor allen religiösen Zeichen flieht, und eine Stimme, die über verschiedene und wechselhafte Tonlagen verfügt. Bevor sie mit dem Exorzismus beginnen, fragen die verantwortlichen Priester zuerst nach der Meinung eines Psychiaters, und sie dürfen nicht ohne die Zustimmung des Bischofs handeln.

Roman Grüter bekommt häufig Anfragen zum Exorzismus. Ein Begriff, den er nie verwendet, ebenso nicht das Wort Besessenheit. Dafür bevorzugt er das Wort «fremdbestimmt». «Es gibt Fremdbestimmungen, die destruktiv sein können. Es geht hier meistens um Bilder oder Kräfte aus dem Unterbewussten, die eine Eigenwirklichkeit entwickeln können bzw. ihnen gegeben werden, sodass sie uns beherrschen oder abhängig machen.» Es kann auch zu einer Fremdbestimmung kommen durch lebende oder verstorbene Personen, die über den Tod hinaus unheilvoll wirken können. Er nennt das Beispiel von einem 4-jährigen Mädchen. Dieses wurde immer kränker, und die Schulmedizin war ratlos. Als es prekär wurde, kam die Mutter mit dem Kind zu ihm. Roman Grüter entdeckte, dass eine verstorbene Freundin der Mutter auf das Kind einwirkte. Dabei wurde ein Konflikt zwischen der Mutter und ihrer Freundin über das Kind ausgetragen. Damit das Kind gesund werden konnte, musste der Einfluss der verstorbenen Person

---

[84] BERNEY, 2008: 2–3.

unterbunden werden, d.h. das Kind musste in ein stärkeres und lichtvolleres Energiefeld gestellt werden. Nach drei Wochen war das Mädchen wieder gesund. Roman Grüter erklärt es folgendermassen: «Jeder Mensch hinterlässt nach seinem Tod einen feinstofflichen Körper. Dieser feinstoffliche Körper ist aus den unterschiedlichsten seelischen Erfahrungen zusammengesetzt. Ich nenne diesen Körper darum auch Energiehülle. Dieser feinstoffliche Körper ist immer da, und man kann sich innerlich mit ihm verbinden» und führt weiter aus: «Die Verehrung der Heiligen kommt aus dieser Erfahrung. Die Verbindung mit Menschen, die ganz aus dem Göttlichen gelebt haben, tut gut und wirkt heilend. Aber es gibt auch die anderen Erfahrungen, und dabei kann es zu negativen Abhängigkeiten kommen. Darum betet man in der Kirche für die Verstorbenen, damit wir sie auf dem Weg ins göttliche Licht unterstützen. So können sie sich von uns und wir können uns von ihnen lösen. Ansonsten kann es zu negativen und zerstörerischen Fremdbestimmungen kommen.»

Hat die Bibel eine Verbindung zu diesen Praktiken?

Für das Christentum kann gesagt werden: *«Von Anfang an kennt es den Gedanken einer Heilung durch göttlichen Eingriff, wie z.B. im Evangelium nach Markus, 16, 18 beschrieben wird (Neues Testament, 1999). Dabei beruft sich das Christentum auf die Heilungswunder Jesu, wie sie in der Bibel festgehalten sind: Jesus vollzieht heilende Handlungen anhand von Berührungen und Handauflegung.»*[85]

In der Antike waren Wunderheiler ein allgemeines kulturgeschichtliches Phänomen. *«In den Qumrantexten (vor allem 4Q 510,4f.) finden sich im Zusammenhang einer ausgeprägten Geisterlehre deutliche Hinweise auf magisch-pharmakologische Praktiken und auf Beschwörungsriten zur Dämonenabwehr.»*[86]

---

[85] LIENERT, 2001: 20.

[86] SCHNELLE, 2007: 105.

Bei Josephus (Ant 14, 22–24) wird Choni, der Kreiszieher, erwähnt, der einen magischen Kreis zog und somit Regenwunder bewirkte. Die frührabbinische Überlieferung berichtet unter anderem von einem Rabbi namens Chanina Ben Dosa, der wie Jesus im 1. Jh. der Zeitenwende in Galiläa auftrat. Er scheint vor allem als Wunderheiler – und speziell als Gesundbeter – gewirkt zu haben. Daneben werden ihm aber auch zahlreiche andere Wundertaten zugeschrieben, wie Fernheilungen und Macht über Dämonen.[87]

Das Auftreten von Jesus von Nazareth vollzieht sich im Kontext dieser jüdischen und hellenistischen Wunderheiler und deutet darauf hin, dass Jesus einer alten Heiltradition entstammt. Seine Tätigkeit im Sinne von wunderbaren Heilungen und Exorzismen ist historisch nicht zu bestreiten. Jesus hatte demnach die Gabe des Heilens durch Handauflegen besessen und diese Gabe seinen Jüngern weitergegeben: «*Und er gab ihnen die Macht, böse Geister auszutreiben*» (Mk 3, 15). «*In Jesu Heiltätigkeiten zeigt sich ein ganzheitliches Menschenbild, denn der Mensch wird gleichermassen als geistiges, seelisches, körperliches und soziales Wesen gesehen. Krankheiten hatten in der Antike in der Regel eine soziale Ausgrenzung zur Folge, sodass Jesu Heilungen auch eine Reintegration in die Gemeinschaft gewähren. Für seine Heilungen nahm Jesus im Gegensatz zu anderen kein Geld (Mk 5, 25–26) und unterschied nicht zwischen Arm und Reich.*»[88] Die biblischen Aufzeichnungen über Heilungen sind vielfältig. Die bekanntesten dürften die Rückgewinnung des Augenlichtes eines Blinden sein, die Heilung eines Leprakranken und des Gelähmten, der wieder gehen kann. Die berühmteste von allen ist jedoch die Heilung, oder vielmehr die Wiederauferstehung von Lazarus. «*Ist jemand unter euch krank, so rufe er die Ältesten der Gemeinde zu sich. Die sollen ihn im Namen des Herrn mit Öl salben und über ihm beten. Und das Gebet des Glaubens wird den Ermatteten retten*» (Jak 5 14,

---

[87] Siehe idem: 105.

[88] Idem: 110f.

15a). Das Christentum kennt die Wirkung des Gebets in der Krankenbehandlung seit seiner Entstehung.

Was denken die Katholiken darüber?

Marc Aellen, ehemaliger Vizegeneralsekretär und Informationsbeauftragter der Schweizer Bischofskonferenz, verurteilt in einem im Jahre 2006 erschienen Interview[89] diese Praktiken: *«Jemanden mit seinen Händen zu heilen ist nicht katholisch, die Kirche toleriert das nicht. [...] Menschen können keine Wunder vollbringen, das kann nur Gott. [...] Die Kirche empfiehlt eher das Gebet oder die Meditation.»*

Der katholische Theologe Louis Both sieht es hingegen etwas nuancierter. Für ihn ist die Heilung eine Vergebung, ein Symbol des Weges, der zu gehen ist. Auch die Gabe, welche Form diese auch haben möge, ist «eine besondere Aufmerksamkeit, die uns Gott zuteil werden lässt. Jeder ist der Hüter seines Nächsten, und was zählt, ist die Intention, das Mittel und deren Anwendung» und er präzisiert weiter: «Der Umstand, dass mit „speziellen" Mitteln geheilt wird, die wissenschaftlich nicht bewiesen sind, kann das Aussergewöhnliche, das Göttliche und/oder das Seltsame offenbaren. Ob es sich dabei um schwarze oder weisse Magie handelt, spielt keine Rolle, entscheidend ist die Absicht. Es ist die Beherrschung der Kräfte, die man sich selber zuschreibt, welche entscheidend ist. Die Tatsache, dass sie sich rationell nicht erklären lassen, sorgt für Unruhe. Wir haben sehr oft eine dualistische Vision des Menschen: Das Böse und das Gute liegen dort dicht beieinander, aber es ist Christus, der die Harmonie mit dem Vater und dem Heiligen Geist wieder herstellt...»

In Bezug auf diese Kräfte und die Gabe noch eine weitere Ansicht: Martin Gregori, Theologe und Leiter der Arbeitsstelle Neue Religiöse Bewegungen, unterscheidet zwischen göttlichen und natürlichen Kräften: «Im Unterschied zu den

---

[89] Siehe ZAUGG, 2006. Unsere Übersetzung.

sogenannten Energien: Da geht es eher um esoterische Kräfte oder sonstige Energien, die in physikalischen oder kosmischen Substanzen ihre Potenzialität suchen. Auch der Magnetismus ist ein kosmologisches Phänomen, dessen man sich bei gewissen Heilspraktiken bedient. Meistens geht es um fernöstliche Traditionen. Es geht um natürliche Mächte, die im menschlichen Organismus das Gleichgewicht schaffen und dadurch die Beseitigung der Krankheit bewirken sollen. Es geht nicht um göttliche Kraft, sondern um jene, die in der Natur vorhanden ist.»

Weiter spricht er von der Gabe: «Es gibt Gaben und Gnaden. Die Gaben werden als Charismen des gläubigen Menschen wahrgenommen. Die Gaben im Christlichen Sinne werden vom Heiligen Geist erteilt. Eine dieser Gaben ist die Kraft zur Heilung. Diese Gabe ist der Ausdruck der Hingabe an Gott. Diese pneumatische Wirkung Gottes kommt in „Liebe, Glaube und Hoffnung" zum Ausdruck. Die Gabe ist eng mit der Gnade verbunden. Es geht um die Beziehung zwischen Gott und Mensch, um Gottes Selbstmitteilung an Menschen, besondere göttliche Kraft durch Christus vermittelt, die zur Freiheit führt. In der katholischen Tradition gibt es auch Geistesgaben in amtlichen Funktionen (Priester, Theologen ...).»

Interessant ist natürlich auch zu erfahren, was der katholische Seelsorger Roman Grüter (siehe Porträt), der auch als Heiler tätig ist, dazu zu sagen hat. In einem Interview[90] antwortet er auf die Frage: «*Weshalb ist der Heilungsauftrag, der sich aus dem Evangelium ableiten lässt, in der heutigen Kirche weitgehend verloren gegangen?*» folgendermassen: «*Sicher auch deshalb, weil die Kirche Jesus und sein Wirken lange als etwas Exklusives erachtet hat. Sie hat die Christuswirklichkeit nur auf ihn bezogen und damit zum Ausdruck gebracht, Wunder könne nur Jesus bewirken. Für mich jedoch lebt Christus in jedem Menschen [...].*» Auf die Frage angesprochen, wie denn die Katholische

---

[90] THALI, 2006.

Kirche auf seine Tätigkeit als Heiler reagiere, meint er: «*Gut. Selbst der Bischof. Und es schicken ja auch Priester Leute zu mir oder kommen selber. Oder Klöster rufen mich. Schauen Sie, was heisst denn „heil sein"? Es heisst, zu erfahren, dass die Wirklichkeit gut ist und der Mensch von Grund auf ebenso. Es heisst, diese Grunderfahrung anzunehmen und aus ihr zu leben. Nur so kann man etwas verändern.*»

Martin Gregori erklärt, sofern die Katholische Kirche strenge Vorgaben besitzt, dann vor allem deshalb, um die Menschen vor dem Missbrauch der Kräfte zu schützen. «Die Lebensbedrohtheit drängt den Menschen, nach Wegen zu suchen, die seinem Leben den Sinn geben, der in der Erfüllung seines Lebens vollbracht wird. Wenn sein Leben gefährdet ist, sucht er spirituelle Wege und Heilungsmöglichkeiten, die etablierten Glaubenssystemen unbekannt oder fraglich sind. In der ganzen Geschichte hat es Volkspraktiken aus Magie, Zauberei, Austreibungen … gegeben, die mit dem Offenbarungsglauben nichts Gemeinsames hatten. Heute in einer pluralistisch orientierten Gesellschaft gibt es vielerlei Gruppierungen oder Heiler, die Unmögliches versprechen.» Aber gleichzeitig führt er weiter: «Die Katholische Kirche respektiert andere Heilpraktiken, die auf authentischen religiösen Traditionen beruhen. Dabei geht es um die Weltreligionen. Die Kirche hat auch eine bedeutende soziale Aufgabe und muss vor den Manipulationen und der Scharlatanerie (sektiererische Versprechungen) warnen, wenn es um die Verletzung der Menschenwürde geht. Die Katholische Kirche ist für medizinische Fortschritte offen und begrüsst jene Heilmethoden und Praktiken, die christliche und ethische Werte beachten und vor allem die Würde des Menschen als Abbild Gottes bewahren.»

Um herauszufinden, ob eine Verbindung zwischen den volksheilkundlichen Praktiken und der Religion besteht, antwortet Martin Gregori: «In der Religionsgeschichte wird Krankheit nie als medizinisches Problem betrachtet, sondern immer als Symbol einer umgreifenden Gefährdung und Bedrohung der ganzen Existenz, als Ausgeliefertsein an lebensfeindliche Mächte und zuletzt als göttlicher Zorn. Im Alten Testament hängt der Glaube eng mit Schuld, gestörter Beziehung und Zorn Gottes zusammen. Im Alten Testament heilt Jahwe die Leiden seines Volkes und verbindet seine Wunden. Jahwe als Arzt. Im Neuen Testament: Eine Heilung durch Jesus wird als Zeichen der nahegekommenen Gottesherrschaft betrachtet (Mt 11, Lk 11.20, Mt 9.35). Die Sorge um die Kranken gehört zu den vordringlichen Aufgaben der neutestamentlichen Gemeinden. Jesus sagt: „Nicht die Starken, sondern die Kranken bedürften des Arztes". Zahlreiche Bibelstellen liefern uns das Zeugnis von der Heilung der Kranken durch Jesus mit der Handauflegung oder Berührung. Diese thaumaturgische Handlung an Kranken und Schwachen wurde an die Apostel und die Nachfolger weitergegeben. Dass die Nachfolger diese Macht haben, bestätigt das Pfingstereignis, wo die Kraft des Heiligen Geistes mitgeteilt wird. Nicht jeder kann heilen, sondern nur derjenige, der diese Gabe vom Heiligen Geist bekommen hat. Im Vordergrund dieser Heilung steht die spirituelle Aufrichtung.» Und Louis Both ergänzt: «Der Mensch ist kein rationales Wesen. Das was er nicht über seinen Verstand erfassen kann, versucht er anhand seiner Empfindlichkeit/ Sensibilität zu entdecken und zu verstehen. Und nur weil die Wissenschaft ein Phänomen nicht erklären kann, heisst das nicht, dass es dieses nicht gibt oder dass es automatisch einer unheilvollen Kraft zugeteilt werden muss. Die Religion nimmt auch menschliche Wege. Die volkstümliche Religion und die Praktiken die mit ihr verbunden sind, ermöglichen es, sich dem Mysterium anzunähern und es sich einzuverleiben. Sagt man nicht, dass der Heiligenkult und das Zurückgreifen auf ihre thaumaturgischen Fähigkeiten die Beziehung zu Gott öffnet, die uns zu fern erscheint oder zu „furchterregend"?»

Aber was sagt die Bibel in Bezug auf Heilungen? Die Meinungen der Allgemeinbevölkerung scheinen diesbezüglich auseinanderzugehen. Einige meinen, dass nur Jesus die Macht hatte zu heilen, andere behaupten, dass er seinen Jüngern gesagt habe, dasselbe zu tun wie er und dadurch sozusagen diese «Gabe» weitervermittelt habe.

Martin Gregori präzisiert: «Um auf diese Frage antworten zu können, muss man vorerst die theologischen Grundlagen der Heilungsprozesse präsentieren. In der Katholischen Kirche geht es um eine sakramentale Handlung, die von Christus eingesetzt und im Konzil von Trient (1547) dogmatisiert wurde. Die Katholische Kirche kennt sieben Sakramente, darunter die Krankensalbung. Davon ausgehend, dass Jesus diese Handlung eingeführt hat, stellt die Auslegung des heiligen Jakobus dar: „Ist einer von euch krank, dann rufe er die Ältesten der Gemeinde, sie sollen Gebete aussprechen und ihn im Namen des Herrn mit Öl salben, und der Herr wird ihn aufrichten und, wenn er Sünden begangen hat, werden sie ihm vergeben". Das Gebet und die Ölung vermögen den Kranken von seinen Leiden zu befreien, weil Gott sein Gebet erhört. Diese Tradition wird heute in der Praxis der Katholischen Kirche fortgesetzt.» Er erklärt auch, wie Krankheit und Heilung betrachtet werden: «Die Heilung der Kranken durch Jesus stellt eine neue theologische Dimension dar. Die Krankheit wird nicht als Strafe Gottes (Altes Testament), sondern als Folge der imperfekten Natur betrachtet. Ein Mangel am Gutsein (heiliger Augustinus). Jesus wendet sich zu den Kranken, um sie geistig und somatisch aufzurichten. Das besagt, dass Heilung ein Akt der transzendentalen Kraft Gottes ist und bleibt in der christlichen Tradition ein Bestandteil der Sakramentenlehre. Im Sakrament kommt es zur wahren Begegnung zwischen Gott und Mensch. Es geht um die Mitteilung der Gnade und der Kräftigung der Seele, auch des Leibes und der Vergebung der Sünden. Um die Krankensalbung spenden zu können, muss man eine Gabe haben, die als Charisma vom Heiligen Geist dem Berufenen gegeben wird.»

Aber es ist nicht immer die Kirche, die am heftigsten auf das Thema reagiert. Zahlreiche negative Reaktionen kommen von Laien in Bezug auf diese volkstümlichen Praktiken.

Und vonseiten der Protestanten und Reformierten?

In protestantischen Kreisen versucht man sich etwas toleranter zu zeigen als bei den Katholiken. Dies ist jedenfalls das Anliegen von Herrn Simon Weibel, Sprecher des Schweizerischen Evangelischen Kirchenbundes: «Für die reformierte Kirche bleibt Gottes Lebenshauch unerklärbar und agiert auf überraschende Weise. Ausserdem gibt es in der Bibel keine Aufzeichnung dessen, dass der Teufel etwas Schlechtes unter dem Deckmantel des Guten täte.»

Eine ausführliche Antwort aus Sicht der Evangelisch-reformierten Kirche auf die zum Thema gestellte Frage gibt Prof. Georg Schmid, Leiter der Evangelischen Informationsstelle Kirchen – Sekten – Religionen[91]: «Als pluralistische Kirchen umfassen die Evangelisch-reformierten Landeskirchen eine Vielzahl verschiedener Strömungen, die lokal unterschiedliches Gewicht haben können und zu einzelnen Fragen verschiedene, mitunter gar diametral entgegengesetzte Positionen vertreten können. Die Frage des Heilens ist ein solcher Punkt, zu welchem sich in den Evangelisch-reformierten Kirchen ganz unterschiedliche und auch gegensätzliche Positionen finden. Grundsätzlich ist der reformierten Theologie die Unmittelbarkeit der Gottesbeziehung ein grosses Anliegen. Glaube geschieht in der unmittelbaren Beziehung der einzelnen gläubigen Person zu Gott. Die reformierten Kirchen sind deshalb Mittlergestalten gegenüber traditionell skeptisch eingestellt. Es gibt kein heilsvermittelndes Priesteramt und kein lehrvermittelndes Meisteramt. Ähnliches gilt traditionell auch in der Frage der Heilung. Heilung wird in erster Linie erhofft von Gott.»

Auf die Fragen: «Was sagt die Bibel in Bezug auf «Heilungen»? Konnte nur Jesus heilen, oder fand eine Übertragung seiner «Gabe» an seine Jünger statt? Hatte nur er das Recht zu heilen, oder darf das jeder Mensch tun?» antwortet Herr Schmid wie folgt: «Damit stimmt der biblische Befund

---

[91] Für mehr Informationen: www.relinfo.ch

überein. Erstgenannter Heiler in der Bibel ist nicht Jesus, sondern Gott. Im Alten Testament bittet die gläubige Person Gott
um Heilung. Wie weit die Jünger gerufen sind, Jesu Heiltätigkeit fortzusetzen, darüber finden sich im Neuen Testament
ganz verschiedene Positionen. Im – wohl sekundären – Schluss
des Markusevangeliums (Mk 16) ist Heilung eine Fähigkeit,
die jeder gläubigen Person gegeben ist und deren Vorhanden-
sein geradezu als Beweis des Glaubens dient. Bei Paulus (1 Kor
12) ist Heilung eine Gabe, die manche Christen erhalten, andere nicht. Im Jakobusbrief (Jak 5) ist die Heiltätigkeit an ein
Amt, das des Ältesten, gebunden. Die Katholische Kirche setzte die letzte Position fort (im Sakrament der Krankensalbung),
die charismatische Bewegung die zweite.»

Und weiter auf die Fragen: Wie definiert die Reformierte
Kirche den Begriff der «Gabe»? Und wie erklären Sie sich das,
was gewisse Heiler «Gabe» nennen, andere wiederum «Energie»
oder «Magnestismus»? Herr Schmid gibt folgende Antwort:
«Wie schon angetönt, pflegen die verschiedenen Strömungen
innerhalb der evangelisch-reformierten Landeskirchen einen
ganz unterschiedlichen Umgang mit dem Thema der Heilung.

«Der liberale Flügel der reformierten Kirchen, der im 19. Jh.
und weit ins 20. Jh. hinein der dominante war, ist dem wissenschaftlichen Rationalismus verpflichtet. Er sieht die menschliche Vernunft als Geschenk Gottes, versehen mit dem Auftrag,
menschliche Probleme mit ihrer Hilfe zu lösen. Genau gleich
wie irreligiöse Rationalisten stehen liberale Reformierte der
wissenschaftlichen Medizin befürwortend, alternativer Medizin hingegen eher kritisch gegenüber. Heilmethoden, die Kosten, aber keine Wirkung zeitigen, werden als Aberglaube und
Ausnutzerei abgelehnt.

«Der charismatische Flügel der reformierten Kirchen, der
seit der Mitte des 20 Jh. stets an Bedeutung zugenommen hat,
vertritt zum Thema der Heilung die Haltung der charismatischen Bewegung, die sich an 1 Kor 12 anschliesst und Heilung als eine Gabe sieht, die manchen Christen, aber nicht
allen, zukommt. Geübt wird Gebetsheilung gern verbunden

mit Handauflegen, oft in speziellen Gottesdiensten und Heilungsveranstaltungen. Schulmedizin wird positiv gesehen (der radikale Flügel der Charismatik, die Wort-des-Glaubens-Bewegung, welche fordert, dass als Akt des Glaubens auf schulmedizinische Behandlung verzichtet würde, hat in den reformierten Kirchen keine Basis), esoterische und östliche Therapieformen werden – in unterschiedlicher Schärfe – als dämonisch verworfen. Traditionelle Volksmedizin (Gesundbeten, Phytotherapie) wird demgegenüber unterschiedlich beurteilt. Hierzu findet in der charismatischen Bewegung – ausserhalb und innerhalb der reformierten Landeskirchen – zurzeit ein intensiver Diskurs statt.»

In diesem Sinne hat Pfarrer Werner Lehmann, Präsident der Internationalen Vereinigung für Heilungsdienste (IAHM)[92] und Mitglied der Evangelikalen Kirche in Oron-la-Ville (in denen Heilungszeremonien abgehalten werden, in denen erfolgreiche Heilungen zelebriert werden und jeden Monat Tausende von Gläubigen anlocken), akzeptiert, seinen Standpunkt darzulegen. Seiner Ansicht nach ist das Problem nicht ganz einfach… Die spirituelle Welt wird von eigenen Regeln und Gesetzen bestimmt, welche den normalen Sterblichen oftmals unbekannt sind. «Der Mensch sucht immer nach Lösungen, um sich besser zu fühlen, um zu heilen, aber er sucht sie nicht immer am richtigen Ort. Die Folgen des Besprechens sind daher nicht immer gut. Bewusst oder unbewusst kann man okkulte Mächte ins Leben rufen und schädlichen Kräften die Türe öffnen.»

Er erzählt von einem seiner vielen Fälle, als er eine junge Frau antraf: «Eine junge Frau, Mutter dreier Kinder, kam eines Tages zu mir und erzählte, sie wolle Selbstmord begehen. Sie erklärte mir, dass sie seit sechs Monaten die Kontrolle über ihre Persönlichkeit verloren habe und dass sie aggressiv und böse zu ihren Kindern geworden sei. Sie fürchte, ihnen etwas antun

---

[92] Für mehr Informationen: www.ee-oron.ch/ und www.laguerison.org.

zu können, und sagte, so wolle sie nicht mehr leben. Ich fragte sie darauf, ob sie an okkulten Praktiken teilgenommen habe, was sie jedoch verneinte. Hingegen erinnerte sie sich daran, zu einer Heilerin gegangen zu sein und dass infolge dieses Besuches die Probleme angefangen hätten. Ich erklärte ihr, dass sie einem „Kontrollgeist" die Türe geöffnet habe, und schlug ihr vor, zu helfen. Sie nahm mein Angebot an und ich legte ihr die Hände auf und rezitierte das kürzeste Gebet meiner ganzen Karriere: „Im Namen Jesu Christi, Kontrollgeist, befehle ich dir zu gehen". Sie bat mich mit dem Beten aufzuhören, da sie sich besser fühlte und sich sicher war, dass dieser Geist verschwunden sei. Drei Monate nach dieser Befreiung traf ich sie wieder und sie bestätigte, dass alles wieder in bester Ordnung war.»

Herr Lehmann glaubt, dass Gott nicht die Absicht habe, Krankheit oder sogar Tod zu bringen. Er kann mehrere Stellen der Bibel zitieren, die Fälle beschreiben, in denen man einen Dämon bezwingen musste, um eine Krankheit zu überwinden, wie beispielsweise: «Die Frau, die eine Tochter Abrahams ist und die Satan während achtzehn Jahren an sich gebunden hatte, sollte sie nicht am Tage des Sabbat erlöst werden?» (Lk 13: 14–17) «Satan hat einen Anspruch auf den Planeten Erde, die Welt ist ihm gegen ihren Willen gefügig, und nur der Glaube an Gott, das heisst an das glauben und das tun, was Gott sagt, kann die Menschheit retten. Um in Verbindung mit Gott zu treten, muss jeder zwei Etappen durchschreiten: bereuen und mit dem Herzen an Jesus Christus glauben, der in den Augen Gottes gerecht ist.»

Für den Präsidenten der IAHM sind die Heiler nicht als Personen zu tadeln, sondern die Tatsache, dass sie okkulte Mächte anrufen, um zu heilen. Er bringt das Beispiel der Formel gegen Verbrennungen: «In diesem *secret*, ruft man die unheilvolle Macht an, die in Judas innewohnte, als er Jesus Christus verriet. Aber anschliessend kommen die, die durch das *secret* behandelt wurden, zu mir und erzählen von Selbstmordgedanken und schlechten Gefühlen usw. Wenn ich sie frage, ob sie böse Mächte angerufen haben oder sie an okkulten Praktiken teilgenommen hätten, verneinen sie die Frage. Darauf frage ich sie, ob sie das *secret* benutzt hätten, und da antworten sie mit Ja. Ich empfehle ihnen also, Gott um Verzeihung zu bitten und ihr Leben unter die Autorität Jesu zu stellen, und alles kommt sehr rasch wieder in Ordnung.» Er bezweifelt auch, dass das Benutzen des Pendels eine gute Lösung sei, denn in der Bibel ist der Schlaue als «Fürst, der in der Luft herrscht» (Eph 2.2) beschrieben, sodass es ihm möglich ist, die Richtung des Pendels zu beeinflussen. «Wenn man keine obskuren Kräfte während einer Heilung anruft, ist es besser. So, wie es beispielsweise die Einrenker tun. Was aber das *secret* anbelangt, denke ich, dass die Formel geheim gehalten werden muss, weil man nicht direkt Gott um Hilfe bittet, sondern Satan oder die Heiligen.» Für Werner Lehmann ist der Mensch so weit gekommen, weil ihn das Religiöse von Gott abgetrennt hat. «Wer Gott sucht, begegnet ihm auch. Man muss jetzt einfache Dinge lehren, damit die Leute wieder Lust verspüren, sich ihm zuzuwenden und gerettet zu werden, wenn Jesus, als Prinz des Friedens, wieder vom Himmel auf die Erde steigt und Satan für immer besiegt wird.» Während die Erklärungen für gesundheitliche Probleme in den Augen des Pfarrers in den okkulten Praktiken zu suchen ist, gibt es noch weitere, nuanciertere Vorschläge dazu.

Herr Schmid beendet seine Erläuterung über die signifikanten Unterschiede zwischen den wichtigsten protestantisch-reformierten Richtungen mit folgenden Worten: «Der liturgische Flügel der Reformierten Kirchen, der in den letzten Jahrzehnten wichtiger wurde, pflegt verschiedene Formen von Heilungsgottesdiensten, die gerne an Gebräuche der Katholischen Kirche und der Ostkirchen angelehnt sind. So werden vielerorts Salbungsgottesdienste durchgeführt. Der esoteriknahe Flügel der reformierten Kirchen, der in letzter Zeit ebenfalls an Bedeutung gewann, hat zum Ziel, esoterische Heilformen in kirchliche Angebote zu integrieren. Je nach spezifischen

Interessen der beteiligten Personen kann das Programm eher schamanistisch geprägt sein (so etwa in der Kirchgemeinde zu Predigern in Zürich), dem englischen Spiritualismus nahestehen oder auch von anthroposophischer Medizin inspiriert sein.» Mittlerweile finden in verschiedenen Kirchen Heilungskulte statt. In Basel finden sich gleich zwei Kirchen die Heilungsfeiern anbieten. Béatrice Anderegg, Pfarrfrau und Heilerin (siehe Porträt), erklärt: *«Ich ziehe es vor, von Genesungsunterstützung zu sprechen. Wir haben symbolische Gesten aus der Bibel wieder aufgenommen, welche im Innersten eines Individuums eine Botschaft zu übermitteln vermögen und so den Prozess der Heilung in Gang bringen. Ich bewirke nichts Ausserordentliches. Ich habe eine Gabe erhalten, von der andere profitieren sollen. Ohne die Hilfe Gottes könnte ich nicht heilen.»*[93]

Prof. Schmid, der eine grosse Anzahl Heilungskulte kennt, erklärt: «In den vergangenen Jahren wurden von pfingstlich-charismatischen Gemeinschaften öfters auch Heilungs-Grossveranstaltungen mit international bekannten Heilern organisiert. Manche dieser Heilungsprediger sind seither in Kritik geraten, sei es wegen konkreter Heilungsversprechungen, nachdrücklicher Spendenaufrufe oder eines luxuriösen Lebensstils. Wohl nicht zuletzt aus diesem Grund scheinen zurzeit eher weniger Veranstaltungen mit Starheilern stattzufinden als auch schon. Besonders trendy sind im Moment die sogenannten Healing Rooms, die von verschiedenen pfingstlichen und charismatischen Organisationen angeboten werden. Hier finden aber v.a. individuelle Heilungsgebete statt.»[94]

Wer geht zum Heiler?

Es ist schwierig, die Klienten der Heiler zu beschreiben. Sie lassen sich in keine eigene Kategorie mit eigenen Charakteristiken fassen. Zahlreiche Heiler stellen eine gehäufte Anzahl von

---

[93] Siehe MÉTRAL, 2001. Unsere Übersetzung.

[94] Die Links zu diesen verschiedenen Bewegungen sind in der Bibliografie aufgeführt.

Frauen fest. Was das Alter oder die soziale Klasse betrifft, sind sie einstimmig: Säuglinge, Kinder, Erwachsene, ältere Personen, Arbeiter, Kader, Selbstständigerwerbende usw., sie alle konsultieren und finden sich im Wartezimmer ein, sofern es eines gibt. Unter den Ratsuchenden befinden sich manchmal sogar Ärzte.

Noch vor fünfzig Jahren gingen die Hilfesuchenden zum Heiler ihres Kantons oder sogar ihres Dorfes. In der Gegenwart führt vor allem die zunehmende Mobilität dazu, dass eine sehr variierende Kundschaft Heiler aufsucht. Manchmal kommen die Leute sehr weit vom Ausland her, um sich beraten und helfen zu lassen. Auf der anderen Seite fahren viele Schweizer ins Ausland, um Heiler zu kontaktieren. Zahlreiche Heiler betonen immer wieder, dass die Distanz absolut keine Rolle spielt. Ein Heiler aus dem Wallis kann einem Hilfesuchenden in Biel genauso helfen, wie wenn dieser bei ihm in der Praxis sitzt. Dies gilt vor allem beim Geistheilen und beim Gebetsheilen. Aber nicht alle Heiler wirken durch Fernheilung. Einige bevorzugen den direkten Kontakt zur Person, und besonders die Einrenker bedürfen des körperlichen Kontakts.

Auch in der Schweiz lebende Ausländer bauen sich eine treue Kundschaft auf und sind manchmal sehr anerkannte Heiler. Tendenziell ist festzustellen, dass die Menschen, die einen Gebetsheiler um Hilfe bitten, vornehmlich aus katholischen Regionen stammen. Diejenigen, die zum (Geist-)Heiler gehen, haben verschiedene Religionen und Nationalitäten, obwohl die Schweizer immer noch die Mehrzahl in den Wartezimmern der Therapeuten stellen. Einzig ihr guter Ruf ermöglicht es, dass ihre Bekanntheit über die Grenzen des Dorfes, der Region und schliesslich sogar ins Ausland hinauswächst. Dabei wird die Sprache nie zur Barriere, weil der Kraftfluss des Heilers keiner Worte bedarf.

Die Patienten versuchen im Allgemeinen nicht zu erfahren, wie und warum es funktioniert. Alles, was zählt, ist, dass ihnen geholfen werden kann. Selbst dann, wenn die Heiler angeben, dass zwar jede Krankheit geheilt werden könne, nicht aber jeder Mensch. Verschiedene Dinge spielen dabei eine Rolle. Nicht jeder Heiler ist für jeden Menschen bestimmt und nicht immer ist der Zeitpunkt richtig, der Patient müsse dafür offen und seine Seele bereit für die Heilung sein, sonst funktioniere es nicht.

Die Krankheitsgeschichte der Ratsuchenden ist oft ähnlich. Nachdem sie bei mehreren Ärzten gewesen sind, suchen sie anderswo eine Lösung oder eine Erleichterung. Dabei kommt ihnen dann etwas zu Ohren, sie betreten den Zirkel der Mund-zu-Mund-Propaganda. Sie vertrauen sich jemandem an, der wiederum von einem Herrn Soundso gehört hat, der zu ihm gegangen ist oder einen Artikel über ihn gelesen hat, und schon kommt alles in Gang. Aus diesem Grund ist der gute Ruf so wichtig. Ein guter Heiler braucht nie Werbung zu machen, im Gegenteil fürchtet er oft, von den Anfragen überrannt zu werden.

Es ist praktisch unmöglich, die Erfolge und Misserfolge zahlenmässig zu vergleichen. Nach der Meinung der Heiler gibt es praktisch keine Misserfolge. Die Frage ist aber, ob sie in ausreichender Weise ein Feedback von ihren Kunden erhalten. Kommen die, die enttäuscht worden sind, wirklich noch ein zweites Mal oder rufen sie an, um ihre Unzufriedenheit kundzutun? Ist die Heilung nur dem Heiler zu verdanken, oder wurde die Aktion mit einer weiteren, eventuell medizinischen Behandlung kombiniert? Man muss sich im Klaren darüber sein, dass eine Person viel eher von einem Erfolg als von einem Misserfolg berichtet. Und das Bedürfnis, persönlich einen Teil zum grossen Mysterium des Heilertums beizutragen, ist unwiderstehlich. Aber auch Personen, die darüber berichten, dass sie von der Hilfeleistung nicht profitiert haben, geben zu, in der Präsenz des Heilers etwas «gespürt» zu haben, oder als er sie berührt hat.

Ganzheitlichkeit und zurück zur Quelle: Wieso solche Bedürfnisse?

«Immer mehr Menschen wünschen ihrer Krankheit mit einer Mischung aus chemischen, materiellen und spirituellen Mitteln entgegenzuwirken.»[95]

Heute haben die Menschen das Bedürfnis sich zu sammeln, ihre Einheit zu finden und sich wieder in Einklang mit einer höheren Ordnung zu bringen. Man könnte das durchaus als die Suche nach Spiritualität bezeichnen. Seltsamerweise veranlasst die stetig wachsende Anzahl solcher Menschen die Mehrzahl der Ärzte und Spitäler nicht dazu, die Vereinigung wissenschaftlicher und spiritueller Elemente als notwendig zu betrachten.

Spricht man von globaler Medizin, meint man damit nicht den Synkretismus der Techniken, sondern viel eher die Vision des Menschen, sich selber als ein sensibles Wesen zu verstehen, das Ereignisse sowohl mit dem Herzen als auch mit dem Geist begreift. Diese globale Vision hilft ihm, sich selber besser zu verstehen und sich in spiritueller Hinsicht zu entwickeln. Susanne Schiesser (siehe Porträt) sagt dazu: «... da arbeitet das Herz, da arbeitet die Seele, dies ist eine Ebene, die im wissenschaftlichen Sinne nicht gemessen werden kann. Da ist leider vieles verloren gegangen, und deshalb können die Menschen heute ihre Herz- und Seelenebene oftmals nicht mehr wahrnehmen.»

Bereits die Griechen, darunter der berühmte Mediziner Hippokrates, waren davon überzeugt, dass die Heilung mit der Anwendung intuitiver, hellseherischer und spiritueller Kräfte verbunden sei. Im antiken Griechenland wurde ein Arzt dann als gut empfunden, wenn er hellseherische und intuitive Fähigkeiten besass. Stützte er sich hingegen nur auf Technik und Verstand, wurde er als Scharlatan betrachtet![96] Erst mit den ersten grossen wissenschaftlichen und medizinischen

---

[95] Boesch, 2007: 27.

[96] Siehe idem: 14.

Entdeckungen in der Mitte des 19. Jahrhunderts wurden die Seele und die Spiritualität vom Plan des Heilungsprozesses gestrichen. Die heutigen Ärzte scheinen ihre Sensibilität und Empfänglichkeit (das heisst eine besondere Offenheit für die Gefühle, Mitteilungen und Gedanken anderer Menschen und für andere Bewusstseinsebenen) verloren zu haben. Die Intuition sollte immer mit zuverlässigen Mitteln überprüft werden, aber gerade das empfehlen ja auch die Heiler, die ihre Patienten zum Arzt schicken, wenn sie den Verdacht einer schweren Krankheit haben.

«Die Menschen entwickeln sich immer mehr in Richtung Spiritualität. Nach einer Phase des exzessiven Rationalismus sind sie wieder auf der Suche nach traditionellen Praktiken und einer natürlicheren Medizin», bemerken einige. Ein Naturheilpraktiker sagt dazu: «Momentan kann man eine Rückorientierung zu den Ursprüngen feststellen. Zwar verzeichnet die Chirurgie enorme Fortschritte, nicht unbedingt aber die Schulmedizin. In Hinsicht auf das Unbehagen der Menschen kann man sogar von einem Rückschritt sprechen.» Die Medizin kann gewisse Beschwerden nicht mehr behandeln und weiss vor allem nicht mit dem in unserer Gesellschaft vorherrschendes Unwohlsein der Menschen umzugehen. Es gibt Patienten, die von der klassischen Medizin als vollauf gesund beurteilt werden, sich aber dennoch krank fühlen. Und weil sie sich von den Ärzten unverstanden fühlen, suchen sie einen Heiler auf. *«Jeder Mensch ist ein individuell geschaffenes Geschöpf Gottes und ist, sei er körperlich oder psychisch erkrankt, nicht einfach der Krebspatient oder der Schizophrene, sondern lebt und erfährt diese Erkrankung gemäss seiner Seelenstruktur, seiner bisherigen Lebenserfahrung und auch als charakterlich unverwechselbare Person mit einer besonderen Stimmung»*, sagt Beatrice Anderegg.[97]

Da die ökonomische Krise sich auch auf das Gesundheitssystem ausgewirkt hat, sind viele überzeugt, dass die

---

[97] ANDEREGG, 2008: 80.

volksmedizinische Behandlungsweise effektiver, schneller und kostengünstiger sei als die Medizin. Diese Enttäuschung durch die Schulmedizin begünstigt ein Wiedererstarken der volkstümlichen Praktiken. Naturheilkunde beschäftigt sich nicht nur mit der Beseitigung allfälliger ursächlicher Faktoren von Krankheit, sondern auch mit der Veränderung von Umweltfaktoren und mit der *«Erhöhung von Resistenz und Heilungspotenzial von Individuen [...] Krankheiten und Symptome werden nicht mehr nur als Funktionsdefizite gedeutet und bearbeitet, sie lassen sich unter der Perspektive autonomer Leistungen des erkrankten Organismus auch als aktive und zielgerichtete Funktionsäusserungen ansehen, die mit Erfolg oder auch Misserfolg auf Autoprotektion oder Selbstheilung zielen.»*[98]

Was denken die Ratsuchenden darüber?

«Ob ein bestimmter kranker Mensch von einer bestimmten heilbegabten Person geheilt werden kann, hängt weniger von der Krankheit als vom kranken Menschen sowie von der Heiler-Patient-Beziehung ab.»[99] Die therapeutische Beziehung ist ein nicht zu vernachlässigender Faktor, der sowohl in der Beziehung zwischen Arzt und Patient als auch zwischen Heiler und Ratsuchendem eine wichtige Rolle spielt. Dabei treffen zwei komplexe Persönlichkeiten aufeinander. Beide sind sowohl biologische Körper, Teil eines sozialen Umfelds, aber auch gänzlich eigenständige Geschöpfe. Dass mehr und mehr Menschen sich an Heiler aller Art wenden, bedeutet, dass sie zu ihnen eine Beziehung unterhalten, wie sie zwischen Arzt und Patient nicht mehr möglich ist. Immer mehr Kranke wünschen sich eine aktive Teilnahme an ihrem Kampf gegen die Krankheit. Ferner sehen die Kranken selber keinen Widerspruch darin, gleichzeitig einen Heiler sowie einen Arzt aufzusuchen. Für sie bedeuten diese sich komplementierenden Heilverfahren ein

---

[98] SALLER, 1997: XXIV–XXV.

[99] BOESCH, 2002: 512.

zusätzliches Plus zur Erlangung der Gesundheit. Dies bestätigt auch Reinhard Saller, der darauf hinweist, dass in Mitteleuropa mehr als 80% der Patienten mit schweren bis lebensbedrohlichen Erkrankungen zumindest den versuchsweisen Einsatz unkonventioneller Heilverfahren in Betracht ziehen.[100] Als Motivationsfaktor stechen dabei die Wirksamkeit und Schnelligkeit der Methoden ins Auge.

Erlebnisberichte

«Im individuellen Erzählrepertoire vieler Menschen nehmen jedoch Erlebnisberichte über verblüffende, unerwartete Heilungen durch Gebetsheilende einen festen Platz ein. Ein immer wiederkehrendes Motiv in den meisten Erzählungen ist das Erstaunen der Ärzteschaft und des Pflegepersonals über völlig unerwartete Heilerfolge [...]. Diese Heil(ung)sgeschichten mit allen dazugehörigen Verzerrungen und Übertreibungen sind für das Überleben des Gebetsheilens nicht zu unterschätzen.»[101]

Zeugenberichte sind kein neuartiges Phänomen, wie eine nicht ganz unkritische Aufzeichnung aus dem Jahr 1913 zeigt: *«So wurde mir von einem ganz ernsthaften Mann berichtet, dass ihm einstmals auf dem Urnerboden mehrere Kühe an „Wild- oder Zwangwürzen" erkrankten. [...] In seiner Not liess er einen Bekannten kommen, der mit Erfolg derartige Besprechungen besorgte. Dieser kniete nieder, rieb die Warzen mit dem Finger, dabei leise sprechend und betend. Am anderen Tag waren die Wildwürzen verschwunden, und die Tiere konnten wieder gehen. So der Erzähler.»[102]

Hier einige Zeugnisse, die während dieser Forschungsarbeit gesammelt werden konnten:

---

[100] Siehe SALLER, 1997: XVII.

[101] INAUEN, 1999: 130.

[102] GISLER, 1913: 63.

Daniela B. aus dem Kanton Luzern berichtet: «Ich hatte seit sieben Jahren eine Warze an der Fusssohle, und die hat schrecklich geschmerzt. Meine Cousine, sie ist Arztgehilfin, hat versucht, die Warze mit aggressiven Mitteln wegzumachen, es ist aber nur noch schlimmer geworden. Also bin ich zu Herrn Planzer gegangen, obwohl ich nicht gerade an viele Dinge glaube. Er hat dann seine Hand etwa 20 cm von meinem Fuss entfernt gehalten und irgendwelche komischen Sachen vor sich her gemurmelt. Obwohl er meinen Fuss nicht berührte, spürte ich etwas, als ob jemand mit einer Nadel genau in die Mitte der Warze stechen würde. Es war ein leichter Schmerz, der gleichzeitig seltsamerweise angenehm war. Ich musste drei Mal zu ihm gehen, dann war die Warze ganz weg. Ich habe nach dem ersten Besuch immer wieder zwischendurch, wenn ich zu Hause oder unterwegs war, diese unsichtbare Nadel gespürt. Die anderen zwei Male spürte ich nichts mehr, als ich zu ihm ging, aber eben die Warze ist dann verschwunden.»

* * *

Aus einem Dankesbrief[103] an Vreny Zehnder (siehe Porträt): «Neun Wochen lang (!) lag ich mit grässlichen Rückenschmerzen im Bett. Was ich zu Beginn als „nicht beachtenswürdig" eingestuft hatte, zwang mich nun, meinen Beruf sowie alle Verpflichtungen und Vergnügen aufzugeben. Sogar meinen Haushalt konnte ich nicht mehr selber besorgen. Die meiste Zeit lag ich reglos im Bett. Die Schmerzen waren meine ständigen Begleiter. Ich suchte verschiedene Ärzte auf. Mein Blut wurde untersucht, der Rücken geröntgt, ein Computer-Tomogramm erstellt. Beim Chiropraktiker wurde ich während der Behandlung vor Schmerzen ohnmächtig, aber es konnte mir nicht geholfen werden. Schmerzmittel erhielt ich in hohen Dosen, welche mir seltsamerweise jedoch keine Linderung verschafften. Da lag ich nun in meinem Bett, vormals voller Lebensfreude. Alle Zeit war mit Arbeit, Sport und Freunden

---

[103] ZEHNDER, 2004: 128–129.

ausgefüllt gewesen. Nun war ich froh, wenn meine Schmerzen nicht allzu gross waren. Ich war an einem Punkt angelangt, wo ich merkte, dass ich keine Kraft mehr hatte und mir von jemandem helfen lassen musste. Irgendwie waren meinen Batterien leer, wie bei einem Auto. Ich musste jemanden suchen, der mich wieder aufladen konnte. In Ihnen, Frau Zehnder, fand ich diese Kraft. Vor unserem Gespräch lag ich mit grossen Schmerzen am Boden. Nach Ihrer Behandlung fühlte ich eine angenehme Wärme. Tatsächlich konnte ich mich seit langem wieder etwas entspannen. Wenig später baten Sie mich, aufzustehen und die Arme zu bewegen. Etwas zögernd bewegte ich mich. Meine Schmerzen waren weggewischt! Jetzt, eine Woche später, geniesse ich mein Leben wieder. Sie haben mir etwas von Ihrer Energie geschenkt, etwas, was nicht erklärbar, aber fühlbar ist! Meine Rückenschmerzen werde ich nie vergessen. Ich habe gelernt, in der Natur wieder Kraft zu schöpfen. K. S., H. (Bemerkung von Vreny Zehnder: Nach einem weiteren Besuch erzählte mir die 29-jährige Lehrerin, dass sie sich völlig gesund fühle. Vier Tage nach der ersten Heilbehandlung sei sie Ski fahren gegangen.)»

* * *

«Der Sohn eines befreundeten Paares erlitt einen schweren Autounfall. Er sass hinten im Auto und seine Hand wurde durch den Unfall zerrissen. Die Ärzte wussten nicht, ob sie die Hand würden retten können, zumal das Infektionsrisiko enorm war. Einige Tage später wurde er ins Inselspital Bern verlegt, und auch dort waren die Ärzte nicht allzu zuversichtlich. Nachdem ich die Eltern um ihr Einverständnis gebeten habe, rief ich eine Heilerin an. Ich weiss, dass diese immer bereit ist, ihre Hilfe anzubieten, auch wenn es sich um eine zuvor noch nie behandelte und schwerwiegende Verletzung handelt. Ich erzählte ihr die Geschichte, nannte den Vornamen des jungen Mannes sowie sein Geburtsdatum und erklärte, wo sich seine Verletzung befand. Sie sagte, sie könne nichts versprechen, werde aber ihr Bestes versuchen. Sie konnte jedoch den physischen und seelischen Zustand der betroffenen Person ziemlich genau beschreiben. Am folgenden Tag war die Entzündung verschwunden, sodass die erstaunten Ärzte eine Operation wagen konnten. Sie operierten drei Mal und jede Operation gelang, sodass die Hand gerettet werden konnte. Sein Vater vertraute mir an, dass im medizinischen Bericht von „unerklärlichen Veränderungen" die Rede sei, und versprach, mir eine Kopie davon zu geben. Ich rief die Heilerin an, um ihr die guten Nachrichten zu überbringen. Bescheiden wie sie ist, war sie einfach froh, dass sie einem jungen Mann hatte helfen können.»

* * *

Eine Frau aus dem Oberwallis berichtet: «Ich war schon mehrmals bei Herr Blumenstein (siehe Porträt). Ich hatte Polyarthritis und wurde mit sehr starken Medikamenten behandelt, aber gegen die Schmerzen half nichts. Dann war ich zweimal beim Heiler, und danach waren die Schmerzen weg, bis heute. Seit Monaten habe ich keine Schmerzen mehr. Ich bin sehr sensibel und habe es sofort gespürt.»

* * *

«Als ich klein war, griff ich nach einer Pfanne mit kochend heissem Wasser, und es geschah, was geschehen musste: Die Pfanne fiel auf mich und die Hälfte meines Rückens wurde verbrannt. Meine Mutter erzählte mir, dass sie mich in eine Decke gewickelt habe und dass ich vor Schmerzen schrie. Kurz bevor wir ins Spital fuhren, rief sie einen Pfarrer an, der ein Heilgebet gegen Verbrennungen kannte. Bereits im Auto hörte ich auf zu weinen, und als die Ärzte mich untersuchten, konnten sie nicht verstehen, warum ich nur so wenig weinte. Meine Eltern konnten mich wieder nach Hause mitnehmen, und heute habe ich nicht einmal eine Narbe... nur einen kleinen braunen Fleck. Aber man sieht ihn nur, wenn man ihn wirklich sucht.»

* * *

«Ich hatte Prostatabeschwerden und mein Arzt berichtete mir, dass sich ein Krebs abzeichnete und man operieren müsse. Ich ging also zum Magnetopathen, und der sagte mir, dass es nicht bösartig sei. Nach der zweiten Biopsie bestätigte der Arzt seine Diagnose. Zurück beim Magnetopathen, wiederholte dieser seine Diagnose. Bei der dritten Biopsie kurz vor der Operation änderten sich die Ergebnisse gewaltig. Es war keine Krebsgefahr mehr zu erkennen, und mein Arzt war sehr überrascht.»

* * *

«Eine Heilerin hat meine Rückenprobleme mit Energien bearbeitet. Ich litt schon seit 10 Jahren an Rückenproblemen. Ich habe so viele Sachen probiert, aber was die Heilerin fertiggebracht hat, hat bisher niemand fertiggebracht. Das kann man nicht erklären. Einerseits hat sie Sachen aus dem psychischen Bereich aufgedeckt, wo ich mir eingestehen musste, es hat etwas damit zu tun, und andererseits, indem sie mir die Füsse hielt oder die Hände auflegte und gewisse Meridianpunkte drückte. Teilweise konnte ich kaum zum Auto aussteigen, als ich hierher kam, und konnte nur gebückt laufen. Nach dem Besuch bei ihr lief ich wieder aufrecht. Ich habe ihr manchmal telefoniert und ihr mein Problem erzählt, und kaum hatte ich den Hörer aufgelegt, wurde es in meinen Beinen warm, es fing an zu pulsieren und dann hatte ich keine Schmerzen mehr. Beim ersten Mal hatte ich das Gefühl von einem Käfer oder einem Insekt in meinem Bein, aber man gewöhnt sich schnell daran. Es kann ganz intensiv sein, das kann man sich nicht einbilden.»

Begegnungen mit Heilern

Um Wiederholungen von gewissen Aussagen in den Porträts zu vermeiden, möchten wir hier einige Merkmale, die fast allen interviewten Heilern gemeinsam sind, aufführen.

Der Begriff Heiler: Obwohl sich dieser Begriff als allgemeine Kategorie der heiltätigen Personen in der Deutschschweiz schon lange eingebürgert hat, empfinden ihn die meisten interviewten Personen als unpassend. Sie betonen explizit, dass sie nicht heilen. Tritt eine Heilung ein, wird sie entweder einer höheren Macht zugeschrieben oder dem Kranken selbst, der sich für die durch den Heiler kanalisierte Energie, Kraft oder den Magnetismus geöffnet hat. Sie bevorzugen Ausdrücke wie Helfer, Begleiter und Lebensberater.

Der Begriff Patient ist eher unangebracht, da er den Medizinern vorbehalten ist. Der Ausdruck Klient legt den Akzent auf eine finanzielle Beziehung und reduziert sie auf einen kommerziellen Handel. Die Heiler selber benutzen oft die Begriffe Klient, Kunde und manchmal auch Patient. Oft werden die Personen, die zu ihnen kommen, auch als (Hilfe-)Suchende, als Gäste o.ä. bezeichnet. Diese Ratsuchenden kommen aus der ganzen Schweiz, aus Deutschland und dem restlichen Europa, manchmal auch aus Übersee. Menschen jeglichen Alters und aus allen sozialen Schichten wenden sich an Heiler. In den Praxen der Heiler geben sich Arbeiter, Kaderleute, Selbstständige, Hausfrauen und manchmal sogar Ärzte die Türklinke in die Hand. Die Anzahl Personen, die ein Heiler täglich behandelt, schwankt sehr und hängt von verschiedenen Faktoren wie die Jahreszeit, die Verfügbarkeit des Therapeuten, seine Reputation usw. ab.

In Bezug auf die Ärzte und die offiziellen Therapeuten der Alternativmedizin, wie die Physiotherapeuten, die Osteopathen, Naturheilpraktiker usw., antworteten sämtliche der befragten Heiler spontan, dass sie nie zögern, einen Klienten zum Arzt oder ins Spital zu schicken oder an einen anderen spezialisierten Therapeuten zu verweisen. Dies vor allem dann, wenn sie zu keiner Diagnose kämen, obwohl sie ein vorhandenes Ungleichgewicht festgestellt hätten. Keiner schlug den Abbruch einer wichtigen medizinischen Behandlung vor. Und keiner verschrieb Medikamente, ausser natürlichen Nahrungsergänzungsmitteln, Kräutertees oder im freien Verkauf zugelassene homöopathische Mittel.

Rückmeldungen vonseiten der Klienten: Zahlreiche Heiler, vor allem aber die Gebetsheiler wünschen sich Rückmeldungen von ihren Klienten. Für sie ist es wichtig zu wissen, ob ihre Technik funktioniert und vor allem, ob sie helfen konnten. Für viele ist das der einzige «Lohn», den sie erhalten. Andere hingegen wollen keine Antwort, nach dem Motto: «Keine Nachricht, gute Nachricht.» Dabei handelt es sich vor allem um diejenigen, die sehr häufig aufgesucht bzw. angerufen werden. Würden die Leute denen es wieder besser geht, auch noch telefonieren, um sich zu bedanken, würden die Heiler in der Flut der Telefonate versinken. Wie dem auch sei, es wird immer geschätzt, wenn man beim Heiler nachfragt, ob er über den weiteren Verlauf informiert werden möchte.

Die Begriffe Glauben und Vertrauen: Gewisse Heiler sind der Ansicht, dass der Glaube, die Zuversicht und das Vertrauen eine wichtige Rolle auf beiden Seiten der therapeutischen Beziehung spielen. Andere wiederum gelangen auch ohne diese Voraussetzungen zu einem Resultat. Das hängt vom Heiler ab, von seinem eigenen Vertrauen in die Effizienz seiner Heilkraft, seiner angewendeten Methode, der absolvierten Ausbildung usw.

Die Religion: Auch wenn die Gebets- und Heilsprüche religiöse Elemente enthalten und die meisten der befragten Personen gläubig sind, haben die volksheilkundlichen Praktiken nicht immer eine Verbindung zur Religion. Der Grossteil der interviewten Heiler sind nicht religiös praktizierend und die religiöse Zugehörigkeit des Klienten spielt absolut keine Rolle in Bezug auf die Wirksamkeit der Methoden.

Die Honorare: Es erscheint unnütz, die Honorare der einzelnen Heiler aufzuführen, werden sie doch oft an die finanziellen Möglichkeiten der Klienten oder ihrer Zusatzversicherung für Komplementärmedizin angepasst. Die unterschiedlichen Tarife hängen von diversen Faktoren ab, wie die geografische Lage (Stadt oder Land), die Führung einer Praxis zu Hause oder auswärts, die Länge der Behandlung, das dazu verwendete Material (Öle, Handtücher) usw. Sollten die geforderten Beträge deutlich höher sein als hier angegeben, sollte nach dem Grund gefragt werden (evtl. sind mehrere Behandlungen inbegriffen o.ä.). Falls kein plausibler Grund vorliegt, sollte auf eine Behandlung verzichtet werden.

Die folgenden Porträts wurden von Heilern erstellt, die sich in der Adressliste am Schluss des Buches befinden. Es muss präzisiert werden, dass die porträtierten Heiler nicht ausgewählt wurden, weil sie besser als andere sind. Sie wurden ein wenig durch Zufall ausgewählt, aber auch mit dem Versuch, allen Heilkategorien in allen deutschsprachigen Kantonen sowie Männern wie auch Frauen in allen Altersklassen gerecht zu werden, zudem mit dem Wunsch, ein möglichst breites Spektrum an Heiltätigen zu liefern. Viele hätten noch porträtiert werden können und viele haben ein Interview abgelehnt, aus Angst vor zu grosser Publizität und damit einer noch grösseren Anzahl von Klienten, die sie aus Zeitmangel nicht hätten annehmen können.

Doch lassen wir nun den Heilern das Wort...

Hannes GUGGENBÜHL, spirituelles Heilen, mediale Beratung. Wohlen (AG)

«Ein Heiler sollte Mitgefühl haben und nicht Mitleid. Viele verwechseln das. Mitempfinden ist richtig, aber auch die Bereitschaft haben, es wieder gehen zu lassen. Heilen heisst, die Person so zu respektieren, wie sie ist, und ihr den Entscheid zu überlassen, ob sie etwas in ihrem Leben verändern will oder nicht.»

Geistheilen und Handauflegen versteht Hannes Guggenbühl als eine der ältesten Heilmethoden, die man überhaupt kennt. «Vor 10 000 Jahren hat man das schon gemacht, das war die einzige Möglichkeit überhaupt, etwas zu verändern. Aber damals standen die Leute in ganz anderen Bewusstseinsformen als wir. Heute stehen wir in einer Zeit mit «bits and bites», einer Zeit der Logik und der Materialität, und nur das zählt. Es gibt nur binäre Codes, schwarz und weiss, gut und schlecht.» Darum sei es wichtig, dass wir wieder zu verstehen lernen, dass wir mehr sind als nur unser Körper, sagt Hannes Guggenbühl. Eine wesentlicher Teil sei die Wesenheit, die der Mensch in dieses Leben mitbringe, sowie seine Geschichte, der irdische Teil, wo er die Voraussetzungen geschaffen habe, um sich in diesem Leben selber zu erfahren und seinen eigenen Selbstausdruck zu finden als Sinn und Zweck des Lebens. Es gehe nicht darum, Reichtümer in materieller Weise zu sammeln, sondern um Erfahrungen, erläutert er. Deshalb seien Ausbildungen im heilerischen Bereich schlussendlich nichts anderes als ein «sich Zurückverbinden» mit dem, was wir eigentlich sind, ein «sich Besinnen», woher wir kommen und wie wir unseren Selbstausdruck erfüllen können. Normalerweise lernen und akzeptieren wir das, was uns in den Schulen vorgesetzt wird, als richtig, meint er. «Wissen» heisst für ihn aber die «Erfahrung». «Wenn wir von Heil-Energien reden, dann wissen wir alle nicht, wovon wir eigentlich reden und was wir uns darunter vorstellen sollen. Auf der technischen Ebene können

Elektrizität oder andere Energieformen festgestellt und gemessen werden. Aber das, was wir „Heiler" einbringen, kann man in dieser Form nicht messen. Von hellsichtigen Menschen können diese Energieformen gesehen werden, auch ihre Veränderungen während des Heilprozesses.» Hannes Guggenbühl kann Formen und Strukturfelder um den Menschen herum (auch grobstoffliche Materie) wahrnehmen.

Wegweisend für seinen Einstieg in die Welt des Fühlens und der Wahrnehmung war die Begegnung mit dem verstorbenen Rutengänger Max Aeberli, der als einer der «Spürigen» galt. Bei ihm ging Hannes Guggenbühl in die «Schule». Von ihm hat er gelernt, dass jedes Element eine eigene Schwingung und eine eigene Frequenz hat. Am Anfang sei das nicht so leicht gewesen, diese Schwingungen aufzuspüren und ihnen nachzugehen, doch irgendwann kam der Moment, wo er nicht mehr studieren musste, was da passiere, sondern er habe es einfach gewusst, erzählt er. Aus diesen Erkenntnissen resultierten zahlreiche Wohnungs- und Hausuntersuchungen, die er als Radiästhet durchführte, ohne dafür auf ein Pendel oder ein anderes Instrument angewiesen zu sein.

Da jeder Mensch ein Unikat ist, hat Hannes Guggenbühl keine einheitliche Behandlungsmethode. Es komme auf die einzelne Person an, sagt er. Er habe viele Kollegen und Freunde in der geistigen Welt, die durch ihn arbeiten. Darum geschähen Dinge, die unverständlich und nicht nachvollziehbar seien. So könne es zum Beispiel bei Fernheilungen geschehen, dass die Heilung schon beim Telefongespräch beginne und der Betroffene es sofort spüre. Nach Ansicht von Hannes Guggenbühl geht es weniger ums Handauflegen, sondern zuerst einmal ums Zuhören. Sich in die Person hineinfühlen und herausfinden, was ihr Anliegen ist, «wo der Schuh drückt».

«Ein Heiler kann nicht heilen, sondern er kann behilflich sein, indem er dem Patienten seine Selbstheilungskräfte zu aktivieren hilft.» Die Motivation des Patienten sei etwas ganz Wichtiges, um gesund zu werden, meint Hannes Guggenbühl. Im Laufe seiner Praxisarbeit konnte er feststellen, dass bei jenen Menschen, die bereit sind, etwas in ihrem Leben zu verändern, sich ihre Gesundheit sowie ihr Wohlbefinden verändert hätten. Das zeige auch, dass die Entschlussfähigkeit der Menschheit drastisch nachgelassen habe. «Viele wissen nicht mehr was es heisst, Entscheidungen zu fällen: „Ich weiss nicht, ich kann nicht, warum soll ich, mach ich es richtig, mach ich es falsch?" Das Hin und Her, die Flut der Informationen, die eher zur Verwirrung als zum Verständnis führen.» Es gäbe verschiedene Arten und zahlreiche Therapieformen, wie man im feinstofflichen Bereich heilen könne. Man spricht von der Aura oder den Chakras. «Man redet viel von all diesen Elementen, aber ich denke, kaum jemand versteht es wirklich. Für mich ist die Aura die Ausstrahlung aller geistigen Prinzipien des Menschen in den Körper und über die Körpergrenze hinaus. In ihr sind auch Gefühle gespeichert, und diese sind auch Informationsträger. Die Chakras sind die Prinzipien der Lebenskraft und des Lebensausdrucks.» Ein grosses Kapitel von Hannes Guggenbühl ist nicht nur das Handauflegen, sondern das Tranceheilen, bei dem der Heiler in einen anderen Bewusstseinszustand tritt und sich aus dem ganzen Heilgeschehen herausnimmt. «Das hat nichts mehr mit „sollen" und „machen" zu tun. Es ist ein „Geschehen lassen". Man weiss auch nicht, was passieren wird, es passiert einfach. Man kann es schliesslich auch nicht erklären, wenn dann etwas passiert, und das, was geschieht, ist nicht erklärbar. Es ist nicht auf einen anderen Patienten übertragbar, weil dessen Konstellation immer einmalig und anders ist.» Die Methodik im Heilbereich sei riesengross, aber schlussendlich gehe es immer um drei ganz einfache Elemente, erklärt Hannes Guggenbühl: «Erstens den Glauben daran zu haben, dass Heilung geschehen darf, zweitens die andere Person auf der „Herzebene" zu berühren, und drittens die Energie dorthin fliessen zu lassen, wo sie gebraucht wird. Ohne Beeinflussung des „Heilers". Heil werden muss nicht unbedingt unseren Vorstellungen entsprechen.»

Hannes Guggenbühl erzählt, dass er schon als kleiner Junge viele eindrückliche Erfahrungen machen konnte. Ein prägendes Erlebnis sei die Entführung eines Nachbarjungen gewesen, der ihm darauf in vielen Nächten erschienen ist. Er habe versucht zu vermitteln, aber man habe ihm nicht zugehört. Das sei eine sehr grosse Belastung für ihn gewesen und führte mitunter zu Albträumen. Im Verlaufe der Zeit seien die Erscheinungen dann verschwunden... und in der Schule hatte er mit verständnislosen Lehrern zu kämpfen, die nicht verstehen konnten, dass man in Mathematik Ergebnisse wissen konnte, bevor die Aufgabe gestellt worden war. Er ist in einem Gärtnereibetrieb aufgewachsen und als ältester Sohn musste er nach der Schule den Gärtnerberuf erlernen, obwohl sein Traum die Naturwissenschaft war und er lieber Physik studiert hätte. Als er vierzig war, verkaufte die Familie den Betrieb und die Eltern wanderten nach Australien aus. Darauf hat er sein eigenes Leben aufgebaut und ist seiner Berufung gefolgt. Ausbildungen in England und in der Schweiz haben ihm die Erfahrungen gebracht, um seine jetzigen Aufgaben zu erfüllen und anderen Menschen behilflich zu sein, ihr Leben zu verstehen.

Vor vielen Jahren erlebte Hannes Guggenbühl eine ausserkörperliche Erfahrung. Eines Nachts glaubte er, sein letztes Stündchen habe geschlagen, als er sich auf einmal oben in der Ecke des Schlafzimmers befand und sich selber unten im Bett neben seiner Frau schlafen sah. «Es war taghell, es hatte gleissendes Licht um mich herum. Ich verstand nicht, was mit mir geschah, ich fühlte keinen Körper und schaute nicht mit den Augen, sah aber trotzdem. Dann konnte ich etwas wie einen Faden, der mit mir verbunden war, wahrnehmen. Und irgendwann war ich wieder zurück in meinem Körper. Ich wollte meine Frau wecken, konnte mich aber nicht bewegen. Ich war wie erstarrt. Ich konnte nicht sprechen und kaum atmen. Es kostete mich eine Riesenanstrengung, bis meine Hand sie endlich berührt hatte. Und dann war ich plötzlich wieder da.» Da er nach diesem Erlebnis nicht wusste, an wen er sich diesbezüglich wenden könnte, begann er die Bibliotheken zu durchstöbern, bis er auf das Buch «*Der Mann mit den zwei Leben»* von Monroe[104] stiess. Darin wurde genau das Phänomen beschrieben, das er erlebt hatte, und auch, wie man so etwas bewusst hervorrufen kann. Darauf habe er sich eine bestimmte Rolltechnik angeeignet, anhand der er sich bewusst in andere Dimensionen begeben könne, erzählt er. Das sei aber nichts Spezielles, das machen sehr viele Menschen. Oft würden sie es nicht erkennen oder würden erschrecken, wie aus einem Albtraum heraus. Die Menschen sollten nie vergessen, dass sie ständig Freunde und Kollegen um sich herum haben, sagt er. «Und wenn wir in Not sind, dass wir ihnen sagen können: Jetzt weiss ich nicht mehr weiter, helft mir». Man müsse nur hören lernen, und dann funktioniere es meistens. Wir suchen Lösungen oft zu weit weg.

In seiner Praxis, in der auch seine Ausbildungsveranstaltungen stattfinden, hat Hannes Guggenbühl einen Tag der Heilung eingeführt, der einmal im Monat stattfindet und an dem um die 40 bis 50 Leute teilnehmen und acht bis zwölf Heiler ihre unentgeltliche Hilfe anbieten. Viele Menschen kommen von weither. In manchen Fällen – bei denen auch der Arzt nicht mehr weiter wisse – trete manchmal Heilung ein, bei manchen nicht. «Warum weiss man nicht. Wir können die geistige Seite nicht verstehen lernen, weil sie mit dem Verstand nicht fassbar ist, man kann sie nur fühlen und spüren.»

«Wenn wir bereit sind, unser Bewusstsein zu öffnen, dass wir immer in Verbindung mit der geistigen Welt sind, wird sie uns beistehen und mit uns arbeiten. Wir bitten um Beistand, und die geistige Welt schickt uns die „geistigen Helfer", die uns in dem Moment, in dem wir arbeiten, entsprechen.»

Jeannette GÖTSCHI, Geistheilerin. Herisau (AR)

«Es gibt nur ein Gesetz in der geistigen Welt, und das hat mit Liebe zu tun, Liebe pur. Mit Liebe erreicht man alles.»

---

[104] MONROE, Robert A.: *Der Mann mit den zwei Leben: Reisen ausserhalb des Körpers.* München: Knauer, 1986.

Für Jeannette Götschi war es als Kind selbstverständlich, dass sie mit einem «Bobo» immer zu ihrer Mutter gehen konnte. Diese blies darauf, und sofort liessen die Schmerzen nach und ihre Wunden waren am nächsten Tag trocken. Als sie einmal bei einer Schulkollegin auf Besuch war und diese ihr Knie aufgeschürft hatte, sah sie, wie deren Mutter ihrer Freundin das Knie verband. Wieder zu Hause fragte sie, warum denn ihre Verletzungen nie verbunden werden. Darauf antwortete ihre Mutter: «Das chönd ebe nöd alli, was ich da mache.» Jeannette Götschi war das jüngste von vier Kindern und dasjenige, das sich für die Gabe ihrer Mutter interessierte. Oft wenn sie ihre Mutter etwas fragte, gab diese zur Antwort: «Was seit dänn diin Buuch?» Ihre Geschwister wollten nicht viel davon wissen. Einer der Brüder sagte dazu immer: «Oh, d'Muetter häxt wieder.» Immer wenn die Wohnzimmertüre geschlossen war, hatte die Mutter eine Sitzung. Sie tat es für alle Leute, erzählt sie. Die Mutter von Jeannette Götschi kam aus dem Welschland und hatte die Gabe von ihrer Mutter bekommen. Diese reicht bis zur Urgrossmutter zurück und wurde jeweils von der Mutter auf die Tochter übertragen. Jeannette Götschi meint aber, diese Gabe sei nicht an die Familie gebunden und lasse sich irgendeiner anderen Person weiterverschenken. Da sie selber keine Kinder habe, werde sie ihr Wissen eines Tages trotzdem weitervermitteln können.

Jeannette Götschi erinnert sich an das erste Mal, als sie realisierte, dass sie die Gabe ebenfalls hat. Es war ein Erlebnis, bei dem sie zutiefst erschrak. Damals machte sie eine Lehre als Servicefachangestellte in einem Hotelbetrieb. Am Stammtisch musste sie die Bestellungen des Öfteren schräg über den Tisch reichen, dabei kam sie einem Kunden nahe. Sofort spürte sie, dass der Gast etwas an der Schulter hatte, das ihm Schmerzen bereitete. Sie wusste genau, welche Schulter es war. Und plötzlich übernahm sie seinen Schmerz. Diese Erfahrung empfand sie damals als sehr unangenehm. Das war auch der Grund, warum sie in ihren jungen Jahren nichts davon wissen wollte und es lange Zeit ablehnte. Aus

Eigenschutz, wie sie sagt. Erst mit fünfunddreissig wagte sie sich an das Thema heran.

Anfangs sei es sehr gewöhnungsbedürftig gewesen, erinnert sie sich. Damit sie mit ihrer Gabe umzugehen lernte, machte sie eine Reikiausbildung. «Im All hat es massenhaft Energie, die nicht gebraucht wird.» Durch die Seminare hätte sie gelernt, diese herunterzuholen, durch sich hindurchfliessen zu lassen und weiterzugeben, erläutert sie.

Für Jeannette Götschi stimmte jedoch die liegende Position, die eine Person für die Reikibehandlung einnimmt, schon bald nicht mehr. Sie hatte das Gefühl, dass die Energie unten wegfliesse, und so fand sie ihre eigene Methode der Behandlung, bei der ihre Klienten auf einem Stuhl Platz nehmen. «Ich habe einfach gespürt, wie ich es machen soll. Heute muss ich nur die Hände auf den Bauch legen, und die Energie geht dorthin, wo sie gebraucht wird. Das ist so fantastisch.» Jeannette Götschi legt nicht immer die Hände auf, sie arbeitet auch auf der Aura, sagt sie. «Ich streiche und ziehe viel ab. Aus den Füssen und den Händen kann man alles Negative herausziehen. Das Negative fliesst abwärts und Mutter Erde nimmt alles Negative auf und neutralisiert es. Danach kann man wieder frisch auftanken, und darum geht es den Leuten sichtlich besser.» Beim Schweizerischen Verband für Natürliches Heilen (SVNH) wurde Jeannette Götschi als Geistheilerin eingeordnet. Sie selber hat etwas Mühe mit diesem Titel. Sie sieht sich eher als Lebensberaterin. Angefangen hat sie bei den Tieren, denn sie war früher auch Reitlehrerin. Heute behandelt sie immer noch Tiere und macht auch Tierkommunikation.

Gemäss Jeannette Götschi behandelt der Arzt den Körper und sie die Seele. «Die Seele trägt ganz viel, und wenn es ihr zu viel wird, übergibt sie es dem Körper und sagt: Ich kann nicht mehr. Und dann kommen die Schmerzen hier und dort.» Sie hat entdeckt, dass sie je nach Ort des Schmerzes weiss, worum es geht. Und dort setzt sie an. Aber sie behandle nicht gross den Schmerz, sondern die Seele. Sie grabe nach den Ursachen, sagt sie. Das Unschöne verdrängen die Leute, und genau das holt

Jeannette Götschi wieder zum Vorschein. Sie will, dass sich die Leute damit beschäftigen. «Manchmal muss etwas reifen. Die Leute müssen zuerst einen Schmerz spüren, um es zugeben zu können, um etwas zu ändern. Es geht immer darum, etwas zu ändern», ist sie überzeugt. Seit dreissig Jahren empfängt Jeannette Götschi ihre Konsultanten bei sich zu Hause in ihrem Wohnzimmer, wie damals ihre Mutter. Bei ihr gibt es keine einheitlichen Behandlungen. «Die Energie geht immer dorthin, wo sie am meisten gebraucht wird. Das ist etwas Wunderbares, die teilt sich selber ein, wohin sie gehen muss.» Jeannette Götschi behandelt alles und hat eine breite Palette anzubieten: Channeling, Kartenlegen, Numerologie und Seelenmalen. Sie pendelt auch mit der linken Hand. Mit derselben Hand fände sie auch Wasser, aber eigentlich brauche sie gar keinen Gegenstand dazu. Bei Krebskranken käme sie gut an, sagt sie. «Wenn die Leute aus dem Spital kommen, haben sie keine Aura mehr, sie sind fad, lustlos und müde. Sie kommen jeden Monat zu mir, und nach drei- bis viermal beginnen sie wieder richtig zu leuchten und bekommen wieder Freude am Leben. Für mich ist das eine wahre Freude zuzuschauen.» Darunter waren Leute, die innert eines Jahres gesund wurden, erzählt sie. Sie erinnert sich an eine Krebspatientin mit einem «kindskopf-grossen» Tumor. Jeannette Götschi sah bei ihr ein Kinderproblem. Sie hat der Frau nie etwas versprochen. Nur durch geistiges Heilen, positives Denken und mit indianischen Heil-Steinen sei die Frau geheilt worden, erzählt sie. Der behandelnde Arzt konnte es nicht fassen, interessierte sich jedoch nicht weiter dafür. «Die Ärzte können es nicht akzeptieren, dass man ohne eine Arztausbildung etwas kann.»

Jeannette Götschi hat auch viele Erfahrungen mit «negativen Sachen» gesammelt, mit Leuten die «geplagt» wurden. «Es reicht schon, „Kuh“ oder „Totsch“ zu sagen, das ist schon negativ und kann bereits schaden. Zum Glück wissen die Menschen nicht, wie viel Macht sie haben. Menschen, die ausschliesslich neidisch sind und niemandem etwas gönnen, das ist schon schwarze Magie.» Sie wurde schon angefragt, ob sie jemandem etwas Böses antun könne. Ihre Antwort war ein klares Nein, so etwas lehnt sie prinzipiell ab. Handelt es sich um negative Einflüsse, dann fährt Jeannette Götschi hin und arbeitet direkt vor Ort. Vor allem Kinder litten darunter, diese erwachen mitten in der Nacht und könnten vor Angst nicht mehr einschlafen; denn wenn die Eltern stark sind, gehe es immer auf das schwächere Glied, entweder auf das Kind oder auf das Tier, sagt sie. «Ich hatte noch nie Angst oder Herzklopfen, weil ich überzeugt bin, dass das Positive die grössere Macht ist als das Schwarze. Ich habe mich auch noch nie attackiert gefühlt. Ich musste aber schon einmal regelrecht in ein Zimmer hineinspringen, damit ich reinkam. Es hatte wie eine unsichtbare Mauer davor. Aber das akzeptiere ich einfach nicht, und dann hat das Schwarze keine Kraft mehr.» Für solche Anlässe hält sie immer geweihte Kerzen nach Engel Gabriel bereit. Zuerst segnet sie den Raum und dann das ganze Haus. Während der Segnung spüre sie genau, woher diese Macht komme und wo sie sich befinde, erzählt sie.

Früher hatte Jeannette Götschi vor allem ältere Generationen, von vierzig aufwärts. Heute habe sie 22-Jährige, die schon Probleme hätten, sagt sie. Für viele sei sie eine Mutterfigur. «Oft fragen sie mich zuerst: „Findest du das richtig?", dann frage ich zurück: „Was sagt dein Gefühl?"» Sie versucht dann einen positiven Gedanken rüberzugeben. «Ich gebe nur neutrale positive Gedanken rüber, ich will ja nicht beeinflussen, sondern nur helfen. Und ich bin nur ein Werkzeug und sonst gar nichts.»

Jeannette Götschi glaubt, dass viele Menschen, vor allem die sensiblen, die Fähigkeit hätten, zu heilen und zu helfen, aber leider seien die meisten zu kopflastig. «Wenn die Leute mehr auf ihr Bauchgefühl hören würden, hätten sie weniger Probleme. Das wäre wunderbar.» Wenn man alle Altlasten abgeben könne, sei es schön, alt zu werden, meint Jeannette Götschi. «Ich hatte viel Kummer und Sorgen in meinem Leben, das musste so sein, sonst würde ich heute die Leute ja nicht verstehen. Aber ich habe alles abgegeben und mir selber verziehen, und das allerwichtigste: Ich liebe mich, so wie ich bin.»

Beda RECHSTEINER, Heiler. Urnäsch (AR)

«Gedanken sind Energie und mit den Gedanken spielt Distanz keine Rolle. Auf diese Art geschieht Fernheilung, mit guten Gedanken. Und das spüren die Leute, wenn sie Hilfe suchen. Wenn jemand nicht glaubt oder nicht will, geht es nicht. Der Eigenwille sperrt. Bei den Tieren ist das einfacher als bei den Menschen. Die Tiere spüren es und nehmen es an.»

Über dem Eingang des alten Bauernhauses, wo Beda Rechsteiner wohnt, hängt ein für die Gegend eher untypisches Bild. Betritt man sodann das Haus, eröffnet sich eine bunte Welt voller Bilder. Unzählige Zeichnungen und deren Kopien in diversen Formaten hängen an den Wänden, stehen auf Kommoden und liegen auf den Tischen. Diese sehr farbigen, in geometrischen Formen gehaltenen Zeichnungen erinnern an die Bilder von Emma Kunz[105], aber auch an hinduistische und tantrische Yantras und asiatische Mandalas. Mehr als tausend solcher Bilder hat Beda Rechsteiner schon gezeichnet, und jedes ist anders. Jedes Bild hat einen Titel, und nicht nur jede Farbe, sondern auch jedes Bild hat eine präzise Bedeutung. Er malt auch persönliche Seelenbilder durch geistige Vermittlung. Wenn Beda Rechsteiner zu malen beginnt, hat er keine Ahnung, wohin ihn das Bild führen wird. Es sei reine Intuition, die ihn führe, erklärt er. «Das bin ja nicht ich, der diese Bilder macht. Ich male sie zwar, aber sie entspringen nicht meinem Kopf. Ich vermittle nur Informationen, die kommen, auf das Papier. Und sobald sie auf dem Papier sind, ist es Energie, es ist eigentlich reine Geometrie. Das Auge nimmt die Informationen auf und gibt sie weiter. Alleine das Betrachten eines Bildes löst bei den Leuten schon etwas aus.»

Für Beda Rechsteiner ist das Heilen ein «Erbstück». Zu jener Zeit, als er noch Bauer war, geschah es, dass er auf dem Bett

---

[105] Für Informationen zu Emma Kunz: www.emma-kunz-zentrum.ch

lag und es auf einmal anfing zu «chrüsele». Kurz darauf fand
er ein Büchlein von seiner Urgrossmutter mit verschiedenen
«Gebetchen». Sie war eine einfache Bauersfrau gewesen, die
sich schon dannzumal mit diesen Sachen befasste. Es kamen
oft Zigeuner vorbei, die auf dem Hof übernachteten, und von
ihnen hätte sie einiges gelernt. Er habe dann mit den Kühen
angefangen und merkte, dass es ihnen besser gehe, sie waren
damals seine «Versuchskaninchen». Da Beda Rechsteiner von
Natur aus neugierig ist, hat sich die Sache weiterentwickelt.
«Um hinter die Dinge zu kommen, muss man manchmal einen Vorhang lüften und selber etwas erleben. Wenn es dir immer nur gut gegangen ist, kannst du gar kein Verständnis für
die anderen haben. Aber wenn man es durch eigene Erfahrung
erlebt, dann bleibt es auch.» Er hat nie ein Seminar besucht.
Sein Wissen hat er teilweise selber zusammengesucht und teilweise durch Intuition erlangt. Er sagt den Leuten immer, sie
sollen kritisch sein. «Und so müssen wir an verschiedenen Orten, da und dort ein Steinchen herausnehmen und dann haben
wir ein eigenes Mosaik. Es muss für uns stimmen.» Er sagt den
Leuten auch immer: «Hört auf euer Gefühl! Lebt nach eurem
Gefühl und dann kommt ihr weiter.»

Er ist weder hellsichtig noch hellhörig, sondern er «spürt».
Das Gefühl sagt ihm etwas. Jetzt arbeitet er schon länger nicht
mehr mit den Gebeten seiner Urgrossmutter, sondern hauptsächlich mit Energie. Dazu hat er ein ganz spezielles Pendel konstruiert. Es ist ein ca. 10 cm grosser Würfel an einer
Schnur, auf dem ausgewählte Zeichnungen verkleinert abge-
bildet sind. Jede Seite zeigt ein anderes Bild und jedes davon
hat eine andere Energie. Er stellt Fragen mit seinem Pendel
und dann kommt bald ein Gedanke, und wenn er diesen hat,
kann er ansetzen. Das sei Intuition. «Gute Therapeuten, ob sie
massieren oder sonst was machen, die eine Intuition haben,
kommen auch auf den richtigen Punkt. Ein guter Therapeut
spürt, wenn er mit den Händen über den Körper streicht, wo
genau die Störung ist, und auch der Patient spürt, wo er mit
der Hand ist. Die Patienten spüren eine Wärme, das ist auch

Energie. Und die Leute wollen immer etwas sehen oder spüren. Sonst meinen sie, man hätte gar nichts gemacht. Also muss man halt dort drücken, wo es schmerzt. Manchmal ist es auch gut, wenn es weh tut.» Aber es gehe auch ohne, meint er. Heute sei er so weit, dass er fragen kann, welche Energie eine Person brauche, und der Würfel fange automatisch an, eine Bewegung zu machen, und gebe so Energie ab. Wichtig beim Pendeln sei, dass man es nicht beeinflusse, keine Vorurteile habe und auch kein Wunschdenken. Sonst geht es nicht, versichert er.

Beda Rechsteiner macht häufig Hausentstörungen. Oftmals seien es äusserliche Störungen wie Parabolantennen. Häufig aber eben auch geistige Störungen, sagt er. Es gibt Häuser, bei denen er den Bewohnern mitteilt: «Ihr habt einen Hausbewohner, der keinen Zins zahlt.» Das können Verstorbene sein, aber auch Energien von Vorgängern, die dringeblieben sind. Und solange diese drinbleiben, tut es auch die Störung, und deshalb muss diese weg. Zu Beda Rechsteiner kommen viele Leute, denen niemand helfen kann und die von jemanden empfohlen wurden. Er sagt: «Die geistige Welt oder die Engel, wie man es auch nennen möchte, die brauchen auch einen Auftrag. Ich verteile Aufträge und beschäftige somit die geistige Welt. Ich sagte auch einmal der geistigen Welt: Schickt mir die Leute, die Hilfe annehmen können. Und es funktioniert.» Er garantiert nichts, aber er tut sein Bestes. «Etwas muss man ja machen.» Wenn die Medizin nicht weiterhilft, kommen die Leute zu ihm. Auch Beda Rechsteiner braucht gewisse Beweise. Für ihn ist der Erfolg ein Beweis. «Wenn es jemandem besser geht, ist doch das ein Erfolg und ein Beweis.» Natürlich kann man es nicht schwarz auf weiss erklären. Das Wort «Heiler» höre er nicht sehr gerne, es klinge so «heilig», meint er. Seiner Ansicht nach heisst «heilen» auch «helfen». Man muss den Menschen auch helfen, auf die Ursache zu kommen und diese zu beheben. Wenn man nur am Körper arbeitet, ist das nichts als eine Linderung, und wenn die Ursache nicht weg ist, kommt sie wieder. Er sieht sich eher in Richtung Lebensberater. Er ist ein normaler Mensch, der auf dem Boden steht und gut geerdet ist. Beda Rechsteiner möchte sich nicht in eine Schublade einordnen lassen. Sein Ziel ist es, den Leuten zu helfen, dass sie ihn nicht mehr brauchen. Er wiederholt gerne folgenden Satz: «Wenn euer Auto nicht läuft, stosse ich es ein bisschen an, aber der Chauffeur seid ihr selber, nicht ich.» Der Mensch leidet seiner Ansicht nach zu viel unter Abhängigkeiten. «Wir sollten frei sein, und wenn wir frei sind, ist auch der Körper freier. Sonst sind wir eingeengt und dann fängt der Körper an zu rebellieren. Und wenn wir nicht reagieren, macht er Schmerzen, damit wir merken, dass der Körper etwas sagen will.» Bei chronischen Schmerzen hat der Mensch sich schon daran gewöhnt. Dann heisst es: Ich muss es halt haben. «Viele Leute meinen, sie können zum Arzt gehen, der ihnen ein paar Tabletten gibt, und dann ist der Fall erledigt. Der Patient muss selber auch etwas ändern oder zur Einsicht kommen, was da falsch läuft. Dann wirkts. Er soll nicht meinen, der Therapeut oder der Heiler kann etwas Hand auflegen, und mit dem ist es gemacht. Das stimmt nicht. Man kann ihm helfen, einen Anstoss geben oder unterstützen, aber er selber muss auch etwas ändern. Das ist das Wichtigste, dann kann viel passieren.» Gewisse Menschen hätten einen Schmerzkörper und übernehmen von ihren Mitmenschen den Schmerz, weil sie sie bedauern. Andere wiederum hätten einen Sorgenkörper und übernehmen von allen die Sorgen. «Wenn ich den Sorgenkörper aber nach oben übergebe, dann sorgen die für mich, dann habe ich es los. Es funktioniert tatsächlich. Es hat mit Vertrauen zu tun, und wenn man solche Sachen erfahren oder gespürt hat, dann weiss man es. Und Wissen ist besser als Glauben.» «Die Bilder, die ich intuitiv bekomme, sind Zeichen der neuen Zeit. In der neuen Zeit gilt das Gesetz der Liebe, darum funktionieren die lieblosen Systeme nicht mehr. Jetzt ist die Zeit des Umdenkens gefragt.»

Roland Bühlmann, Energietherapeut, Biel (BE)

«Vielleicht ist das Handauflegen in 150 Jahren in der Grundversicherung der Krankenkasse enthalten. Wenn ich mithelfen kann, das Bewusstsein in diese Richtung zu ändern, dann ist das genial.»

Roland Bühlmann ist Energetiker, d.h. er bringt sich in Kontakt mit der universellen Lebensenergie und lässt diese ganz bewusst durch sich hindurchfliessen, damit durch das Handauflegen Heilung geschehen kann, damit den Menschen, die zur Behandlung kommen, das Bestmögliche widerfährt. Er ist überzeugt, dass jedermann das Heilen lernen kann, da es sich dabei um eine Vermittlung handelt und der Heiler nur Kanal ist. «Ich bin nicht derjenige, der heilt, ich diene. Es ist eine Frage der Energie, die fliesst, und das geschieht über den Geist. Und da wir alle Geist sind, kann das im Prinzip auch jeder machen. Das kann man lernen, davon bin ich überzeugt, genauso wie man den Beruf des Automechanikers erlernen kann, wenn man sich für Motoren interessiert. Es ist eine Frage der Motivation.» Selbstverständlich gibt es grössere und kleinere Talente, und einige brauchen weniger Training als andere und sind ebenso gut. Es sei eben wie bei allem, fügt er hinzu. Doch die Voraussetzungen seien bei allen gegeben und dann komme es nur darauf an, was der Einzelne daraus mache.

Roland Bühlmann arbeitete zehn Jahre im kaufmännischen Bereich und später als Velokurier, bis er sich ganz dem Heilen widmete. Zuerst begann er mit seinen Kollegen vom Velokurierdienst, die sich als «Versuchskaninchen» zur Verfügung stellten. Er kommt aus einem bodenständigen Haushalt. Der Vater war Chauffeur und die Mutter Hausfrau. Heilen oder Spiritualität seien kein Thema gewesen, worüber man zu Hause gesprochen hätte. Als er dazustiess, betrat er völliges Neuland, erzählt er. «Ich bin sehr glücklich darüber, dass ich das entdecken durfte, ich war damals um die 30. Natürlich war es früher schon da, aber ich war mir dessen nicht bewusst.»

Alles begann damit, dass Roland sich bei der Arbeit als Velokurier einen Spass daraus machte, in den Gebäuden, wo er seine Auslieferungen tätigte, zu erraten, welcher der vorhandenen Lifts zuerst auf seinem Stockwerk eintreffe. Nach einer gewissen Zeit fragte er sich, warum er eine derart exakte Trefferquote hätte. Als rationaler Mensch konnte er sich dieses Phänomen nicht erklären und wendete sich an den Heiler Hannes Jacob (siehe Porträt). Dieser erklärte ihm, dass sich bei ihm womöglich ein sensitiver Kanal geöffnet habe. Das könne geschehen, denn diese Informationen könne man einfach aufnehmen. Darauf begann Roland, sich mit dem Thema auseinanderzusetzen, und er besuchte verschiedene Ausbildungen. Vor zwei Jahren hat er sich selbstständig gemacht und führt nun eine eigene Praxis in Biel.

Die erste Behandlung strukturiert Roland Bühlmann stets nach der Therapeutic Touch-Methode. Dabei wird nach einem vorgegebenen Ablauf gearbeitet, wobei alle Gliedmassen und Gelenke einzeln berührt werden. Dazu setzt sich der Ratsuchende auf einen Stuhl oder liegt, wie in der Praxis von Roland, auf einem Bett. Je nachdem, was das Thema der Person ist, wird speziell darauf eingegangen. Ebenso in den Folgesitzungen liegt der Schwerpunkt dann weiterhin beim gleichen Thema. Er hat schon mehrmals erlebt, dass jemand wegen eines bestimmten Problems kam, etwa wegen eines Knieleidens. Doch das Knie zeigte auch nach mehreren Behandlungen keine wesentliche Verbesserung. Dafür habe sich an ganz anderen Orten etwas Wesentliches verändert. So kann es vorkommen, dass die Person seit 10 Jahren zum ersten Mal wieder gut schläft und nicht mehr wie jede Nacht um 3 Uhr aufwacht. «Da arbeitet eine riesige Intelligenz, und es geschieht auch viel im Unterbewusstsein. Vielleicht wünscht man sich ein gesundes Knie, aber es kann sein, dass etwas anderes viel wichtiger ist, und dort arbeitet es dann. Und dank des Energieflusses, auf den ich als Mensch keinen Einfluss habe, geschehen je nachdem andere Sachen, die man gar nicht erwartet.»

Roland Bühlmann hat seinen eigenen «Cocktail» entwickelt. Er hat zwar alles irgendwo gelernt und mit Therapeutic Touch seine Basis gelegt. Doch lässt er sich intuitiv führen und wendet das an, wovon er das Gefühl hat, es sei das Richtige für die jeweilige Situation. So fliessen bei ihm auch verschiedene schamanistische Techniken und Elemente in die Behandlung ein. «Es ist eine Frage der Sensibilität. Was brauche ich wann? Die Informationen sind da, man muss sie nur anzapfen.» Das Schwierige daran sei jedoch, dass man dazu tendiere, es als etwas sehr Einfaches zu betrachten, da es so natürlich ist, sagt Roland. Er ist der Meinung, dass diese Art zu heilen uralt ist, nur sei es in unserer Kultur verloren gegangen. «Es ist die Lebensenergiequelle, von wo auch wir herkommen und die auch unser Motor ist. Egal ob in Afrika bei einem Tanzritual oder hier bei einer Kinesiologie- oder Fussreflexbehandlung, von mir aus gesehen ist das alles das Gleiche. Nur die Verpackung und die Form ist anders, aber es arbeitet an unseren Energien, die wieder ins Lot gebracht werden müssen.»

Nach seiner Ansicht liege es am Patienten, selber herauszufinden, was ihn am meisten anspricht und was er für sich akzeptieren kann. Für den einen sei das geistige Heilen das Richtige, ein anderer brauche hingegen mehr körperliche Handgriffe, die ziehen und drücken. «Der Therapeut muss einem zudem sympathisch sein, genauso wie der Coiffeur oder der Zahnarzt. Man geht lieber zu jemandem, der einem sympathisch ist. Da sind natürlich verschiedene Faktoren zu berücksichtigen, aber schliesslich ist der Selbstheilungsprozess des Patienten entscheidend. Der Heiler kann genauso wenig, wie ein Arzt oder ein Therapeut, dem Patienten die Krankheit oder das Problem wegnehmen. Er kann ihm höchstens helfen, den Weg zur Heilung zu finden. Für gewisse Menschen ist Heilung in diesem Leben nicht der wichtigste Punkt. Für mich macht das alles Sinn und ich habe vollstes Vertrauen, obwohl es zum Teil nicht zu begreifen ist.»

Ruth FEDERER, Geistheilung, Fernbehandlung, energetische Haus-
reinigung, Sterbebegleitung, Therapiegespräche. Courtelary (BE)

*«Wir gestalten unser Leben selber mit unserer Denkwei-
se, mit den Wörtern und Geschichten, die wir erzählen.
Auch mit unserer Kritik an den Anderen, die dann wieder
auf uns selber zurückfällt. Wir machen so viel im Leben
automatisch, weil es gemacht sein muss, ohne sich darüber bewusst zu sein. Schliesslich geht es immer um das
Bewusstsein.»*

Das Heilen hat Ruth Federer erst sehr spät entdeckt. Sie war
viele Jahre Familien- und Hausfrau, bis ihre Ehe mit der Zeit
nicht mehr richtig klappte und sie je länger je mehr spürte, dass
dieses Leben nicht das richtige sein könne. Zu verschiedene An-
sichten vom Leben haben sie schliesslich getrennt, und sie ist
wortwörtlich aus der Ehegemeinschaft «ausgestiegen». Sie hatte
schon immer das Gefühl gehabt, dass es da noch etwas geben
müsse, wovon sie jedoch zurzeit nichts verstand. Nach und nach
kamen ihr Sachen aus der Kindheit hoch. Zum Beispiel hörte
sie als kleines Kind immer ein Klopfen an der Türe. Die Eltern
gingen mit ihr zum Hals- und Ohrenarzt, aber der Befund blieb
aus. Mit der Zeit sagte ihr die Mutter, sie solle selber nachschau-
en gehen, wer da klopfe, da sie nichts hörte. Die Eltern verstanden das damals nicht und so hat es seine Zeit gedauert, bis sie
selber auf diesen medialen Weg gekommen ist. In dieser neuen
Lebensphase begann Ruth Federer, ihren Interessen zu folgen,
verschlang Bücher und besuchte mehrere Kurse und Seminare
zum Thema Heilen, sogar so viele, dass sie eines Tages, übersät-
tigt vom grossen Angebot, alles fallen liess. Doch nach einigen
Jahren fing sie wieder an, weil es sie einfach nicht losliess. Und
so habe es damals begonnen, dass sie zum Helfen und zum Heilen kam. Im Laufe der Zeit und auch aufgrund der verschiedenen Ausbildungen wurde sie aufmerksamer und bewusster und
begann einfach zu spüren, es kam wie von selbst. Sie kann nicht
sagen, wie das geschah. Vor allem betreffend der Medialität, bei

den Jenseitskontakten, da konnte ihr niemand sagen, wie man es machen soll, also musste sie auf sich selber hören. «Wenn die Zeit reif ist, dann geht alles auf. Eins nach dem anderen. Plötzlich war alles so klar. Es war, als sei etwas weggefallen. Aber bis dahin musste ich einen langen Weg gehen.»

Ruth Federer behandelt meistens bei sich zu Hause, aber wenn es erforderlich ist, geht sie auch zu ihren Klienten nach Hause. Bei Fernheilungen nimmt sie zwar den Auftrag am Telefon entgegen, heilt aber nicht direkt am Apparat. Handelt es sich um die Fernbehandlung einer Drittperson, brauche sie deren Einverständnis. Zu ihrer Kundschaft gehören Personen ab 40, eine Altersgrenze gibt es keine. «In diesem Alter geht so manchem das Türchen auf», sagt sie. Vielmals kommen die Leute wegen Rücken- und Schulterbeschwerden sowie deren Nachfolgeproblemen wie Kopfschmerzen und Migräne. Andere kommen für eine allgemeine Entspannung. Ruth Federer sieht ihre Aufgabe auch in der Sterbebegleitung und im Trösten und Betreuen der Hinterbliebenen. Viele Menschen hätten hohe Erwartungen. «Es kann ihnen nicht schnell genug gehen, aber so funktioniert das nicht.» Es brauche Geduld, da die Leute ihre Leiden oft schon sehr lange mit sich herumtragen, erläutert sie. Die Leute müssen ihr nicht sagen, welches Leiden sie haben. Beim Handauflegen spürt sie intuitiv was es ist, z.B. welches Organ im Körper ihres Gegenüber angeschlagen ist. Dann fragt sie nach, ob die Person dort schon Probleme hatte, und nötigenfalls empfiehlt sie einen Arztbesuch. Denn als Handauflegerin, die medial arbeite, sei sie dazu verpflichtet, betont sie. Oftmals liegen die Ursachen hinter den physischen Problemen aber in einem anderen Bereich, und dann seien Gespräche angebracht. «Das Gespräch ist auch Heilung. Und das andere, das Handauflegen, das ist Zugabe, damit sich der Mensch, der auf dem Massagetisch liegt, entspannen und sich voll und ganz hingeben kann. Und so mancher schläft dabei ein.»

Bei Schmerzen benutzt Ruth Federer oft Aion A[106], die von

---

[106] Für Informationen zu Aion A: www.emma-kunz-zentrum.ch/?#aiona.

134

Emma Kunz entdeckte Heilerde aus Würenlos. Ebenso verwendet sie Ohrkerzen und Bachblüten. Das alles seien für sie jedoch nur Hilfsmittel. «Ich habe die Erfahrung gemacht, dass es nicht nur am Mittel liegt, das man einnimmt, damit es einem nachher besser geht, sondern man muss selber auch etwas dazu beitragen. Und wenn das Umfeld nicht stimmt, dann nützen die Bachblüten wie auch Tabletten, Sirup oder Spritzen nichts. Das sind dann nur «Trösterli», erläutert sie.

Ruth Federer macht auch Hausreinigungen. Dazu begibt sie sich zum Klienten und besichtigt zuerst das Gebäude, sei das ein Haus, eine Wohnung oder ein Stall, und pendelt es aus. Manchmal bekommt sie mediale Eingaben, ohne den Tensor (Einhandrute) oder das Pendel zu gebrauchen. Energetische Ungereimtheiten spürt sie oft im Hals oder im Magen. Die tatsächliche Arbeit führt sie dann bei sich zu Hause aus, sobald sie die Situation vor Ort kennengelernt hat. Dabei gehe es darum, den Geistwesen zu helfen, ins Licht zu gehen, erklärt sie.

Ruth Federer ist gut vernetzt mit anderen Heilern und Medien. In der «Quelle» in Bern findet jeweils an einem Sonntag im Monat ein Heilungstag statt. Sie ist dann auch regelmässig dabei als eine von mehreren Geistheilern, die ihre Dienste unentgeltlich zur Verfügung stellen. Es kommen jedes Mal rund 140 bis 160 Leute, um eine Heilbehandlung zu empfangen. Manchmal bringen sie auch Tiere mit. Dann ist Ruth Federer sofort zur Stelle. Sie liebt es, Hunde und sonstige Kleintiere zu behandeln. Dabei habe sie schon sehr schöne Erlebnisse gehabt, erzählt sie. «Anfangs sind die Tiere misstrauisch, wenn sie auf eine unbekannte Person stossen, doch schon bald strecken sie alle viere von sich und fühlen sich sichtlich wohl. Und sobald sie genug haben, laufen sie einfach weg. Das ist immer ein Erlebnis.» Für Ruth Federer ist es eine göttliche Kraft, die da wirkt, und das Wissen um diese grosse Macht, die uns beisteht, könne helfen. Wenn das Interesse da ist, könne jeder Mensch heilen, ist Ruth Federer überzeugt. «Die Berufswelt bietet dem Menschen sehr vielfältige Arbeitsrichtungen an, somit gibt es auch viele Interessen, und in diesem Fall gibt es nicht nur „Bäcker".»

«Das bin nicht ich, die heilt. Das ist eine Kraft, die wir Heiler bekommen und weitergeben können. Wir sind ein Kanal. Man entwickelt es, aber zuerst muss das Interesse da sein. Wir machen das Bestmögliche, dass Energie in den Körper fliesst. Aber es sind dem auch Grenzen gesetzt. Wenn der Heiler mit der Gottkraft, die er erhält, nichts erreicht, liegt es am Menschen selber. Es geht um Bewusstseinsveränderung, und vielmals können es die Menschen gar nicht begreifen, weil sie dafür noch nicht reif genug sind. Und dann werden die Heiler verschrien: «Es hat sich nicht gebessert. Der kann nichts usw.»

Weil viele Menschen Angst vor dem Sterben haben, hat es sich Ruth Federer zur Aufgabe gemacht, das Thema Heilen und Medialität unter die Leute zu bringen. Diesbezüglich organisiert sie Demonstrationen und lädt dazu Medien ein, die ihre Arbeit vorstellen. «Diese stellen einen Kontakt zur geistigen Welt her, und es entsteht immer eine Verbindung für jemanden, der sich im Raum befindet. Die meisten Menschen können es nicht verstehen, dass ein Kontakt mit Verstorbenen möglich ist, und verschreien es als Humbug, weil sie nicht wissen!»

Liselotte LÜTHI, Geistheilung, Reiki, Massage. Thun (BE)

«Manchmal kommen die Leute mit einer grossen Erwartungshaltung und wollen eine Heilungsgarantie. Das kann ich nicht, so etwas kann kein Mensch. Ich kann nur versprechen, mein Bestes zu geben, aber bestimmt keinen Garantieschein ausstellen.»

Liselotte Lüthi wuchs auf einem Bauernhof im Emmental auf. Damals, vor fünfzig, sechzig Jahren gab es weit und breit keinen Arzt, und so half sich die Familie immer irgendwie selbst. Ihr Vater war sehr bewandert mit Kräutern, aber sie selber sei keine Kräuterfrau, sagt sie. In jener Zeit war das Handauflegen ein grosses Tabuthema, suspekt und unheimlich.

136

Trotzdem gab es im Emmental viele Heiler, die auch sehr verehrt wurden. Liselotte Lüthi war schon immer fasziniert vom
Handauflegen, insbesondere wie Jesus heilte.

Ihr erstes grosses «Aha-Erlebnis», wie sie es nennt, hatte
sie mit ihrer jüngeren Tochter, die mit massiven cerebralen
Bewegungsstörungen auf die Welt kam. Man wusste damals
nicht, ob sie jemals werde sitzen oder laufen können und wie
ihre geistige Verfassung sein werde. Liselotte Lüthi machte
nach Anleitung regelmässig Physiotherapie mit ihr. «Mit fünf
Monaten konnte sie den Kopf nicht selber halten, und mit elf
Monaten ist sie herumgerannt. Heute ist sie eine kerngesunde
Frau.» Liselotte Lüthi erinnert sich: «Der Arzt von der IV, der
sie nach zwei Jahren untersuchte, hat den Kopf geschüttelt und
gesagt, er wisse nicht, was mit dem Kind passiert sei. Wenn er
den Bericht der Uniklinik anschaue, dann könne er nicht glauben, dass es sich um dasselbe Kind handle. Da ist ein Wunder geschehen.» Für Liselotte Lüthi war es damals aber kein
bewusstes Heilen gewesen, dennoch hat dort ihr Weg seinen
Anfang genommen. Eine Lebenskrise, in der ihr Leben völlig
aus den Fugen geraten war, hat sie dann endgültig zum Heilen
geführt. Ihr Mann hatte eine chronische Krankheit, und in der
Behandlung mit ihm hatte sie weitere «Aha-Erlebnisse». Aber
es blieb vorerst innerhalb der Familie. Dann brachte jedoch ihr
Mann seine Kollegen zu ihr, und so weitete sich der Kreis. Die
Leute kamen bei Migräne, psychischen Problemen, für alles
Mögliche. Die ganze Palette unseres menschlichen Daseins hat
sich vor ihr ausgebreitet.

Liselotte Lüthi ist diplomierte Masseurin, Reikimeisterin,
legt Hände auf und gibt Kurse zur Medialität. Sie hat bei verschiedenen Heilern reingeschaut, so auch bei den Heilern Clif
Sanderson[107] und Viktor Philippi[108]. Aber ihr Weg sei ihr Weg, betont sie. «Wenn ich irgendeinen meiner Lehrer kopieren wollte,

---

[107] Für Informationen zu Clif Sanderson: www.deep-field-relaxation.com/in-
dex.php

[108] Für Informationen zu Viktor Philippi: www.viktorphilippi.de/html/main.
html

dann bin ich auf allen Ebenen schlecht. Es gibt in dem Sinn
keine Methode als solche. Ich verbinde mich mit der Quelle,
und mit der Quelle tut es einfach, da werde ich intuitiv geführt, auch wenn ich im Moment noch nicht genau weiss warum. Aber das Gegenüber bestätigt es dann.» Ein besonderes
Erlebnis, woran sich Liselotte Lüthi erinnert: «Eine Nachbarin
hatte sich an einem Kaktus gestochen. Die Wunde eiterte und
es gab eine Blutvergiftung. Im Spital wurde darüber diskutiert,
den Daumen eventuell zu amputieren. Dann war sie bei einem
Heiler in Brienz. Das Thema Amputation war danach vom
Tisch, doch der Daumen blieb steif und schmerzte schrecklich.
Am nächsten Tag traf ich sie an einer Ausstellung und nahm
ihre Hand in die meinen, ohne einen Gedanken ans Heilen zu
haben. Tags darauf waren die Verfärbung und die Geschwulst
weg und der Daumen war wieder beweglich. Ich würde sagen:
Es hat einfach geheilt. Das sind so Sachen, die man in Dankbarkeit annehmen sollte und nicht hinterfragen, warum es so
ist. Es ist auch immer die Haltung drin: „Dein Wille geschehe." Es ist unbedingt eine göttliche Kraft. Nicht ich als Liselotte Lüthi bin die Heilerin, sondern ich öffne meine Hände und
die Energie fliesst; ich bedanke mich immer für das, was geschehen durfte.» Sie sagt, wenn man mit der göttlichen Energie
arbeite, werde man nicht müde. Natürlich sei der Körper am
Abend müde, wenn er den ganzen Tag stehen musste. «Einerseits sind da die Erlebnisse, man sieht einen Menschen, der be-
laden mit Schmerzen kommt und der ohne wieder hinausgeht.
Schon das alleine hebt die Energie. Man kann ja nicht den
ganzen Tag mit dieser Energie arbeiten und mit einem selber
geschieht nichts. Es energetisiert den Ausführenden auch.» Liselotte Lüthi reserviert eineinhalb Stunden pro Person für das
Vorgespräch und damit die Leute danach noch etwas liegen
bleiben können. «Denn wenn sich die Blockaden und Span-
nungen zu lösen beginnen, fliessen oft die Tränen oder der
Körper reagiert. Im Grunde spielt es mir keine Rolle, was ein
Mensch hat. Also nicht im Sinn, dass es mir gleichgültig ist
oder mich nicht berührt. Und natürlich wollen die Leute es

erzählen, um es loszuwerden, und das ist völlig in Ordnung. Aber ich verbinde mich nie mit der Krankheit oder dem Problem, das der Mensch hat, sondern ich gehe mit dem auf eine andere Ebene, eine höhere Schwingung, dann geschieht auch Heilung. In dieser göttlichen Schwingung gibt es keine Krankheit.» Eine Krankheit entstehe immer von aussen nach innen, erklärt Liselotte Lüthi. Zuerst durch belastende Angelegenheiten, mit denen der Mensch nicht fertig werde. «Wo die Seele eigentlich schon lange sagt: Hallo he! Und wir verstehen es nicht, und dann werden wir krank. Darum ist es mir ziemlich egal, ob es ein Krebs ist oder ein wunder und schmerzender Zeh.» Liselotte Lüthi zitiert den berühmten englischen Heiler Tom Johanson[109], der sagte: «Zuerst heile den Geist.» Sie denkt genauso.

Sicher sei es unterstützend, wenn der Patient sich darauf einlassen kann und der Behandlung nicht ablehnend gegenübersteht. Liselotte Lüthi würde nie etwas gegen den Willen einer Person machen, z.B. wenn jemand für einen Familienangehörigen eine Fernheilung möchte. Das lehnt sie kategorisch ab. Anders sei das bei einem schweren Unfall und einer bewusstlosen Person. Aber dann könne man die Seele fragen, ob es erlaubt sei, Heilung zu schicken. Ebenso bei einem Kleinkind. Aber wenn der Mensch ansprechbar sei, soll er selber sagen, ob er es will oder nicht. Niemand hätte es gerne, wenn jemand etwas macht, wovon man nichts wisse, sagt sie.

Man müsse sich bewusst sein, dass es schwarzmagische Praktiken gäbe, sagt Liselotte Lüthi. «Aber wenn ich mich mit der Urquelle verbinde, mit der göttlichen Energie, kann ich dem anderen nie schaden, denn oberstes Ziel ist, dem anderen zu helfen. Gerade was Fernheilungen anbetrifft oder wenn ich die Haltung habe, ich weiss, was gut ist für den anderen. Das kann ich niemals wissen, das ist ein Egotrip. Aber wenn ich die Haltung habe, dein Wille geschehe, dann übergebe ich es an die Energie, was jetzt gerade geschehen darf für den betreffenden

---

[109] Für Informationen zu Tom Johanson: www.tomjohanson.com

Menschen.» Fernheilung direkt über das Telefon macht Liselotte Lüthi nicht. Zwar wirke das Gespräch oft schon heilend, aber sie zieht es vor, eine bestimmte Uhrzeit für die Heilung festzulegen. Für viele Leute sei es gut, sich dann Zeit zu nehmen, um in sich hineinzuspüren und wahrzunehmen, was passiert. Vielfach spüren die Leute eine Wärme oder werden ganz ruhig oder haben Lichterlebnisse, erzählt sie. Oft kämen die Leute erst, wenn sie austherapiert sind. Wenn sie von allen Seiten der Schulmedizin erfahren haben, da sei nichts zu machen, es sei unheilbar. Dann erst gehen sie zu einem Heiler, weil das die letzte Hoffnung ist nach dem Motto: «Nützts nüt, so schads nüt.» Vielfach sei die Angelegenheit mit einer Behandlung erledigt. Schwere Krankheiten wie z.B. Multiple Sklerose brauchen mehr Zeit, denn sie verschwinden selten nach einem Termin. «Wunder können auch geschehen. Aber ich kann nicht sagen, was da genau passiert ist. Wenn ich das wiederholen möchte, würde es vielleicht nicht gehen.» Liselotte Lüthi will die Chance von drei Behandlungen. Danach entscheidet der Patient selber, ob er abbrechen oder weitermachen will. Vor allem Krebspatienten im Endstadium hätten eine grosse Erwartungshaltung, wieder gesund zu werden. Liselotte Lüthi hat schon beides erlebt, dass Menschen gesund wurden und solche, die starben. Mit den Jahren ist sie zur Einsicht gekommen, dass die Heilung manchmal auch im Sterben liege. «Wenn die Lebensuhr eines Menschen abgelaufen ist, dann ist sie abgelaufen, und dann kann keine Macht der Welt den Menschen hier behalten. Das müsse man akzeptieren lernen, sagt sie aus eigener Erfahrung. Immer wieder hat sie erlebt, wie Sterbende «ganz friedlich und ruhig hinübergegangen seien, manchmal sogar mit einem Lächeln auf dem Mund.»

Liselotte Lüthi kann sich selber heilen. Sie wurde mit einer chronischen und von der Schulmedizin als unheilbar deklarierten Hautkrankheit geboren, die sich in schuppender Haut äusserte. Als Kind war das sehr demütigend, erzählt sie. Heute sieht man nichts mehr davon. Sie ist überzeugt, dass jeder Mensch heilen könnte. Es sei so etwas wie ein Geburtsrecht von uns, da jeder mit dieser Fähigkeit auf die Welt gekommen sei. Eine ihrer Enkelinnen habe die Gabe, ist sich Liselotte Lüthi sicher und beschreibt die winzigen Heilerhändchen, die beim Auflegen ganz heiss werden. Ihre beiden Töchter haben die Gabe der heilenden Hände ebenfalls, und die jüngere ist jetzt dabei, diesen Weg zu gehen, und hat sich in der gemeinsamen Praxis eingemietet.

Ein Projekt, das ihr sehr am Herzen liegt und das sie in nächster Zukunft in Zusammenarbeit mit Frauenärzten realisieren möchte, ist die Begleitung von Frauen bei der Geburt. Es sei eine andere Art von Geburtshilfe, bei der den gebärenden Frauen Energie geschickt wird für eine leichte und schnelle Geburt. Damit die Frauen schöne Geburten erleben und die Kinder entspannter zur Welt kommen können. In diesem Bereich gäbe es so viel Gutes, das man für die Frauen tun könnte, meint Liselotte Lüthi.

Ursula LÜTHI, spirituelle Heilerin, spirituelle Lehrerin, Energietherapeutin, EFT-Coach. Seftigen (BE)

«Alles ist Energie. Und wir sind verdichtete Energie. Und alles, was wir denken und machen, hat energetische Folgen. Ich sehe das manchmal in Bildern.»

Ihr Urgrossvater war ein «Wasserschmöcker» und Laienprediger in Längenbühl (BE). Er wurde damals jedoch geplagt, da er seiner Zeit voraus gewesen sei, sagt Ursula Lüthi. Von ihrer Familie habe ihr aber niemand die Gabe weitergereicht. Als Schlüsselerlebnis bezeichnet Ursula Lüthi den Tod einer krebskranken Nachbarin, von der sie sich nicht mehr verabschieden konnte. Eines Nachts klopfte es, und dann stand die Nachbarin einfach da. Beim ersten Mal bekam Ursula Lüthi Angst. Doch aus diesen Erlebnissen heraus entwickelte sich eine Neugier und sie begann sich zu fragen: «Was ist denn das? Was passiert da? Was mache ich, wenn sie nicht mehr weggeht?» Daraufhin machte Ursula eine mediale Ausbildung, um zu verstehen, was sie da jeweils spürt. Nach dieser Ausbildung blieben viele Fragen offen, die der Lehrer nicht beantworten konnte oder wollte, und so hat Ursula Lüthis Reise ihren Lauf genommen. Nach der medialen Ausbildung folgten diverse Ausbildungen wie spirituelles Heilen, geistige Wirbelsäulen-Aufrichtung, Heilmassage, Energenetics. Diese Ausbildungen seien hilfreich gewesen, damit man lernt, worauf zu achten ist und wie mit der Gabe umzugehen ist, sagt Ursula. Aber schliesslich gehe es darum, dass jeder seine eigene Gabe einsetze. «Mein Wunsch wäre es, den Menschen selber zu ermächtigen um herauszufinden, was ihn blockiert und wie er es selber wieder zum Fliessen bringen kann.» Sie will keine Abhängigkeiten kreieren. Die Leute sollen in die Selbstständigkeit gehen.

Ursula Lüthi sah und fühlte schon als Kind Dinge, die sie ihrem Umfeld nicht mitteilen konnte. Sie hatte auch manchmal das Gefühl, dass das, was die Erwachsenen sagten, nicht stimme. Als sie einmal ihrer Mutter einen Engel zeigen wollte, antwortete diese: «Nei, das gits nid.» Danach sagte Ursula lange nichts mehr, und in der Pubertät war dieses Gefühl nicht mehr so präsent. Während der ganzen Kindheit sei dieses Gefühl zugleich ein Geschenk, aber auch sehr schwierig gewesen, sagt sie. Ursula wurde Arztgehilfin, heiratete, bekam ihre Kinder und war Hausfrau. Daneben arbeitete sie in einem Pflegeheim, später in der Notfallstation Thun. Heute ist sie 50% im Büro eines Elektrogeschäftes tätig. Die restlichen 50% arbeitet sie in ihrer eigenen Praxis. Vor der Behandlung sitzt Ursula hin, stimmt sich ein und macht sich leer. Dabei spüre sie schon, worum es geht. Mit ihrem inneren Auge stelle sie sich das vor, sie scanne es sozusagen ab. Zu Beginn der Behandlung bittet Ursula immer um Mithilfe und um Führung. Dies tut sie meistens laut, damit die Leute es hören. «Ich bitte Gottvater, Gottmutter und den grossen Geist um Führung, damit die Leute wissen, womit ich arbeite. Das ist ganz wichtig, sonst kann es bei ihnen schon wieder zugehen.» Diese Anrufungen kämen von innen heraus und seien jedes Mal anders, erklärt sie. «Natürlich bin ich es, die das macht, aber es geht durch mich. Ohne Unterstützung der göttlichen Energie wären wir nichts, habe ich das Gefühl.» Man sollte aber auch nicht abhängig davon werden, meint sie. Es gäbe viele Leute, die sagen: «Gott hilft» und dann warten sie. «Aber wir müssen in Aktion treten.» Ursula Lüthi versteht sich als Kanal für die absolut höchste Heilenergie im Universum. Sie nennt es auch die Quelle, da viele Leute Verletzungen oder Traumata in Bezug zur Religion hätten und es diesbezüglich andere Begriffe brauche, erklärt sie. «Für mich ist es die Christusenergie, die ich lebe. Das ist für mich Liebe, Freiheit und Weisheit.»

Der Glaube bzw. die Religionszugehörigkeit ihrer Klienten spielt für Ursula jedoch absolut keine Rolle. Dagegen spielt Vertrauen eine grosse Rolle. Innerhalb ihrer mehrjährigen Heiltätigkeit musste Ursula viel an sich selber arbeiten. Sie habe nie wirklich ein Problem gehabt, aber wenn man mit anderen Menschen arbeitet, brauche es Mitgefühl und Akzeptanz sowie Vertrauen, sonst könne man sich gar nicht öffnen, meint sie. «Alle oder viele Leute haben doch gerne kleine Kinder. Warum? Weil sie so offen sind, weil sie Gottvertrauen haben und einfach da sind. So sollten wir auch sein. Dann gehen Türen auf.» Ihre Behandlungen sind sehr unterschiedlich. Der Klient entscheidet selber, auf welche Art er behandelt werden möchte. Manche melden sich für eine Heilmassage an. «Wenn ich beim Massieren etwas spüre, frage ich manchmal: „Spürst du das? Atme schön rein." Und dann bekomme ich plötzlich ein Bild. Es ist egal, welche Methode man anwendet, aber ich unterstütze das Ganze natürlich mit meinen Händen. In gewissen Regionen fühlt es sich an wie Nadeln oder als würde es vibrieren. Das kann ganz unterschiedlich sein.» Gewisse Erlebnisse können zu Blockierungen führen, und das spüren die Leute an verschiedenen Orten ihres Körpers. Das Ganze wieder zum Fliessen zu bringen, d.h. die Erlebnisse eventuell wieder hervorholen, um sie zu verarbeiten und loszulassen, darin sieht sie ihre Aufgabe. Sie geniesse es sehr, dass sie ihrer Intuition vertrauen könne, dass sie einfach spüre, ob es stimmt oder

143

nicht. Es könne vorkommen, dass sie eine bestimmte Unruhe irgendwo im Körper ihres Klienten spüre und sie ihm dann zu einem Arztbesuch rät. «Manchmal muss eine Operation sein. Der Mensch soll entscheiden, was er möchte, was das Beste für ihn ist. Wenn er sich für eine Chemotherapie entscheidet, dann glaubt er, dass das für ihn das Beste ist. Aber es schliesst nicht aus, dass man das unterstützen und dadurch viele Ängste auffangen kann. Vor allem bei krebskranken Menschen habe ich bemerkt, dass diese psychologisch alleine gelassen werden. Vielleicht hätten sie die Möglichkeit, etwas in Anspruch zu nehmen, und sie tun es nicht, das weiss ich nicht. Aber sie machen es einfach nicht, und da sind sehr viele Ängste vorhanden.»

Mehr als zwei Klienten in einem halben Tag nimmt Ursula nicht. Sie kann und will ihre Arbeit nicht am Fliessband machen, denn sie erfordere Achtsamkeit und Konzentration. Man hat ja auch eine Verantwortung, was dabei ausgelöst wird, wie der Mensch wieder rausgeht. Zudem sei es auch ein gewisser Selbstschutz, denn es gibt Leute, die bringe man fast nicht mehr aus der Praxis, sagt Ursula. Die Leute sollen sich auch bewusst werden, dass ihre Kraft nicht einfach unerschöpflich erhältlich ist. Und für die Pflege des persönlichen Dramas sei sie nicht zu haben. Abgrenzung war für Ursula in den letzten Jahren ein zentrales Thema, an dem sie arbeiten musste. Ursula Lüthi sieht den Menschen wie einen Baum. Er hat Wurzeln, die in die Erde reichen, er hat einen Stamm und eine Krone, die in die Höhe ragen. «Betrachte ich die Menschen, ergibt sich von jedem ein anderes Bild. Die einen haben fast keine Wurzeln, andere haben eine kleine Krone, oder eine einseitige. Die Kraft der Natur und das, was von oben kommt, muss fliessen können, aber durch gewisse Erlebnisse und Verletzungen kann eine Art einschnürende Manschette, eine Enge, entstehen, sodass die Lebensenergie nicht mehr richtig fliessen kann. Diese Blockaden können vielschichtig sein. Meine Gabe ist eben, dass ich das spüre und zum Teil auch sehe.» Ursula Lüthi ist hellsichtig, hellhörig und hellfühlend, vielmals in Kombination.

Hin und wieder erlebt Ursula, dass Wesen, die gestorben sind und Hilfe suchen, ihr feinstofflich erscheinen. Entweder tauchen sie einfach vor ihr auf oder Ursula spürt plötzlich, dass sie jemandem helfen soll. Dann tritt sie in Verbindung mit diesem Wesen, erklärt, was mit ihm passiert, dass Helfer da seien und es aufgehoben sei. Es kann vorkommen, dass sie einen Engel sieht, der sich dem Wesen annimmt. Da geschehen oft wunderbare Dinge, sagt sie. Sie suche solche Kontakte nicht, sie passieren einfach, aber das mache ihr gar nichts aus, sie leide nicht darunter, sagt Ursula.

Für Ursula Lüthi ist der Kontakt zu anderen Heilern wichtig. Sie trifft sich regelmässig mit einer Gruppe von Gleichgesinnten. Da sie ihre Erlebnisse nicht mit der Familie teilen kann, ist der Austausch mit anderen Heilern umso wichtiger, vor allem bei schwierigen Themen. «Solche Sachen muss man ja gehen lassen und nicht für sich behalten, dazu sind anonyme Supervisionen sehr hilfreich.» Ursula meint, dass wir alle diese Begabung hätten, die einen etwas mehr, die anderen etwas weniger. Im Sinne von: «Klavierspielen kann jeder, aber ein grosser Pianist wird nicht jeder.» Es käme aber ganz stark darauf an, worauf man den Fokus richte. Diesen Fokus habe sie nie verloren, und das sei das Wichtigste in ihrem Leben, sagt Ursula. Natürlich waren es früher die Kinder, aber es könnte sie nichts von ihrem Weg abhalten. Das heisst aber nicht, dass sie immer Leute therapieren müsse, das könne auch im Alltag sein, bei einem Gespräch, mit einem Lächeln, egal wo.

Johanna MÜLLER, Geistheilerin, Lebensberaterin, Ayurvedatherapeutin. Gunten (BE)

«Die meisten Menschen lieben sich nicht. Ich helfe ihnen, ihre Selbstliebe aufzubauen. Es geht um die eigene Wertschätzung.»

Als Tochter eines «Wasserschmöckers» und Tierheilers konnte Johanna Müller ihren Vater bereits als kleines Mädchen zu den Leuten begleiten. Als Rutengänger hielt er sie an der linken Hand, sodass sie schon früh die Vibrationen erlebte, wenn die Rute ausschlug. Doch als Kind überlege man nicht, es sei einfach etwas Natürliches, Selbstverständliches, sagt sie. Dasselbe sehe sie heute bei ihrer Enkeltochter. Zu ihrer Zeit wurde dieses jedoch «verschüttet». Sie sei oft einsam gewesen, vielleicht weil sie nicht dieselben Empfindungen und Selbstverständlichkeiten hatte wie andere Kinder. Es sei schwierig, dies in Worte zu fassen. Johanna Müller ist im Welschland aufgewachsen. Ihre Eltern führten dort einen Bauernbetrieb. Fast sechzig Jahre lebte sie in der Romandie, heiratete, bekam Kinder und war dreissig Jahre lang als Geschäftsfrau tätig. Als Folge ihrer Sensibilität ging ihre Ehe auseinander. Sie wagte mit achtundfünfzig Jahren einen Neuanfang. Es sei ihre Chance gewesen, denn dadurch habe sie das Gefühl des Vertrauens kennengelernt: «Es wird mir gegeben, was ich brauche, und nicht mehr.» Als es ihr innerhalb dieses Prozesses einmal nicht gut ging, wusste sie, dass sie mit Menschen arbeiten musste, denen es noch viel weniger gut ging als ihr selbst. Unter der Schirmherrschaft von Elisabeth Kübler-Ross hat Johanna Müller dann Erfahrungen in der Sterbebegleitung bei der Aidshilfe Biel-Bern machen dürfen. Johanna Müller bat die geistige Welt, ihr ein Zeichen für ihren kommenden Weg aufzuzeigen. In dieser Zeit wurde sie über Nacht aurasichtig. Langsam begann sie um Menschen herum Farben und Formen zu sehen, jedoch auch das Negative in den Menschen. Da sie mit niemanden darüber sprechen konnte, wurde dieser Zustand fast unerträglich. Sie wäre sehr wahrscheinlich in der Klinik gelandet, wenn nicht ein Psychiater, der sie schon von klein auf kannte, verstanden hätte, was mit ihr passierte. Dieser riet ihr, eine mediale Ausbildung zu machen, damit sie lernen könne, mit dieser Gabe umzugehen.

Ihre Heilerkarriere begann, als sie als Nachtwache bei einem alten Menschen arbeitete. Sie merkte bald, dass durch ihr

146

liebevolles Handauflegen unerträgliche Schmerzen aufgelöst werden konnten. Dies führte dazu, dass sich Johanna Müller als Geistheilerin und Lebensberaterin ausbilden liess. Heute leitet sie Übungsgruppen für Geistheiler, gibt Vorträge und Seminare und bietet in der ganzen Schweiz Ausbildungen an. Zu ihr kommen Menschen in Lebensübergangs-Situationen, Menschen, die ihre Arbeit verloren haben, Menschen mit Beziehungsproblemen, Menschen mit Angstneurosen, Eheleute im Scheidungsprozess, Kinder und Eltern mit «Schulproblemen» oder im Ablösungsprozess, aber auch Menschen, die «austherapiert» sind. Zuerst gibt es eine Anamnese, ein Gespräch bei dem Johanna Müller spürt, worum es geht. Sie interpretiert das Geburtsdatum, da sie aus den Zahlen Energien wahrnehmen könne, positive wie negative. Diese Informationen geben zusammen mit dem Auralesen ein Bild des Menschen, den sie vor sich hat. Da sie medial arbeitet, sind die Behandlungen nie gleich. Sie habe kein Schema und «lasse entstehen». «Es ist, als würde ich geführt und geleitet», sagt sie. Es sei ihr wichtig, einen Menschen wahrzunehmen und dort abzuholen, wo er ist, ohne Kritik, ohne Bewertung, nur mit Liebe. Sie hat einen unerschütterlichen Glauben daran, dass es die Liebe ist, die heilt. Sie will keine «Lochkartenkunden». Die Menschen, die zu ihr kommen, können zwei bis drei Mal kommen, und sie zeigt ihnen auf, wie sie sich selber helfen können. «Wenn ihr euch nicht gern habt und das Selbstvertrauen nicht pflegt, seid ihr blockiert und habt kein Gottvertrauen. Und dort liegt die Kraft. Es geht darum, diese Blockierungen zu erkennen und dem Ganzen auch Zeit zu geben, wieder zu wachsen. Ich würde fast sagen, ich bin ein Seelendoktor. Die Seele ist doch das, was alles aus früheren Inkarnationen mitbringt, Erfahrungen und unseren Charakter. Wenn jemand krank ist, setze ich dort an.» Heilend wirke vor allem das Zuhören, dass einem Menschen in seinem Leid Raum gegeben wird und dass er Zuwendung erfahren könne, erklärt sie. Durch diese Öffnung könne die Liebe wieder fliessen und heilen. «Betreffend dem Wort „Geistheilen" möchte ich noch Folgendes sagen: Man kann den Geist nicht heilen, der Geist ist Gott, All-Energie, All-Wissen, Heilung geschieht durch den Geist.

Ich arbeite so, dass Gottes Geist durch mich wirkt und heilt, wenn es Sein Wille ist.»

Johanna Müller leitet immer wieder Seminare zum Thema «Sterben». «Es ist ein Muss für die Menschen, sich mit dem Sterben auseinanderzusetzen, vor allem mit dem eigenen Sterben. Es ist auch eine Voraussetzung, um gute Sterbehilfe leisten zu können. Es gehen da viele Fenster auf und Vertrauen kann wachsen und das Sterben kann schön werden, schöner als die Geburt. Sterben ist ja geboren werden in eine „andere Dimension" wo es bestimmt schöner ist; wobei wir das natürlich auch selber steuern können. Dort haben wir sehr viel Einfluss.» Wenn dies nötig ist, bietet Johanna Müller auch Rückführungen an. Manchmal fallen Menschen von selber in frühere Leben zurück und meistens geht es dort darum, verzeihen zu können. «Wenn man mit schlechten Energien oder mit Schuldgefühlen in eine neue Dimension übergeht, nimmt man diese mit, die wiederum Probleme im neuen Leben auslösen. Im Verzeihen können all diese Energien neutralisiert und aufgelöst werden und wir werden wieder frei, durchlässig und heil.»

Jakob S. SCHÄREN, Heiler. Heiligenschwendi (BE)

«Die Gabe des Heilens bleibt eine Gabe. Der Intellekt, der sich ein Wissen aneignet, ist etwas anderes. Mein Urgrossvater war Arzt, ich habe davon ja nichts. Ich denke nicht, dass das vererbbar ist.»

«S'heile isch wie s'schnuufe. Irgendeinisch feisch afa schnuufe, wänn du uf d'Wält chunsch. Und irgendeinisch nimsch das a, wo mer de Idruck het, es sigi gegäh.»

Ein englisches Medium sagte zu Jakob Schären an einem Vortrag in Zürich, er sei dazu geboren, Heiler zu sein. Das habe er lange nicht geglaubt, sagt Jakob Schären. Er habe nie das Gefühl gehabt, dass jener recht hatte. Aber Jahre später, als er in Antwerpen arbeitete, wurde sein Vater als Erster auf dem Land ihres kleinen Bauernbetriebes von einer Zecke gebissen, die mit einem Virus infiziert war. So wurde bald darauf aus einem mächtig schweren Mann ein Skelett, und der Chefarzt hat die Familie bestellt, weil der Vater die Nacht nicht überleben werde. Es war in dieser schmerzvollen Zeit, durch das Leiden des Vaters, dass Jakob Schären zum Heilen kam. «Der Vater war schon im Totenzimmer. Nebenan war soeben jemand gestorben. Der Tod war nie mein Freund gewesen und irgendwie entstand daraus bei mir der Eindruck, vielleicht gibt mir Gott die Gnade, damit ich dort etwas machen kann. So kam es auch. Mein Vater starb nicht und, obwohl er damals komplett gelähmt war, fuhr er zwei Jahre später wieder Velo und ging sogar wieder auf die Jagd. Das ist so ein Erlebnis, aber damals hatte ich noch nicht das Gefühl, dass ich das als Aufgabe leben will.»

Jakob Schären war lange Zeit als Unternehmer und Geschäftsführer im Gesundheits- und Fitnessbereich tätig und arbeitete in verschiedenen Ländern Europas. Als er ein Angebot bekam, in dieser Branche schweizweit ein Unternehmen aufzubauen und zu führen, entschloss er sich, einen anderen Weg einzuschlagen. Er wollte selbstständig werden, Heiler werden. Und so begann er vor 33 Jahren zu heilen. Es kamen immer mehr Leute, es kamen sogar sehr viele Leute, vor allem solche mit schweren Leiden. «Die meisten Leute, die solch einen Aussenseiter aufsuchen, haben in der Regel die ganze ärztliche Kunst durchlaufen. Sie waren dort vielleicht ungeduldig oder wurden nicht fündig. Dann suchen sie etwas anderes. Vielleicht ist es auch nur ein Modetrend. In Amerika hat heute jeder seinen Berater, seinen Coach, und hier sucht man vielleicht eher etwas Mystisches, etwas das anders ist. Früher hat das die Kirche gemacht. Sie hatte ihre Eingeweihten, die in der Kirche heilten, Hand auflegten oder beteten. Das Gebet ist auch die wahrste Kraft zum Heilen.»

1985 wurde Jakob Schären Eigentümer des Kurhauses Haltenegg, 2003 kam das Hotelzentrum Griesalp im Kiental dazu. Das Kurhaus Haltenegg in Heiligenschwendi ist jener Ort, wo Jakob Schären seit Jahren seine Klienten empfängt, unterdessen auch im Kurhaus Hohtürli, das dem Zentrum Griesalp angegliedert ist.

Die Behandlung sei eigentlich immer gleich, sagt er. «Die Leute liegen dort und ich sitze hier und ich sage: „Gott lass uns heilen." Und dann nach ein, zwei Minuten frage ich: „Was geschieht im Körper, was haben Sie für eine Wahrnehmung?" Von Mensch zu Mensch ist das sehr unterschiedlich, je nach Leidensbild, mit dem er kommt. Eine Person mit Dauerschmerzen im Knie sagte zum Beispiel: „Es wird jetzt ganz heiss im Bauch. Warum nicht im Knie?" Weil das Leiden vom Bauch her kommt, antwortete ich. Der Austragungsort, der Kriegsschauplatz ist immer dort, wo man am schwächsten veranlagt ist.» Jakob Schären sagt seinen Klienten sie sollen die Augen schliessen. Sie sollen nach innen schauen, symbolisch gemeint. Damit sie sich Zeit nehmen für das «Heilerwerden». Viele haben enorme Schwierigkeiten damit. Sie verteidigen ihr Leiden, sagt Jakob Schären. «Der Glaube und das Festhalten am Leidensbild und am Krankmachenden ist sehr verbreitet und ein gut geschütztes Instrumentarium.» Denn Leiden sei auch «Macht». Einerseits wolle der Mensch gesund sein, andererseits binde ihn die Gewohnheit und die Versklavung in der Wiederholung daran, Leiden zu machen, sagt Jakob Schären. «Menschen sind häufig nicht bereit, sich nicht mehr zu ärgern, nicht bereit, frei zu werden von Angst.» Für Jakob Schären gibt es nur eine Krankheit und auf der anderen Seite nur eine Gesundheit. «Wir sprechen nie im Plural von den Gesundheiten. Aber interessanterweise von den Krankheiten. Es gibt die Gesundheit und die Krankheit. Und genauso wie die Gesundheit tausend Möglichkeiten anbietet, um sie zu erhalten, zu verbessern oder zu stärken, genauso gibt es tausend Möglichkeiten, um leidend zu werden und das Leidensbild zu ernähren. Das Leiden, das nicht ernährt wird, verhungert. Aber die Leiden werden häufig sehr gut genährt. Und dann kommen die Leute zum Arzt oder zum Heiler, und dann sind sie nicht bereit, ihren eigenen Dienst zu tun, um gewisse Gewohnheiten aufzugeben.»

Heilkraft lässt sich auf verschiedene Arten annehmen, sagt Jakob Schären. «Hier bittet man darum, Heilung annehmen zu können. Niemand macht die Heilung, sie ist gegeben. Wie das Salz im Meerwasser auch gegeben ist, wie das Firmament im Himmel gegeben ist, wie der Tau am Morgen den Gräsern auch gegeben ist, wie der Sauerstoff hier im Raum: Wir sehen ihn nicht, hören ihn nicht, wir riechen ihn nicht, aber er ist gegeben. Ohne ihn könnten wir nicht leben. Das ist meine Ansicht, diese Ansicht muss niemand mit mir teilen. Und so ist die Heilung auch gegeben, so wie das Leben auch gegeben ist. Wir sehen das Leben nicht. Ich sehe zwar eure Körper, die belebt sind, aber das Leben selber, das sieht man nicht. Man sieht die Aura rundherum, das ist selbstverständlich, dass man die sieht, aber das Leben selber, das ist so fein. Und dort fängt das an, was ich immer wieder sage: Du kannst nicht das Leiden heilen. Du kannst das Leben heilen. Das Leben soll „heiler“ werden, „heilig“ werden, es soll unendlich weit werden und dann bist du freier. Wenn man das Leben heilt, dann hat man eine andere Vorstellung vom „Heilerwerden“. Wenn man das Leiden heilt oder heilen will, ist das für mich eine paradoxe Anschauung.» Es sei absolut unwichtig, ob man die Heilung von einem Apotheker in einem chemischen oder von einem Drogisten in einem pflanzlichen Präparat oder von einer lieben Mutter in einem guten Tee bekommt. Es gehe darum, dem anderen etwas Gutes zu tun, und nicht, damit die Börse stimme. Denn die Kraft der Heilung sei immer immateriell, erklärt er. «So wie man das Leben nicht sieht, sieht man auch die Heilung nicht.» Wenn eine Mutter ihr Kind an sich nimmt, in ihre Schwingung, in ihre Liebe, in ihr Gebet, in ihre Hingabe, in ihre Fürbitte, dann ist sie eine grossartige Heilerin. Beten darf jedermann, beten für den anderen, dass der andere genesen möge. Das ist Heilung. Kochen kann auch jeder ein bisschen. Der eine besser, der andere weniger.

Die Distanz spiele keine Rolle. Er wäre gerne bereit, die Messbarkeit der Heilkraft zu beweisen. Heilkraft wirke immer, durchdringe jede Mauer, alles. Er macht manchmal auch Fernheilungen über das Telefon. Normalerweise will er die Leute bei sich in der Praxis haben. Vor allem das erste Mal. Wenn jemand aber sehr weit weg ist, macht er es am Telefon. Dafür hat er sein Natel, dann redet man ein paar Minuten, damit er die Stimme «aufnehmen» kann, und dann wird genau gleich, wie wenn die Person bei ihm wäre, damit begonnen, Heilung anzunehmen. Dies wirke genauso schnell, vorausgesetzt, die Person ist dafür empfänglich, präzisiert er. Es gäbe Leute, die während der Behandlung gedanklich bereits beim Kauf eines neuen Velos seien, dann sei es nicht die Schuld des Heilers, wenn es nicht klappt. Man müsse sich schon damit beschäftigen, wenigstens offen werden dafür, sagt Jakob Schären. Da sich die Praxis von Jakob Schären im Rehabilitationszentrum Haltenegg befindet, hat er regelmässig die Möglichkeit, sich mit Ärzten und Therapeuten auszutauschen. Es gäbe natürlich heute die spezialisierten Ärzte, aber auch ganz viele, die jede Methode nutzen, um das Wohlbefinden eines Patienten zu verbessern, und die sich nicht schämen, einen Kräuterwickel zu verschreiben, sagt Jakob Schären. «Auf der einen Seite wird doch Chemie nie verwehrt, andererseits könnte man doch einen heilpflanzenkundigen Schamanen oder einen Gebetskundigen mit einbeziehen, wenn man mit den chemischen Mitteln keinen Erfolg gehabt hat. Umgekehrt braucht der Schamane die Schulmedizin genauso.» Schliesslich gehe es darum, eine Genesung zu finden, einen Genesungsweg zu gehen, anstatt immer nur Krankengeschichten zu schreiben, sagt Jakob Schären. Er bewundert, was die Medizin bis zum heutigen Tag geleistet hat, aber noch viel mehr bewundert er Christus, der keine Universität besucht hat und sagte: «Steh auf und geh nach Hause, du bist gesund.» «Gott alleine heilt. Es braucht immer die Gnade, seine Gnade. Nicht die Kunst des Arztes, nicht das hingebungsvolle Gebet des Heilers. Es braucht die Gnade Gottes, der die Heilung gibt. Aber das verhält sich überall im ganzen Leben so.» «Wenn wir lieben, ist das Nektar für die Seele, das siehst du nie! Du kannst grenzenlos lieben oder beten, niemand sieht das. Die Heilung geht nur über die Liebe. Wenn du nicht liebst, kannst du nicht heilen.»

Renate URFER THOMET, Heilerin, Energietherapeutin, schamanisches Heilen. Heiligenschwendi (BE)

«Es kommt auf die Reife der Leute an, wie sie mich sehen. Manche sind fast enttäuscht, wenn sie merken, dass ich ein ganz normaler Mensch bin.»

Renate Urfer Thomet sieht sich als Begleiterin und spirituelle Beraterin. Beim Begriff «Heiler» bestehe die Gefahr, alles Mögliche hineinzuprojizieren. Sie sei sich bewusst, dass es Begriffe brauche, doch das, was sie mache, sei eigentlich jenseits der Begriffe, sagt sie. Im «Bernbiet» sei die Bezeichnung «Heiler» bzw. «Heilerin» jedoch geläufig, darum verwende sie ihn auch. Zudem gefalle ihr beim Begriff «Heiler» das Wort «Heil», das käme vom Wort «ganz/Ganzheit», erklärt sie. «Und um genau das geht es. Man schaut, wo etwas fehlt oder wo etwas zu viel ist, und versucht das ins Gleichgewicht zu bringen. Diese Fähigkeiten haben wir alle, wir müssen sie einfach entdecken. Nur ist nicht jeder ein Naturtalent. Aber jeder kann etwas lernen, um besser durchs Leben zu gehen.» Renate Urfer Thomet interessierte sich schon immer dafür, wie es den Leuten ging, nicht nur körperlich, sondern auch geistig. Von ihren Eltern erfuhr sie, dass sie schon als Kind öfters sagte: «Diesem oder jenem geht es nicht gut.» Ab einem gewissen Alter hiess es dann: «Spinn nid, lüg nid.» «Mit der Zeit glaubt man das selber und bastelt sich eine eigene Welt zusammen. Das ist mir sehr gut gelungen und ich habe das Ganze allmählich vergessen.» Renate Urfer Thomet wurde Lehrerin und war später in der Fort- und Weiterbildung tätig. Kurz nach dreissig holte sie eine ernsthafte Krankheit ein. «Ich wusste nicht, wie lange ich noch auf dieser Welt sein werde und das hat mich wieder zu mir zurückgeführt.» Von da an wendete sich das Blatt und entfachte ihr Interesse neu. Sie fing an, sich wieder für solche Sachen zu interessieren, aber auf einer rein intellektuellen Ebene, betont sie. Sie wollte wissen, wie das sogenannte «Wunderbare», das «Unerklärliche» funktioniere, aber nur als distanzierte Beobachterin von aussen. Auf keinen Fall wollte sie dazugehören. Doch dann fing es an, dass sie Bilder sah und verschiedene Figuren auftauchten. «Das gefiel mir gar nicht. Ich hatte Mühe damit und wollte das nicht», erinnert sie sich. Denn es ging an Grenzen, wo sie sich fragte, ob sie in eine Behandlung müsse. Ihr damaliger Freund riet ihr, ein Medium aufzusuchen. Obwohl sie damals noch über solche Sachen lächelte, ging sie hin. Dort geschah etwas, und das Blatt wendete sich abermals. Das Medium hat sie mit ihren Aussagen dermassen verblüfft, wodurch Renate Urfer Thomet mehr Vertrauen zu dieser Person fasste und von ihren beunruhigenden Bildern und Erfahrungen erzählte. Sie könne sich gar nicht mehr erinnern, wie es wirklich angefangen habe. Anfangs habe sie mit ihren Freunden medial gearbeitet und sei nicht nach aussen damit, bis die Leute begannen, zu ihr zu kommen, erzählt sie. Das weckte in ihr das Bedürfnis, sich weiterzubilden, und auf die Ausbildung zur Naturheilpraktikerin folgten Weiterbildungen auf dem Gebiet der Komplementärmedizin, der Geistheilung und des Schamanismus. Ihr Interesse galt auch dem Reiki, den intuitiven Therapien und der Hypnose. Mit der Zeit begann Renate Urfer Thomet jedoch, all diese Techniken und Therapiemethoden anders zu gewichten. Sie realisierte, dass sie trotz der Anwendung einer äusseren Technik immer gleich ans Werk geht.

Renate Urfer Thomet berichtet, wie sie zu Beginn ihrer Heiltätigkeit eine innere Stimme wahrnahm, die ihr klare Anweisungen gab, und wie es Überwindung kostete, diesen Vorgaben Folge zu leisten. «Anfangs waren es regelrechte Mutproben, denn es kamen spontane Eingaben, darunter auch ziemlich verrückte Sachen. Aber als dann Spontanheilungen eintraten, bekam ich Vertrauen.» Durch «Zufall» lernte sie eine Psychoanalytikerin kennen, die Schamanismus unterrichtete. Bei ihr machte Renate Urfer Thomet eine Ausbildung. Dort hat das Puzzle angefangen, sich zusammenzufügen. Sie bekam Antworten auf bis dahin ungeklärte Fragen und merkte, dass es etwas Normales sei, was sie bis anhin erlebt hatte. «Das haben Leute schon vor Hunderten von Jahren genau gleich erlebt.» Es eröffnete sich ihr eine neue Ebene. «Ich habe gemerkt, dass all diese Bilder und Wörter, die da kommen, nichts anderes sind als meine persönliche Übersetzung von einer Kraft, die jenseits von Bildern und Worten ist. Von jenem Moment an, als ich realisierte, dass es keine allgemeingültige Wahrheit, sondern meine ganz persönliche Übersetzung ist, konnte ich damit umgehen. Ich lernte, das Ganze leichter und auch spielerischer anzunehmen.» Schamanismus ist für Renate Urfer Thomet Ausdruck einer Lebenshaltung, in der es eine alltägliche Wirklichkeit gibt, in der wir uns bewegen und die wir mit den normalen Sinnen wahrnehmen. Aber diese alltägliche Wirklichkeit ist nur ein kleines Feld in einer nicht alltäglichen grösseren Wirklichkeit, wo es andere Sinne braucht, um dort etwas zu erfahren. «Die Energie kommt nicht von mir, aber ich bin ein Teil davon. Die Energie ist so oder so da, sie braucht nur eine Form, um zu wirken, und ich stelle mich dafür zur Verfügung. Diese Energie ist viel grösser als wir und hängt nicht von unseren Benennungen ab.»

Renate Urfer Thomet arbeitet am liebsten bei sich zu Hause, in einer ehemaligen Mühle. Diese liegt in einer Waldlichtung, direkt neben dem Cholerebach, der dem Haus auch den Namen gab. Einmal wöchentlich ist sie jedoch in einer Gemeinschaftspraxis in Thun anzutreffen. Es kommen viele Leute, die in einer schwierigen Lebensphase stecken, aus der sie selber nicht mehr herauskommen. Bei ihnen gehe es darum, ihre eigenen Kräfte zu mobilisieren und zu stärken, sagt sie. Es kommen auch Leute mit körperlichen Leiden, wie z.B. Rückenschmerzen, bei denen sich dann oft herausstelle, dass ein psychisches Leiden die Ursache ist. Eine andere Gruppe von Leuten, die Renate Urfer Thomet aufsuchen, seien Sterbende, die Begleitung wünschen. Während der Behandlung ist es wichtig für Renate Urfer, in einen anderen Bewusstseinszustand zu treten. «Im Core-Schamanismus[110] spricht man von „Halbtrance“, da ist man mit dem einen Fuss voll im Bewusstsein, in der alltäglichen Wirklichkeit, und mit dem anderen Fuss ist man in der anderen Hirnhälfte, in der nicht alltäglichen Wirklichkeit.» Dazu braucht sie gerne ein Rhythmusinstrumment, ist aber nicht abhängig davon. «Zuerst gibt es meistens ein Gespräch, um die Leute hierherzuholen und damit ich zuhören kann. Es ist aber ein anderes Zuhören, von dem ich hier spreche, eher ein „Mich-einstimmen“. Dabei kann auch herauskommen, dass ich nicht die geeignete Person dafür bin. Das sage ich den Leuten jeweils gleich zu Beginn, und dann ist die Sache sofort erledigt.» Nach dem Gespräch trommelt sie normalerweise. Das tut sie für sich selber, aber auch für ihre Klienten, die es als beruhigend und entspannend empfänden. Beim Trommeln stellt sich heraus, wie die Behandlung aussehen muss.

Fernheilungen macht Renate Urfer Thomet nur bei Personen, die sie kennt. In der Begleitung von Sterbenden, bei denen es sich oft um Krebskranke handelt, käme das selten vor, weil dort die persönliche Anwesenheit sehr wichtig sei. Einerseits sei es das Liebste, was sie mache, andererseits das Schwerste und Anstrengendste. «Wenn sie gegangen sind, habe ich das Gefühl, als hätte ich mehr bekommen als sie, etwas Elementares, etwas ohne Grenzen.» Häufig meldeten sich diese Menschen bei ihr in der Hoffnung, dass ein Wunder geschehe, sagt sie. «Aber die Betreffenden kamen erst dann, als die Zeit für ein Wunder eigentlich schon vorbei war, und realisierten dann, dass sie wegen etwas ganz anderem kamen. Nämlich, um sich mit dem Sterben und den eigenen Ängsten auseinanderzusetzen und zu versöhnen.» Renate Urfer

---

[110] Core-Schamanismus ist die Bezeichnung für eine Form von Schamanismus, der die Essenz, den Kern vieler schamanischen Techniken beinhaltet (www.schaman.at/index.php?menuid=15).

Thomet empfindet es leichter, wenn ihr ein gewisses Mass an Vertrauen entgegengebracht wird. Wenn jemand von seiner Frau geschickt werde und gar nicht richtig will, dann fängt sie gar nicht erst an. Für Renate Urfer Thomet fängt Krankheit im feinstofflichen Bereich an, und wenn diese darüber hinaus bis ins Materielle wuchere, dann müsse sie oft auch auf der materiellen Ebene angepackt werden. Dafür sei die Schulmedizin da, denn diese beschäftige sich mit Materie. Sie selber sei schon öfters froh um die Schulmedizin gewesen, sagt sie. Renate Urfer Thomet hat eine Vision. Sie wünscht sich, dass Heiler, Ärzte und Spitäler ohne Konkurrenz zusammenarbeiteten. Sie ist davon überzeugt, dass es eines Tages so weit kommen wird. Zu ihrer Vision gehört ein Operationsraum, dem ein Vorraum angegliedert ist – ein Raum der Stille –, wo Heiler und Heilerinnen nicht nur die Patienten, sondern auch die Ärzte begleiten könnten. In Deutschland hat die Geistheilerin Ursa Paul[111] ein solches Projekt initiiert. Die Ärzte seien ruhiger und die Atmosphäre im Operationssaal sei besser, sagt Renate Urfer.

Müde wird Renate Urfer Thomet nur, wenn sie etwas falsch macht bei der Arbeit. Häufig gibt ihr die Behandlung auch sehr viel Energie. Das hängt davon ab, wie klar und bewusst sie ihre verschiedenen Zustände trennen kann. Rückmeldungen erhält Renate Urfer Thomet meistens gleich nach der Behandlung, weil dabei starke Erlebnisse stattfinden. Von Klienten, die zum ersten Mal kämen, verlangt sie nach drei Wochen eine Rückmeldung. Ausser für Muskelverspannungen und Ähnliches müssen die Leute mehrmals kommen, da es sich oft um längere Prozesse handle, je nach Art des Leidens. Aber sie merke schnell, wenn sie der Person nicht helfen könne. Dagegen habe sie Mühe, sich selber zu heilen. Es sei eine hohe Schule, wenn man für sich selber den Heiler leben könne, sagt Renate Urfer Thomet.

---

[111] Für Informationen zu Ursa Paul: www.heilhaus.org

Beatrice ANDEREGG, Heilerin. Basel

«Mitgefühl und Menschenliebe, das ist alles, was es braucht. Und Zuwendung kann jeder schenken.»

«Handauflegen und Gespräch» heisst das Angebot, das jeden Donnerstag in der Offenen Kirche Elisabethen[112] in Basel stattfindet. Beatrice Anderegg ist Mitinitiantin dieses vor vierzehn Jahren ins Leben gerufenen Angebots sowie der Heilungsfeiern in derselben Kirche. Als das Projekt seinen Anfang nahm, kam unweigerlich die Frage auf, wie sich die Heiltätigen nennen sollen. Da die Idee des Heilungsangebots in der Kirche auf einem englischen Modell basiert, entschloss man sich, den englischen Begriff «healer» bzw. «Heiler» zu übernehmen.

«Wir erklärten den Leuten so lange, was Heiler sind, bis es alle begriffen hatten. Heiler sind keine Magier und keine Hexen, sondern Menschen wie du und ich, die eine Lebens- und Leidenserfahrung hinter sich haben.» Mittlerweile hat sich ein festes Team von acht Heilerinnen herausgebildet, das sich in zwei Gruppen aufgeteilt, alle zwei Wochen abwechselt, sodass jede Woche vier Heilerinnen zur Verfügung stehen. Daneben lösen einige «Springerinnen» bei Bedarf die regelmässigen Heilerinnen ab. Zurzeit sind es ausschliesslich Frauen, die ihre Hilfe anbieten. Findet jedoch ein Wechsel im Team statt, werden die Bewerber und Bewerberinnen eingehend auf ihre Motivation, ihre Erfahrung und ihre Seriosität geprüft. Im Gegensatz zu den älteren Heilerinnen, sozusagen den Pionierinnen, haben alle jüngeren eine Ausbildung absolviert. Alle Heilerinnen arbeiten ehrenamtlich, und die Türen stehen jedem interessierten Menschen offen. Wie der Name vermuten lässt, wird zusätzlich zum Handauflegen auch ein Gespräch angeboten, damit der Mensch sich sein Leid von der Seele reden und wenn nötig befreiende Tränen vergiessen kann. Das sei äusserst heilsam und wichtig, meint Beatrice Anderegg. Das Gespräch wird

---

[112] www.offenekirche.ch/programm_regelmaessige_angebote_handauflegen.htm

mit einer liebevollen Berührung abgerundet. Dabei gehen die Heilerinnen individuell vor. Beatrice Anderegg bevorzugt das einfache Handauflegen beispielsweise an der Stirn oder am Herz und am Bauch. Es komme jedoch nicht auf die Art der Ausführung an, sondern was zähle, sei die Menschenliebe und der innige Wunsch zu helfen, verdeutlicht sie. In die Kirche kommen jedes Mal 30 bis 40 Personen, für die sich die Heilerinnen je ca. eine halbe Stunde Zeit nehmen. Die Liste der körperlichen und seelischen Leiden, mit denen die Menschen in die Elisabethenkirche kommen, ist lang. Darunter befinden sich viele Krebspatienten sowie Menschen mit Depressionen, Magersucht, Prüfungsangst oder allgemeinen Ängsten, aber auch solche mit Migräne oder Magenbeschwerden. Manche Menschen erscheinen regelmässig, z.B. solche, die sich einer Chemotherapie unterziehen müssen und oftmals direkt vor der medizinischen Behandlung zwecks physischer und moralischer Unterstützung vorbeikommen. Beatrice Anderegg behandelt fast ausschliesslich in der Kirche und nur sehr selten bei sich zu Hause. Sie möchte bewusst keine Praxis und nicht jede Stunde einen Menschen behandeln, denn sie will jedem Patienten die Zeit geben können, die er benötigt, und ihm somit die Wichtigkeit schenken, die er verdient.

Ihren Werdegang zur Heilerin nennt Beatrice Anderegg ein «Erwachen», ein durch eigenes Leiden und Suchen geprägter Lebensweg, den sie in ihrem Buch „Mein Weg zum Urvertrauen"[113] ausführlich schildert. Es gab einige bedeutende Weichenstellungen in ihrem Leben, die sie schliesslich zur Heilerin werden liessen. So hatte sie schon bei der Geburt zu Kriegsbeginn einen schweren Start, und ihre schlechte Gesundheit sollte sie ein Leben lang begleiten. Wenn sie immer gesund gewesen wäre, hätte sie bestimmt nicht diesen «Beruf» gewählt, meint sie. Doch das Leben hat ihr eine eigene Aufgabe zugeschrieben. Eine wichtige Rolle auf diesem Weg spielte die Begegnung mit ihrem Mann. Als reformierter Pfarrer

---

[113] ANDEREGG, 2008.

war er 40 Jahre lang Seelsorger in der psychiatrischen Klinik in Basel. Das war sozusagen ihre Initiation, denn als Pfarrersfrau kam sie regelmässig in Kontakt mit Patienten der Klinik sowie anderen hilfesuchenden Menschen, die an die Türe des Pfarrhauses klopften oder telefonisch um Rat suchten. «Zuhören und Ernstnehmen» sei wichtig, egal um was für Probleme es sich dabei handelt, betont sie. Während vieler Jahre stand sie auf diese Art den Menschen zur Seite. In der Zwischenzeit wuchsen drei Kinder heran und sie fand zurück zu Ihrem ursprünglichen künstlerischen Beruf, der Malerei. Daneben widmete sie sich einer herausfordernden Teilzeitarbeit, bis sie eines Tages wieder von einer Krankheit eingeholt wurde und ihr alles zu viel wurde und sie aufgeben musste, wodurch sie für sich erkannte: «Krankheiten wollen etwas lehren, aber sie wollen den Menschen manchmal auch daran hindern, etwas zu machen, das nicht im göttlichen Sinn ist.» Wegweisend war unter anderem auch die Begegnung mit einem englischen Heiler. Als sie die Ärzte «austherapiert» hatten, reiste sie zum berühmten, inzwischen verstorbenen Heiler Tom Johanson nach London. Er habe sie darauf hingewiesen, dass sie selber auch die Gabe zu Heilen besitze, erzählt sie. Als ihr Tom Johanson eine hilfsbedürftige Person schickte, damit diese nicht nach England reisen musste, begann sie auch Menschen ausserhalb ihres Familienkreises zu behandeln, und so erweiterte sich ihr Arbeitsfeld. Etwas später erfolgte eine erneute Begegnung, die für den weiteren Verlauf ihrer Heilerkarriere ausschlaggebend sein würde. Pfarrer Felix Felix war soeben von einer Reise nach England zurückgekehrt und berichtete begeistert über die Heiler, die dort in ausgewählten Kirchen und Spitälern arbeiteten. «Da er gehört hatte, dass ich auch bei einem Heiler in England war, fragte er mich, ob ich mir vorstellen könnte, so zu arbeiten. Damals habe ich mich jedoch nicht getraut und sah meine Aufgabe auch noch nicht darin.» Doch das Samenkorn war gesetzt, und nach einer gewissen Vorbereitungszeit konnten die beiden das Projekt in Angriff nehmen. 1995 wurde zum ersten Mal in der Elisabethenkirche Hand aufgelegt. Und so kam

Beatrice Anderegg nach vielen Umwegen ans Ziel und somit zu ihrer eigentlichen Lebensaufgabe. Eine weitere Weichenstellung war die nochmalige Begegnung mit Tom Johanson, diesmal in der Schweiz, aus der eine langjährige Zusammenarbeit resultieren sollte, bei der sie den englischen Heiler auf seinen Reisen durch die Schweiz begleitete und fortan zu einer engen Mitarbeiterin wurde. Ausbildungen im heilerischen Bereich gab es früher keine. Als Beatrice Anderegg anfing, musste man das Heilen mehr oder weniger verstecken. Mittlerweile wächst das Angebot an Ausbildungsmöglichkeiten ständig weiter und viele, vor allem jüngere Personen, nutzen das umfangreiche Angebot. Sie meint, es sei auch gut, gäbe es Schulen, sofern diese seriös seien und Richtlinien vermitteln, um die manchmal überbordenden Ideen der Neueinsteiger einzugrenzen. Bei Beatrice Anderegg hat es sich fliessend ergeben, zudem hatte sie als Pfarrersfrau einen kleinen Vertrauensbonus, doch gleichzeitig auch eine grosse Verantwortung, um nicht in eine esoterische Ecke gedrängt zu werden.

In den vielen Jahren ihrer Heiltätigkeit hat sie auch mit Ärzten zusammengearbeitet und besonders viele Erfahrungen mit Krebskranken gesammelt. Sie arbeitet seit Längerem mit der Gesellschaft für Biologische Krebsabwehr in Heidelberg[114] zusammen. Diesbezüglich hält sie dort öfters Vorträge und gibt Seminare. Mit ihren Seminaren hält sie es wie Tom Johanson, erklärt sie. «Ich bilde nicht aus, ich mache nur ein Seminar von einem Tag. Tom antwortete jeweils auf die Frage, wie lange es brauche, um ein Heiler zu werden: „Fünf Sekunden reichen".» Das sei eigentlich auch so, wie Jesus es meinte, als er sagte: «Gehet hin und heilet.» Er vermittelte seinen Jüngern auch keine Ausbildung, sondern lebte es ihnen vor. In ihren Seminaren, die sie «Wege zum Urvertrauen» (Einführung in die Grundlagen des Geistigen Heilens) nennt, bringt sie deshalb den Teilnehmern innert eines Tages bei, dass sie die Anlage zum Heilen schon in sich tragen. Sie lernen dabei,

---

[114] Für mehr Informationen: www.biokrebs.de

um die göttliche Kraft zu bitten und sich ihr vertrauensvoll hinzugeben, ganz nach dem biblischen Zitat: «Klopfet an, und es wird euch aufgetan.» Jeder habe die Fähigkeit zu einem gewissen Grad in sich, wenn er ein mitfühlendes Herz hat, sagt sie. «Dem anderen die Hand halten und zuhören, oder die Hand auflegen, das kann jeder. Aber ich glaube, es gibt schon Unterschiede, wie in jeder Begabung.» Und eine Gabe brauche es, ist sie überzeugt. Doch was diese Gabe genau ist, kann sie nicht beantworten. Ihre Fähigkeit sieht Beatrice Anderegg darin, dass sie Menschen, die zweifeln oder ihre Zuversicht verloren haben, durch ihre eigene Erfahrung einen Weg zum Gottvertrauen weisen könne, im Sinne von: «Ich kann einem Menschen beistehen, ich kann ihm Hoffnung vermitteln, ich kann ihn aufrichten, aber ob ich durch Handauflegen wie einen Zauber bewirken kann, das weiss ich nicht. Vermutlich ist das gar nicht möglich. Ich glaube, geistiges Heilen hat im positiven Sinn einen Placeboeffekt. Aber das ist nicht „nichts". In einem Placebo steckt eine unglaubliche Heilkraft. Die Erwartungen und das Vertrauen, die ein Mensch haben kann, sind enorm. Wenn man den Arzt anruft und weiss, er kommt gleich, geht es einem schon eine Spur besser. Und so geht es diesen Menschen auch. Sie wissen, jetzt gehe ich zum Heiler, und auf diesen Termin hin leben und hoffen sie. Dies spürt der Körper und stärkt seine selbstheilenden Kräfte.»

Das Heilen umschreibt Beatrice Anderegg als eine Fürbitte, verbunden mit einer liebevollen oder heilenden Berührung. Deshalb versteht sie sich am ehesten als eine «Seel-sorgerin», und dies im wahrsten Sinne des Wortes und ohne, dass dieser Titel eine Lizenz braucht. Sie sorgt für die Seelen der Menschen. «Ich kümmere mich um das, wofür die Ärzte heute keine Zeit mehr haben, um die Seele. Ich frage den Patienten, was der körperlichen Krankheit vorausgegangen ist, wie es dazu kam, was ihn in seinem Leben „kränkte" und woran er auch seelisch leidet. Alle sprechen von Energie. Da komme diese Energie, sagen viele sogar, sie erhalten sie von Gott. Das kann ich nicht wissen, ich kann doch nicht über Gott bestimmen oder wissen, was er tut. Ich kann ihn nur um seine Heilkraft bitten. Alles was ich sagen kann, ist: „Ich spüre etwas in den Händen, es fühlt sich fast an, als seien sie geschwollen. Sie werden warm und wattig und manchmal gibt es ein Kribbeln." Ich vertraue mich der göttlichen Heilkraft an und bitte, dass diese geschehen lässt, was für den Menschen gut und richtig ist.»

Gabriela ZÜLLIG, Physiotherapie, Kinesiologie, Cranio-Sacral-Therapie. Basel

«Ich glaube, ich bin wie ein hochwertiges Glasfaserkabel, das sehr viele Energien anziehen kann, von oben oder von wo auch immer. Sie werden durch mich transformiert und an das System des Klienten angepasst. Je durchlässiger und ausgeglichener ich bin, desto differenzierter, angepasster und individueller ist sein Energiecocktail, damit es ihm zur Heilung gereicht.»

Gabriela Züllig wusste schon als 16-Jährige, dass sie Therapeutin werden wollte, es war nur unklar, ob Physio- oder Ergotherapie. Die Zusicherung eines so raren Ausbildungsplatzes zur Krankengymnastin im Universitätsspital erübrigte die Wahl. Als sie danach zu arbeiten begann, nannten die Leute sie «Goldhändchen». Gabriela Züllig dachte, das müsse so sein. «Gute Hände» gehören zwingend zu einer Physiotherapeutin wie der Pinsel zum Maler. «Eines Tages sagte mir eine Patientin, ich hätte so warme Hände. Da habe ich mich sofort entschuldigt, weil ich dachte, dass es ihr unangenehm sei. Dabei empfand die Frau gerade das als sehr angenehm und entspannend. Man weiss selber gar nicht, wie man mit so einer Gabe umgehen soll. Anfangs kann man es gar nicht einordnen. Ich dachte natürlich, hoffentlich habe ich das beim nächsten Patienten auch und hoffentlich ist es dann auch angenehm. Es ist ja nicht so, dass man es bestellen kann, wie beim Eiermann alle vierzehn Tage zwei Schachteln Eier, es ist ja ausserhalb meines Bewusstseins und Wollens.»

Während ihrer Ausbildungszeit wurde noch stark zwischen Psyche und Körper getrennt. Ihr war das damals schon zu einseitig, und sie vertrat die Ansicht, dass der Psychologieunterricht Teil der Ausbildung sein sollte. Als sie einige Jahre später einen Kurs über Fussreflexzonen besuchte – was damals relativ neu war –, hatte sie zum ersten Mal das Gefühl, den Menschen als etwas Ganzes zu erfassen. Als ihr ältester Sohn in der Schule Probleme mit der Orthografie bekam, suchte sie bei einer Logopädin Hilfe. Diese arbeitete mit ihrem Sohn mit dem kinesiologischen Muskeltest. Als Physiotherapeutin wusste Gabriela Züllig, dass ein Muskel entweder stark oder schwach ist, aber nicht einmal so und einmal anders. Dieses Phänomen faszinierte sie so sehr, dass sie eine Kinesiologieausbildung absolvierte. Hier formten Emotionen, Energien und Körper eine Einheit. Später traf sie erneut auf eine ihr unbekannte Methode, als sie eine Therapeutin kennenlernte, die mit der Cranio-Sacral-Therapie arbeitete. Da sie sich auch für diese Technik interessierte, besuchte sie Kurse in Deutschland und Amerika. Hier wurde die Verbundenheit zwischen Klient und Therapeut noch direkter und intensiver, die Blockaden wurden noch feiner wahrgenommen, noch differenzierter angegangen. Hier begann das Unterbewusste Formen und Ausdruck anzunehmen. Bald darauf konnte sie als Praktikantin in eine Kinesiologiepraxis eintreten und behandelte dort im Team behinderte Kinder. Die Aufforderung ihrer Chefin, nur noch Kinesiologie zu praktizieren, führte sie als Physiotherapeutin in einen inneren Konflikt, den sie mithilfe eines Mediums zu lösen versuchte, um herauszufinden, in welche Richtung ihr Weg führen sollte. Auf diese Weise kam sie zu einer Klosterfrau im Luzernischen, die mediale Fähigkeiten besass. Die Schwester stellte bei ihr Heilkräfte fest, die jedoch nur zu einem Bruchteil gebraucht würden. Damit sie diese entwickeln lerne und vollumfänglich einsetzen könne, bot die Schwester ihr einen Platz in ihrem Kurs für Leute mit geistigen Begabungen im heilerischen Bereich an. «Wer mit Energien, mit Heilkräften arbeiten wolle, müsse ein gewisses Sicherheitsnetz haben, erklärte sie mir. Man müsse wissen, wo man sich befinde, d.h. ob man auf der physischen, der mentalen oder der ätherischen Ebene arbeite. Auf meine Frage, warum die Hände so warm werden oder zittern, antwortete sie, das liege am Heilmagnetismus. Der Magnetismus sei eine ordnende Kraft und auf jeden Fall heilend.» Etwa zur gleichen Zeit erhielt Gabriela Züllig eine Anfrage von einer Tante, die in Belgien lebte und ebenfalls Klosterfrau war, ob sie der Sœur supérieure des Klosters helfen könne, die eine Fazialisparese (Gesichtslähmung) hatte. Gabriela Züllig reiste zwei, dreimal übers Wochenende dorthin und behandelte die Klostervorsteherin. Da die ehemalige Sœur supérieure auch krank war und an Lungenkrebs litt, nahm sich Gabriela Züllig auch ihr an. «Sie sagte mir nach der Behandlung: „Gabrièle, was du hast, ist eine Gabe Gottes. Ich bitte dich, setze sie bewusst, sorgfältig und vorsichtig ein." Das war wie ein Vermächtnis, ein ganz heiliger Moment für mich und wie ein tiefes Versprechen: Jawohl, ich trage dem Sorge.»

Einige Zeit später wurde ihr zweiter Sohn als fünf-Jähriger schwer krank. Es wurde eine seltene und darum auch nicht erforschte Herz-Lungen-Krankheit diagnostiziert. Die Schulmedizin kapitulierte, da Diagnose und Prognose hoffnungslos waren. Das Einzige, was sie anzubieten hatte, war eine Herz-Lungen-Transplantation ohne jegliche Garantie, dafür mit viel Risiken und lebenslangen Konsequenzen. «Ich war zutiefst erschüttert und schockiert. Kaum war ich aus dem Spital zu Hause angekommen, rief ich eine inzwischen verstorbene Fernheilerin an. Das war 1988. Ich schilderte ihr unsere schreckliche Situation, und sie sagte mir: „Nein, das Kind stirbt nicht! Machen Sie sich keine Sorgen! Ich konnte es mit seinen Engeln richten!" Ich wollte das natürlich gerne glauben, trotzdem war es eigenartig, dass ich mit jemandem Fremden telefonierte und ihm mehr Glauben schenkte als den Professoren, nach all den Untersuchungen und Ergebnissen. Die Zeit ging ins Land, ihr Sohn starb nicht und Gabriela Züllig konnte der Heilerin immer wieder anrufen. «Aber eines Tages fragte die Fernheilerin: „Warum rufen Sie mich eigentlich immer an? All das, worum Sie mich bitten, können Sie selber machen. Sie haben diese Gabe auch." Frau Villiger schickte mir Unterlagen, damit ich selber lerne, wie man Energien übertragen und verankern sowie Heilenergie bündeln und schicken kann.» Menschen, die so eine Gabe besitzen, wissen das manchmal gar nicht, meint sie, denn sie selber können es nicht nachprüfen. «Wenn ich zum Beispiel koche, dann kann ich das essen und sagen, ob es gut oder versalzen ist. Aber wenn du die Gabe hast oder damit arbeitest, dann weisst du es selber nicht. Du ahnst vielleicht, dass da etwas Besonderes ist. Aber nur anhand der Feedbacks und nach dem Hundertsten habe ich angefangen zu glauben, dass da noch etwas anderes im Spiel ist, als einfach nur eine Technik oder eine gute Physiotherapeutin, die ihre Arbeit macht.» Gabriela Züllig beginnt die Behandlung immer bei den Füssen, diese sind ihre Eintrittspforte. «Dann arbeite ich mich am Körper hoch, zum Becken, Brustkorb, zu den Schultern, zum Genick und Kopf, ich achte auf Blockaden, Assymmetrien und Schwachstellen. Dort bleibe ich, spüre, lasse zu und warte auf die Auflösung oder das „grüne Licht", um weitergehen zu können.» Es komme aber auch vor, dass es an ihrem eigenen Körper zu schmerzen beginne, aber im qualitativen Sinne und nicht im quantitativen, betont sie. Manchmal ist es auch, als würde jemand sie anblasen, oder es sei, wie wenn man mit einem Wattestäbchen oder mit einem «Kratzhändli» über ihre Haut streiche. Sie übernehme nicht den Schmerz im eigentlichen Sinne vom Patienten, es sei nur die Information des Schmerzes, erklärt sie. Das könne manchmal auch unangenehm sein. «Wenn ich solch einen Punkt an meinem Körper spüre, suche ich ihn beim Patienten. Gehe ich dann bei ihm an die gleiche Stelle, schmerzt dieser Punkt ganz explizit. Ich nenne sie darum „Quietschpunkte". Diese Information ist ganz zuverlässig und ich weiss nicht woher sie kommt.» Diese Sensation oder Attraktivität, wie Gabriela

Züllig es nennt, könne körperlich sein, aber auch körperlich-emotional. Es könne sein, dass es ihr während der Behandlung fast den Magen umdrehe. Es könne auch sein, dass «es sie heult» und damit die Emotion der anderen Person durch ihre Tränen abgelöst werde. «Ich hatte auch schon einen starken Husten, bei dem ich das Gefühl hatte, ich würde ersticken. Es stellte sich heraus, dass die Frau eine Schilddrüsenoperation hinter sich hatte. Das bedingt, dass ich einen absolut gesunden Körper haben muss. Ich kann keine Schmerzen brauchen, die ich selber habe, sonst gibt das Vermischungen, und ich weiss nicht, was vom Patienten und was von mir stammt.»

Gabriela Züllig behandelt hauptsächlich Erwachsene, davon haben viele eine Physiotherapie-Verordnung, da sie unter Rückenproblemen, Arthrose, einem operierten Knie oder Kopfweh leiden. «Häufig stecken hinter solchen Symptomen Beziehungsprobleme, Verletzungen jeglicher Art oder zu viele unverstandene und beängstigende Emotionen.» Wenn neue Patienten kommen, will sie gar nicht wissen, was ihnen fehlt, denn dort, wo es schmerzt, müsse nicht unbedingt die Ursache sein, meint sie. «Der bewusste Schmerz ist ja nur das, was einem das Bewusstsein sagt. Es kann aber auch im Unterbewusstsein etwas verborgen sein, das aufgelöst werden will.» Es kamen schon sehr skeptische Leute zu ihr. Sie erinnert sich gut an einen ebensolchen Fall. Der Mann hatte ein Knieproblem. Zwei Ärzte sagten unabhängig voneinander, es gehe nicht ohne eine Operation, doch der Patient fand dafür keine Zeit, weil er soeben ein neues Geschäft eröffnet hatte. Da er ständig über Schmerzen klagte, sagte ihm jemand aus seinem Bekanntenkreis, er solle aufhören zu jammern und zu Gabriela Züllig in die Behandlung gehen. «Er kam sehr widerwillig, liess die zwei Behandlungen über sich ergehen, und wir beide waren über die komplette Schmerzfreiheit sehr, sehr überrascht! Das war vor sieben oder acht Jahren, und er hat seitdem keine Probleme mehr», erzählt sie. «Aber ich kann nicht sagen, warum etwas nicht mehr schmerzt, wie ich auch nicht sagen kann, warum mein Sohn kerngesund ist, obwohl die Schulmedizin sagte, er sterbe auf jeden Fall. War es Frau Villiger aus dem Wallis? War es die Homöopathie oder das Handauflegen, welches wir ebenfalls ausprobierten, die Meditationen und Gebete oder die chinesische Medizin, oder die Kombination, der Glaube, die Hoffnung? Ich habe keine Ahnung, was effektiv die Heilung und das Heilsein ausgelöst hat. Was Heilung ist, kann ich nicht wissen, ich weiss auch nicht, was „Krankheit" ist. Ich glaube, es gibt immer eine Ursache (früher), eine Konsequenz (jetzt) und einen guten Ausgang (später)! Entweder lernst du für etwas, das gewesen ist, oder du lernst jetzt für etwas, das sein wird.»

Peter BAERISWYL, Magnetiseur und Radiästhesist.
Prez-vers-Noréaz (FR)

«Die Menschen haben das Vertrauen in die Schulmedizin verloren, denn die Bindung, die früher zwischen den Ärzten und ihren Patienten bestand, ist heute leider verloren gegangen. Die Menschen kommen zu mir, wenn die Schulmedizin nichts findet oder sagt, es sei alles ok.»

Peter Baeriswyl ist der Nachfolger und angeheiratete Neffe von Max Menoud, einem berühmten Freiburger Magnetopathen. Er erzählt, dass sein Onkel eines Tages seinen Energiefluss untersucht habe und ihm gesagt habe, dass er genügend davon zum Heilen besässe. Er hat einige Monate nachgedacht und nach einigen von seinem Onkel begleiteten Versuchen, bei denen er Bandscheibenvorfälle, Ischiassyndrome und Entzündungen teils sogar auf Entfernung zu heilen versuchte, den Vorschlag seines Onkels angenommen. So wurde er für ein Jahr zu seinem Assistenten und besuchte einen Radiästhesiekurs.

Zu seinen schönsten Erfolgen zählt Peter Baeriswyl den Fall einer schwangeren Frau, bei der Gebärmutterhalskrebs festgestellt worden war und der man geraten hatte, abzutreiben. Sie aber lehnte das ab und kam zu ihm. Schliesslich ging der Krebs zurück und das Baby konnte das Licht der Welt erblicken. «Es ist schön, helfen zu können.»

Er erklärt, dass in den meisten Fällen der Magnetismus, der die Menschen umgibt, ungefähr 20 Zentimeter weit strahlt. Ein Magnetiseur hingegen strahlt auf mehr als 100 Zentimeter. «Das ist die notwendige Stärke, um den menschlichen Körper durchdringen zu können. Aber man muss lernen, den Magnetismus zu kontrollieren.» Er besteht darauf, dass nicht alle Menschen über diesen Energiefluss verfügen. «Sonst würden die Reikimeister wohl kaum zur Behandlung zu mir kommen.» Er gibt zu, dass sein Energiefluss sich manchmal erschöpft fühlt. Er erholt sich deshalb vor allem in der Natur, welche eine starke Energie ausstrahlt.

Seit 2004 übt Peter Baeriswyl diesen Beruf zu 100% aus. Dank seines Pendels kann er subtile Probleme oder Mängel feststellen, die mithilfe eines Bluttestes und spezifischer Maschinen nicht zu erkennen wären. Die Radiästhesie kann deshalb einen nicht zu vernachlässigenden Beitrag an die Medizin leisten. Wenn das Pendel einen Mangel erkennt, empfiehlt er Nahrungszusätze, Pflanzen und homöopathische Medizin, welche von Spezialisten zubereitet werden. «Würden wir alle am gleichen Strang ziehen, könnten wir den Menschen wieder mehr Vertrauen geben, viele Operationen vermeiden und dadurch Geld sparen.» Er stellt fest, dass Morphin oder die bei einer Chemotherapie eingesetzten Medikamente manchmal so stark sein können, dass es schwierig ist, einer Person Linderung zu verschaffen. Peter kontrolliert die verschriebenen Medikamente, und falls das Pendel auf eine mögliche Fehlbehandlung hinweist, schlägt er dem Patienten vor, mit dem behandelnden Arzt eine andere Lösung zu suchen. «Man muss auf jeden Fall mögliche Allergien vermeiden und sich dessen bewusst sein, dass der Körper synthetische Stoffe weniger gut aufnehmen kann.»

Meist müssen die Patienten zwischen zwei und sechs Mal zu ihm kommen. Er verzichtet nie auf einige präventive Kontrollen wie das Untersuchen der Drüsen, der Psyche und des

Darms. Die restliche Arbeit besteht vor allem darin, den Körper und den Geist wieder in Einklang zu bringen. Peter stellt keine Fragen, und wenn er es schafft, das Problem zu erkennen und die Menschen zu heilen, gewinnt er dadurch viel Vertrauen. Nicht alle sind überzeugt, aber viele Leute des Dorfes kommen zu ihm. Und wenn sie bei ihrer Ankunft noch nicht daran glauben, ändern sie ihre Meinung schon nach der ersten Sitzung. Für ihn bedeutet «nicht zu glauben nicht zu kennen». Er weist immer wieder darauf hin, dass «der Magnetismus eine Reaktion in den Zellen verursacht, wodurch es nach einer Sitzung zu Schmerzen kommen kann». Er behandelt nicht alle mechanischen oder organischen Probleme. Diese kann er nur lindern. Manchmal kümmert er sich auch um Tiere oder heilt auf Entfernung, aber das kommt eher selten vor. Zu seinen Kunden zählen unter anderem auch Ärzte sowie andere Therapeuten, Osteopathen usw. Es kämen Menschen aller Kontinente, sagt er. «Durch Gedanken kann ich Schmerzen lindern.» Er liebt es, mit den Patienten in Kontakt zu bleiben, bis alles wieder in Ordnung ist. Er kann sich zwar telefonisch versichern, ob alles gut geht, aber er muss die Person zumindest ein Mal gesehen haben. «Manche kommen nicht wieder, weil es ihnen nicht schnell genug geht. Andere fühlen sich überlegen und glauben, bereits alles zu wissen.»

Seine Frau, eine Nichte von Max Menoud, hat den Energiefluss ebenfalls geerbt. Sie hilft ihm manchmal aus, wenn es Notfälle gibt. Der Magnetismus seiner Kinder wurde auch schon getestet, und er sei nicht weniger stark als seiner; zudem wisse er bereits, dass seine Tochter – genau wie er – in Kontakt zu den Toten und den Engeln stehe, erzählt er. Peter Baeriswyl spürt alles mit den Händen. Die Patienten fühlen oft Wärme, Kälte oder ein sanftes Stechen, wenn er sie ihnen auflegt. «Der Energiefluss geht durch den Körper und der Körper nimmt sich das, was er braucht. Ich mag es nicht, wenn die Leute nicht zufrieden sind, und werde immer alles tun, um ihnen zu helfen und sie glücklich zu machen.»

Hanni GASS, Heilerin (Hypnose und Medium),
und Daniel SCHMUTZ, Handaufleger und Gebetsheiler.
Gemeinsame Durchführung von Exorzismen. Tentlingen (FR)

*«Für ein Austreibungs-Ritual gegen Schwarze Magie
bete ich drei Tage vorher drei Stunden täglich. Wenn ich
schwitze oder Tränen fliessen, weiss ich, dass das Ritual
erfolgreich war.» (Hanni Gass)*

Hanni Gass und Daniel Schmutz arbeiten zusammen, wenden aber unterschiedliche Methoden an. Eine Tätigkeit verbindet sie jedoch: der Exorzismus. Sie praktizieren den «kleinen» und den «grossen» Exorzismus. Natürlich hat das Bistum seine eigenen Priester, die exorzieren, aber es hat das Paar immer ermutigt, anderen Menschen zu helfen. Hanni Gass ist überzeugt, dass es für das Exorzieren eine mediale Gabe braucht.

Die beiden gehen wie folgt vor: Um sich auf die Arbeit einzustimmen, benötigt Hanni Gass drei Tage intensiver Vorbereitung, an denen sie in die Kirche geht, um zu beten und Gott zu bitten, er möge die zu befreienden Seelen empfangen. Am Tage der Exorzierung vor Ort betet sie intensiv und fällt in Trance. In diesem Moment ruft sie die bösen Geister auf sich. Daraufhin wird sie von einem Geist oder Geist-Wesen in Besitz genommen, wodurch ihr Verhalten zutiefst verändert wird. Genau hier tritt Daniel Schmutz in Aktion. Mit einem Kreuz in der Hand, lenkt er den vom Geist besessenen Körper von Hanni Gass, in die Richtung einer Öffnung (Türe, Fenster,…), und sobald sie nahe genug dran ist, besprüht er sie mithilfe eines Sprays mit Weihwasser, sodass der böse Geist durch die angedeutete Öffnung flieht. «Es ist schon vorgekommen, dass ich von einem Geistwesen angegriffen wurde. Ich muss mich dann sofort mit Weihwasser davor schützen», erklärt Daniel Schmutz. Er erinnert sich an einen ebensolchen Vorfall, bei dem er Hanni Gass begleitete. Sie wurden von einer Frau zu Hilfe gerufen, in deren Haus sich der Küchentisch bewegte und sich der Geschirrschrank von alleine öffnete und das Geschirr herausflog. «Kaum war ich eingetreten, spürte ich Schmerzen im Herz wie Messerstiche, dazu Schläge auf den Kopf, und ich wurde auf den Rücken geworfen. Glücklicherweise hatte es Stroh auf dem Boden!» Das Geistwesen konnte schliesslich verjagt werden, doch dieses Ereignis ermöglichte es ihm, das Gefühl des Bessenseins zu erleben. «Es ist, als würde man einen schweren Gegenstand tragen und durch diese Anstrengung, ein starker Druck im Kopf spürbar wird.» Die Geistwesen treten meist durch die Rückseite des Körpers (Nacken, Halswirbel, Kreuzbein) ein. «In den meisten Fällen kann ich die Geistwesen identifizieren, doch wenn ich das erste Mal in ein Haus komme, weiss ich noch nichts von ihnen und ich muss mich jedesmal an die Situation anpassen», erklärt Hanni Gass. Nach dieser mühsamen und gefährlichen Arbeit ist sie oft zwei oder drei Tage krank und vor allem sehr erschöpft. «Diese Arbeit ist sehr riskant und nur durchführbar, wenn man ein moralisch einwandfreies Leben führt, nie vom rechten Weg abschweift und nichts Böses tut.» Da die Exorzismen sehr anstrengend sind, berechnet Hanni Gass Anfang Jahr ihren Biorhythmus sowie jenen von Daniel Schmutz. Und nur wenn beide auf dem höchsten Stand sind, akzeptieren sie eine Intervention. Ausserdem beten sie viel und gehen mindestens einmal pro Woche in die Kirche. «Nach einem Exorzismus sagen wir ihnen, sie sollen ein anständiges Leben führen, damit es sich nicht wieder reproduziert, aber nicht jedem ist solch eine Charakterstärke gegeben.»

Zusätzlich zu den Exorzismen verwendet Hanni Gass die Hypnose gegen Ängste, Sorgen und psychologische Probleme. Die Gabe der Hellsichtigkeit und der Medialität hatte sie schon als Kind, aber niemand glaubte es ihr. Also hat sie einfach aufgehört zu erzählen, was sie sah. Da das Leben jedoch seinen Lauf nimmt und man gewisse Ereignisse nicht verhindern kann, geschah es, dass sie nach einer langen Serie von Schicksalsschlägen jemandem begegnete, der sie schrittweise auf den Weg führte, den sie heute geht. 1985 begann sie mit dem Exorzieren und 1995 mit den Ritualen gegen schwarze Magie. Ein Bestandteil des Rituals besteht in der Intervention von Daniel Schmutz, der eine eigene Methode entwickelt hat, wie er von negativen Geistwesen besessene oder umsessene Menschen befreien kann. Im Moment einer Vertreibung manifestieren sich diese Geistwesen durch unsichtbare Nadel- und Nägelstiche.

Daniel Schmutz heilt durch Handauflegen und benutzt Gebete für die verschiedensten Probleme. Er hat diese Gabe von seiner Grossmutter geerbt, hat sie aber erst im Alter von sechzig Jahren entdeckt. Er war damals zu Pferd unterwegs auf dem St. Jakobsweg und begleitete einen Freund, als er begann, Pilger zu heilen – und sein Ruf schien ihm öfters vorauszueilen. Daniel Schmutz behandelt seine Klienten, indem er betend mit seinen Händen dem Körper des Kranken oder des Verletzten entlangstreicht, ohne ihn jedoch zu berühren. Anschliessend wird mit speziellen Gebeten gegen Schmerzen, das Gebrechen über die Gliedmassen vertrieben. Er ist auch im Besitz einiger Formeln, sogenannten «*secrets*», die er in einem Buch entdeckt und für sich angepasst hat.

Hanni Gass und Daniel Schmutz sind davon überzeugt, dass ihre Kraft in ihrer Zusammenarbeit liegt, in ihrem gemeinsamen Bündnis gegen das Böse. Denn diese zwei sich ergänzenden und sich gegenseitig respektierenden Menschen haben ein gemeinsames Ziel: das Gute triumphieren zu lassen und das Böse, das physische und moralische Leiden, zu verjagen.

Luigi KÜTTEL, Heilkundiger und Naturheilpraktiker. Lully (FR)

«Was mich an der heutigen Gesellschaft am meisten stört, ist, dass man immer alles beweisen und erklären muss. Dabei ist doch das Wichtigste, dass es anderen Menschen helfen kann, oder?»

Luigi Küttel hat die Praxis vom im März 2007 verstorbenen Herrn Martinet übernommen, der ein bekannter Einrenker war. «Ich bin nicht sein Stellvertreter, sondern sein Nachfolger.

Das sage ich, weil die Leute oft dazu neigen, Vergleiche zu ziehen, die nicht angebracht sind.»

Obwohl er diplomierter Naturheilkundiger ist, kommen die meisten Leute wegen seines Talentes als Heiler zu ihm. Sein Vater und sein Onkel hatten diese Gabe. Dass auch er sie besitzt, stellte er im Alter von ungefähr zwölf Jahren fest. Seine Cousine, die damals noch ein Kind war, litt unter starkem Fieber. Ohne genau zu wissen warum, setzte er sich neben sie und rieb seine Hände fest aneinander. Darauf legte er seine Hand auf die Stirn des Mädchens, und das Fieber sank fast augenblicklich. Wirklich bewusst wurde ihm sein Talent erst etwas später, als er 21 Jahre alt war. Damals trainierte er Judo und ein Freund renkte sich bei einem Sturz die Schulter aus. Er bot ihm seine Hilfe an, unsicher und doch innerlich überzeugt, dass es funktionieren würde. Sie sind in die Garderobe gegangen, wo er die verletzte Schulter massierte und sie wieder einrenkte. Seit diesem Tag hat er nie aufgehört zu heilen. Luigi Küttel hätte sich damit zufriedengeben können, aber da er unter Schuppenflechte leidet, wollte er mehr wissen. Seine Fragen und Nachforschungen führten ihn schliesslich zur Homöopathie und Naturheilkunde. Dank dieses Diploms darf er heute offiziell praktizieren und wird von der Krankenkasse anerkannt. Er führt auch Lymphdrainagen durch, eine Praxis, die er in Zusammenarbeit mit einem Arzt durchführte, als er noch in Zürich wohnte. Seit 1994 ist er unabhängig und hat sich im August 2009 in Lully niedergelassen. «Ich verlasse mich auf die Mund-zu-Mund-Propaganda und auf die Zufriedenheit der Leute, um meinen Kundenkreis zu vergrössern. Aber täglich braucht niemand einen Einrenker, da ein oder zwei Sitzungen ausreichen, um das Problem zu lösen.»

Er geht immer gleich vor und arbeitet sich auf der Rückseite des Körpers von den Zehen zum Nacken vor, um sich dann den Schultern und Armen des Klienten zu widmen. Auf Wunsch des Kunden, oder wenn jemand ein bestimmtes Problem beschreibt, behandelt er auch die Vorderseite des Körpers. Er benutzt seinen Magnetismus, um Entzündungen zu lindern.

«Wenn ich meine Arbeit getan habe, bitte ich die Leute, spezifische Übungen zu machen. Wenn sie noch Schmerzen haben, beginne ich von Neuem. Mein Trick ist es, sie bis zum Ausgang zu begleiten. Wenn sie die Treppe hinaufsteigen, kann ich genau sehen, ob ich wirkungsvoll gearbeitet habe und ob die Person wirklich erleichtert ist.» Er kümmert sich um jeden, Tiere inbegriffen. «Jeder besitzt Magnetismus, aber nicht jeder kann ihn nutzen. Je mehr man ihn anwendet, desto stärker wird er, und dadurch verbessert sich das Talent. Ich bin ein Kanal, ein Verbindungsgang zwischen dem „Herrn da oben“ und dem Klienten. Man muss auch aufrichtig zu sich selbst sein, und wenn die Leute zufrieden sind, kommen sie wieder oder schicken jemanden, den sie kennen. So werden die Scharlatane auf natürliche Weise eliminiert.» Die Klienten verlangen oft Beweise: Sie wollen etwas spüren, das aus dem Magnetopathen ausstrahlt. Meistens empfinden sie bei der Behandlung eine Hitze oder ein Frösteln. «Der heutzutage gängige Irrtum ist, dass man alles strikte voneinander trennen und unterteilen will. Die Natur ist die Basis für alles, und ich ziehe deshalb den Begriff der Naturmedizin dem Begriff der Volksheilkunde vor. Ich verstehe nicht, warum die Komplementärmediziner ständig von den Ärzten kritisiert werden und sich immer wieder rechtfertigen müssen. Sie wollen schliesslich niemandem den Platz wegnehmen, da sie ja eine andere Art des Heilens anbieten. Indem man Techniken und Wissen vereint, kann man das Wesen in seiner Ganzheit betrachten.»

Seiner physischen Widerstandsfähigkeit verdankt Luigi Küttel, dass er die Energie gut kanalisieren und sich somit selbst schützen kann. «Die Heiler von früher starben früh, denn sie wussten sich nicht zu schützen, und nahmen die Leiden jener auf sich, die sie geheilt hatten.»

Zdenka Sidonia HAMAROVA, Energetikerin. Glarus

«Im Mittelalter nach 1480, als die Hexenverfolgungen begonnen hatten, haben wir dieses Urwissen in Europa verschüttet. Und das, was wir als neue Energetiker wahrnehmen, denke ich, ist nichts anderes als die alte Energie von dem Wissen, die jetzt wieder wahrgenommen werden darf.»

Ihre Urgrossmutter väterlicherseits war eine Kräuterfrau und heilte durch Kräuteranwendungen, ebenso die Grossmutter mütterlicherseits. Diese heilte ausserdem noch durch das Gebet und besass eine hellseherische Begabung. Seit ihrer Kindheit sieht und spürt Zdenka Hamarova Energie, zudem kann sie sie riechen und betasten. Ohne dass sie damals von irgendeiner energetischen Therapiemethode gewusst hätte, brachte sie durch ihren blossen Blick oder ihre Berührung diese Energie in Bewegung, was bei den betreffenden Menschen zur Schmerzlinderung führte, sie selbst jedoch schnell ermüdete. Als Kind glaubte sie, dass alle Menschen die gleiche Wahrnehmung hätten und auf dieselbe Art «sehen» wie sie. Es wunderte sie immer, dass ihre Mutter nichts sah, wenn sie diese aufforderte: «Hol einen Spiegel und schau, was du um den Kopf herum hast.» Da die Umwelt mit ihrer «Andersartigkeit» Mühe hatte, wünschte sie sich sehr, dass ihre seherischen Fähigkeiten verschwinden mögen. Weil dies nicht der Fall war, lernte sie mit dem Älterwerden so zu leben, dass diese Fähigkeiten an Präsenz und Intensität verloren. Sie sollten erst viel später wieder richtig zum Vorschein kommen. Mit 40 hatte sie einen Autounfall mit schwerem Schleudertrauma. «Mit diesem Vorfall kamen meine Fähigkeiten zurück. Ich sah alles nur noch verschwommen, als hätte ich einen Helm mit Visier auf dem Kopf. Es erschienen mir aussergewöhnliche Bilder, die den Menschen durchdrangen, aber ihn auch umgaben, und ich hörte alles schrecklich laut und metallisch. Weder der Augenarzt noch der Ohrenarzt fanden die Ursache. Es war derart unangenehm, dass ich gezwungen war, mich damit auseinanderzusetzen, denn verdrängen ging nicht. Darauf begann ich die Bilder, die mir erschienen, zu zeichnen.» Aufgrund der erlittenen Verletzung musste Zdenka Hamarova ihren Beruf als Tanzlehrerin aufgeben und erfüllte sich einen lang gehegten Traum, indem sie eine Ausbildung in Naturmedizin absolvierte. Aber wie in der Kindheit stiess sie mit ihrer Fähigkeit während dieser Ausbildung auf Unverständnis. Nur der blinde Lehrer für Massage und Körpertherapie sagte, er «sähe» ähnlich wie sie. Es schien, als würden sie beide auf eine ähnliche Weise wahrnehmen, erzählt sie.

Nach der Ausbildung zur Naturheilpraktikerin absolvierte Zdenka Hamarova bei Prof. Dr. med. Kaspar Rhyner im Kantonsspital Glarus ein schulmedizinisches Praktikum, welches später zu einer Anstellung als Naturärztin führte, wo sie ihre seherischen Fähigkeiten einsetzen konnte. Als eine der wenigen Heilerinnen mit einer anerkannten naturmedizinischen Ausbildung in der Schweiz, hatte sie die Möglichkeit, innerhalb des Spitalbetriebes eng mit dem schulmedizinischen Personal zusammenzuarbeiten. Unter der Leitung von Prof. Dr. Rhyner durfte sie an Krankenvisiten teilnehmen und in der Praxis mit dabei sein, wenn er Leute untersuchte. «Ich habe ihm immer meine Hypothesen geschildert und aufgezeichnet, wo ich die energetischen Störungen sehe. Wir haben das dann zusammen verglichen und die Resultate waren wirklich übereinstimmend, obwohl mir die ursprüngliche medizinische Diagnose nicht bekannt war. Die energetischen Zeichnungen haben sogar oft noch zusätzliche, bis dahin nicht entdeckte Verdichtungen im Energiefeld des Menschen gezeigt, die nach meiner Sicht eine andere Initiationsstörung aufzeigten, als bis anhin angenommen wurde.» Diese Zusammenarbeit ermöglichte es, eine auf den Patienten abgestimmte Therapieart auszuwählen sowie eine gezieltere allopathische und naturmedizinische Medikation vorzunehmen, wodurch es bei vielen Patienten zu einer Medikamentenreduktion kam. Zu jener Zeit hatte Zdenka Hamrarova ihre zweite Begegnung mit einem Menschen, der ähnlich «sah» wie sie. Die Energetikerin Alena Jostl arbeitete ebenfalls mit Prof. Dr. Rhyner im Spital Glarus zusammen. Da die beiden Frauen ähnliche Fähigkeiten besassen, wurde ihre Art zu sehen binnen Kurzem durch Presse und verschiedene TV-Sendungen unter der Bezeichnung «Röntgenblick» bekannt gemacht.

Durch die zahlreichen Ausbildungen in der europäischen wie auch chinesischen Naturmedizin habe Zdenka Hamarova einigermassen verstehen gelernt, was sie sehe, doch erklärte das Gelernte nicht vollständig ihre Bilder. Diese ermöglichten ihr eine Sicht auf verschiedenen Ebenen, beispielsweise auf der organischen Ebene wie der Lymphe oder des Kreislaufs. Das Schwierigste dabei sei das Fokussieren gewesen, da es sich nicht um statische Bilder handelt, sondern um solche in Bewegung. «Plötzlich habe ich riesige Kreise gesehen, bis ich erkannt habe, dass ich Blutkörperchen sehe, aber anders als unter einem Mikroskop. Oder die Impulse der Hirntätigkeit, bis ich rausfand, was ich sehe und wo ich bin. Anfangs fokussierte es von selber.» «Ich denke, die Sicht der energetischen Bilder entsteht aufgrund der subjektiven Wahrnehmung und der Lebenserlebnisse, d.h. jeder Energetiker wird eine andere Wahrnehmung haben, aber wir kommen trotzdem zu einem ähnlichen Resultat.» Auf der feinstofflichen Ebene erkenne sie rotierende, sich schnell oder langsam bewegende Energiefelder, aber es brauchte viele Jahre um zu begreifen, dass die Veränderungen im Energiefeld eines Menschen mit seinen Gedanken und schmerzhaften Ereignissen zu tun haben, die die Funktion eines Organs oder Organsystems beeinflussen, erzählt sie. Dabei handle es sich nicht nur um die heutigen Gedanken und negativen Erlebnisse, sondern auch um solche, die in der Vergangenheit gespeichert wurden. Diese gilt es aufzulösen, indem man versucht, diese Informationen aufzuspüren und sie dann zu überschreiben, sozusagen in eine positive Haltung umzuprogrammieren. Manchmal kam es auch vor, dass sie bei einer Berührung filmartige Abschnitte aus dem Leben der Person vor sich sah. Das Energiefeld bot also nicht nur Informationen bezüglich des Aufenthaltsortes einer

Störung an, sondern gleichzeitig auch Vorschläge zur Lösung dieser Störung. Aus diesen jahrelangen Beobachtungen und Forschungen entwickelte Zdenka Hamarova die Energetische Informationsmedizin. «Ich denke, Heilung funktioniert ganz anders, als wir uns das heutzutage vorstellen. Mir kommt es so vor, als dürfe dieses Wissen noch nicht nach draussen geraten. Vielleicht kommt das eines Tages noch. Denn es scheint, dass immer mehr Menschen bereit sind, Verantwortung für ihre Genesung zu übernehmen. Schliesslich geht es um Bewusstwerdung, um das Gleichgewicht der Aussen- und Innenwelt der Menschen, und ich begleite sie durch diesen Prozess.» «Der Mensch ist ein Energiewesen, das ist für mich ohne Zweifel. Aber wenn ich dann mit der Schulmedizin darüber spreche, ist das noch nicht so klar. Solange wir als Naturärzte Anatomie, Physiologie, Pathologie und die greifbaren Fächer absolviert haben, findet auch jemand, der schulmedizinisch tätig ist, in uns einen Ansprechpartner. Aber wenn wir dann mit solchen Phänomenen kommen, sagen sie Stopp. Ich hoffe, das ändert sich eines Tages.»

Seit 2004 führt Zdenka Hamarova eine eigene Praxis für angewandte Naturheilkunde und bietet auch diverse Kurse und Ausbildungen an. Die Absolventen müssten aber, um eine Ausbildung in der Deutung von energetischen Informationen zu absolvieren, in der Lage sein, innere Bilder hervorzubringen sowie Disziplin und Geduld in deren Deutung zu entwickeln, meint sie. Sie ist sich nicht im Klaren, ob jeder das könnte. Wir hätten zwar alle ein gleich gebautes Gehirn, die gleichen Organe usw., aber wie wir sie aktivieren können, das hänge von der individuellen Begabung ab. «Ich denke, das Interesse spielt auch eine sehr grosse Rolle. Es braucht eine Begeisterung in Demut, um dieser energetischen Sicht zu begegnen und mit ihr umzugehen, um sie vielleicht auch im therapeutischen Sinne diagnostisch anzuwenden. Dem muss ein grosser Wunsch vorausgehen.»

Zdenka Hamarova unterscheidet ganz klar zwischen den von der Krankenkasse anerkannten Therapiemethoden und der Energetik (Energetische Informationsmedizin). «Es gibt Grenzen in der Energetik, deshalb kann man diesen Beruf nicht gewinnorientiert ausüben. Ich habe Zustände, da brauche ich drei bis vier Tage Ruhe, weil die energetischen Behandlungen und Diagnosen sehr kräfteraubend sind. Gewisse schwer erkrankte Patienten kann ich in bestimmten Situationen nicht berühren, da sie durch ihre fortgeschrittene Krankheit ihr eigenes Energiepotenzial sehr niedrig halten. Ich musste erst lernen, so zu leben und auch meine Grenzen zu erkennen. Meine Kraft schöpfe ich aus der Meditation, der Natur und aus dem Gebet.»

Ihre Klienten kommen nicht nur wegen gesundheitlicher Probleme, sondern auch wegen Eheproblemen, Problemen mit ihren Kindern, Ängsten oder einem Jobverlust. «Alle Ängste, Unsicherheiten und Vereinsamungen können körperliche Symptome verursachen, welche sich dann in einer Krankheit im schulmedizinischen Sinn manifestieren. Wir können unsere Gedanken, Wahrnehmungen und Erlebnisse seit unserer Entstehung im pränatalen Körper nicht von den körperlichen Zellen trennen. Diese Informationen sind in den Zellen gespeichert. Auch wenn diese Zellen individuelle Lebenszeiten haben, irgendwann werden sie kopiert und die Informationen werden bei der Zellteilung an die neuen Zellen weitergegeben.» Ein wichtiger Teil ihrer Arbeit bestehe darin, ihren Klienten zu vermitteln, wie sie selber lernen können, ihre eigenen Energiekörper wahrzunehmen, zu verstehen und aufzuladen. Das seien zum Teil ganz einfache Dinge wie Bewegung, gesunde Ernährung, aber auch Loslassen von alten, schmerzhaften Geschehnissen oder Schuldzuweisungen, erläutert sie. «Das sind alles kleine Schritte, die die Menschen für ihre Gesundheit machen können, aber mit einer stark heilenden Wirkung.»

Ein grosser Wunsch, den Zdenka Hamarova hegt, ist, Leute mit einer schulmedizinischen oder naturmedizinischen Ausbildung in das Thema der Energetik einzuführen und weiterzubilden. «Ich hoffe, dieses Gebiet wird irgendwann anerkannt sein und für die Hochsensitiven zu einem Studienfach ausgebaut.» «Alle, die mit Energie arbeiten, sind Energetiker. Und Energie ist Teil von uns, die ist in uns, um uns und wir sind Teil von dem Ganzen, das Energie ist. Und wenn unser Körper einmal abgelegt wird, ist das auch eine Art Energie, die zerfällt, sie wird wieder zu Erde oder Asche, wenn wir unseren Körper verbrennen lassen, aber die Erfahrungen des Wesens sind das Energiepotenzial der Seele, welches bleibt.»

Jakob (Köbi) MEILE, Heiler, Coué-Methode. Netstal (GL)

«Es ist schön, den Leuten zu helfen. Ich habe etwas gelernt und jetzt gebe ich es an andere weiter.»

Jakob Meile (Köbi genannt) ist weit über die Grenzen des Glarnerlandes hinaus bekannt für sein Traditionshandwerk. 1976 eröffnete der ehemalige Knecht und Alphirt sein eigenes Sattlergeschäft in Netstal, welches er bis zur Übergabe an seinen Nachfolger im Jahr 2005 erfolgreich führte. Anfangs wurden vor allem Pferdegeschirre angefertigt und verschiedenste Reparaturen an Koffern, Handtaschen und anderen Lederwaren ausgeführt. Heute ist die Sattlerei Meile vor allem auf Glockenriemen spezialisiert. Mittlerweile ist Köbi Meile auch für seine Vorträge und Seminare bekannt geworden, die er unermüdlich in der ganzen deutschsprachigen Schweiz hält. Durch seine bescheidene und vertrauensvolle Art scheint er die Menschen anzuziehen.

Zum «Heilen» kam der gebürtige Toggenburger, weil es ihm vor vielen Jahren nicht gut ging. Er litt unter starken Herzbeschwerden, die sich derart verstärkten, dass er überzeugt war, sein Leben gehe dem Ende entgegen. Auf der Suche nach Hilfe war Köbi bei verschiedenen Naturärzten und Magnetopathen gewesen, fand jedoch nie den Erfolg, den er sich erhofft hatte und der ihm auch vielmals versprochen worden war, aber doch nie eintraf. Da erhielt er von seiner Schwester ein kleines Buch mit dem Namen Autosuggestion[115]. Darin war die Methode des französischen Apothekers und Begründers der modernen Autosuggestion, Emile Coué[116], beschrieben. Beim Durchlesen stiess Köbi auf zahlreiche Erfolgsbeispiele von Selbstheilungen, konnte jedoch nicht glauben, dass so etwas Einfaches möglich sei, und schickte das Buch wieder zurück. Als er kurze Zeit später auf ein Inserat stiess, das für einen Vortrag mit dem bekannten Coué-Interpreten Kari Nötiger aus Thalwil warb, entschloss er sich hinzugehen. Dieser Vortrag sollte zu einem wegweisenden Erlebnis werden, denn er entdeckte, dass das, wonach er bei all den verschiedenen Naturheilern gesucht hatte, in uns Menschen selbst ist. An diesem Abend habe er gelernt, sich selber zu heilen. Gewisse Sachen besserten sich sofort, andere brauchten mehr Zeit, erzählt er. Der Schmerz kam nach geraumer Zeit wieder und damit die Zweifel. «Ich begann mich zu fragen: Hilft es wirklich? Braucht es nicht noch etwas Zusätzliches oder die Unterstützung von jemanden? Aber als ich an den folgenden Vorträgen hörte, wie viele der anwesenden Personen sich selber erfolgreich geholfen hatten, indem sie einfach nicht aufgaben, war das jedesmal wieder ein Ansporn zum Weitermachen.» Die Coué-Methode sei neben dem Gebet die einfachste Heilmethode, die Köbi Meile gefunden habe. Es war ein längerer Prozess, als er seine Krankheit meisterte und das Bedürfnis in ihm erwachte, diese Erkenntnis an andere Menschen weiterzugeben. Zuerst begann er innerhalb der Familie und weitete es auf die Kunden der Sattlerei aus. *«Wenn jemand zu mir kam und mich um Rat fragte, bemühte ich mich, dass der Rat nicht von mir, sondern von oben durch mich kommt. Ich bin dann wie ein Kanal. Ich machte die Erfahrung, wenn man versucht, vom Kopfwissen her einen Rat zu geben, dass der oftmals täuschen kann.»*[117] Mit der Zeit kamen immer

---

[115] COUÉ, Émile: *Autosuggestion.* Oesch-Verlag, Zürich.

[116] Für weitere Informationen zu Emile Coué: www.coue.ch

[117] Rückblick, Nov. 2008: S.44–45.

mehr Anfragen, und nun sind es bald dreissig Jahre, seitdem er begonnen hatte, den Menschen zu helfen. Entwicklungen brauchen Zeit, die könne man nicht überstürzen, sagt er. Seine Erfahrungen hätten sich über die vielen Jahre angesammelt, durch stetiges Ausprobieren und «machen», und indem er Kurse besuchte.

Die Bandbreite der Ratsuchenden, die in sein Büro oberhalb der Sattlerei kommen, reicht von jung bis alt, aber es sind vor allem viele Arbeiter aus dem Tal und der Umgebung. Den Weg finden diese Leute durch Mund-zu-Mund-Propaganda. Die Leute suchen Köbi Meile für allerlei Probleme auf, wie Schmerzen, Entzündungen, Warzen, Depressionen oder Krebs. Aber auch Gehbehinderte oder Stotterer kommen zu ihm. Neben den physischen Leiden kommen Menschen unter anderem mit Alkoholproblemen, Mangel an Selbstvertrauen sowie solche, die den Sinn des Lebens verstehen wollen, aber auch Kinder, die bettnässen oder in der Schule Schwierigkeiten haben. Auch unterschiedliche Beinlängen, die auch die Ursache verschiedener Beschwerden sein können, werden oft innert Minuten ausgeglichen, ohne den Klienten zu berühren – allein durch Worte, was immer wieder zu grossem Staunen führt. Es sind also nicht nur Kranke, sondern ebenso viele Suchende und Fragende. Für Köbi ist es selbstverständlich, dass seine Methoden weder den Arzt noch eine Therapie oder Medikamente ersetzen. Er sieht sich als Unterstützung zur Schulmedizin.

Er erinnert sich an eine Geschichte, als er noch in der Sattlerei tätig war. Eines Tages kam ein junger Mann in den Laden, um etwas zu kaufen. Er ging an Krücken und erzählte, dass er seit einem Autounfall vor einem Jahr unter ständigen Schmerzen litt, sodass er nicht mehr arbeiten könne. Köbi Meile nahm ihn zur Seite und sagte ihm: «Komm, wir probieren etwas.» Und dann wendeten sie die Methode gemeinsam an und kamen zum Erfolg. Die Behinderung war nicht ganz weg, aber die Schmerzen verschwanden und er konnte wieder arbeiten gehen, erzählt Köbi Meile. Solche Geschichten hätte er viele zu erzählen. Doch er betont immer wieder, dass jeder und jede den eigenen Heiler in sich habe, und wenn es sein darf, könne man vielleicht dem anderen helfen, ein Türchen zu seinem eigenen Helfer zu öffnen. «Ich kann die Leute nicht im Glauben lassen, dass ich etwas mehr kann als andere, weil ich weiss, dass sie es selber auch können, und indem sie es selber machen, wird ihr Selbstvertrauen gestärkt. Das ist das Schöne daran, und man wird von niemandem abhängig.» Auch Fernheilungen könne jeder selber machen, ist er überzeugt. Distanz spiele dabei keine Rolle, denn Gedanken kennen keine Grenzen. So könne man auch Blut über Distanz stillen. Er unterweist die Leute, wie sie es selber machen können. Ebenso fordert er die Mütter auf, die wegen der Prüfungsangst ihrer Kinder anrufen, es selber zu tun, indem sie ihre guten Gedanken für die Kinder aussprechen. «Heilen ist auch „Reden“ und Worte haben einen grossen Einfluss. Wenn ich sage: Mir geht es nicht gut, dann sieht mein innerer Heiler oder Helfer dazu, dass es mir nicht gut geht. Spreche ich aber positiv, dann verwirklicht sich das, was ich sage, im Bereich der Möglichkeit.» Hin und wieder wird er wegen verlorener Gegenstände angerufen. Manchmal sieht er die Dinge und sie werden gefunden, manchmal auch nicht. Für andere Menschen in die Zukunft schauen, das lehne er hingegen strikte ab. Seine Vorträge organisiert er immer selbst und sie basieren auf einem freiwilligen Kostenbeitrag. Ausser für Rückführungen nimmt er kein Geld. Wenn jemand etwas geben will, soll er es in die Büchse für «Menschen in Not» geben, sagt er.

Köbi Meile arbeitet mit verschiedenen Methoden. Er habe diverse Kurse besucht und könne deshalb vieles miteinander verbinden, berichtet er. Er spürt intuitiv, womit er beginnen soll, und sagt seinem Gegenüber, was er sieht oder was ihn gerade beschäftigt. Wenn nötig, ergibt sich daraus ein Gespräch. Köbi sieht und spürt auch Geistwesen und kann mit ihnen in Kontakt treten. Manchmal geschehe es bei einer Behandlung, dass ihm ein Wesen erscheine, sagt er. «Es gibt viele Seelen, die gestorben sind, dies aber nicht wissen, und ihm sei es ein

Anliegen, diesen verstorbenen Seelen zu helfen, damit sie ins Licht gehen können.» Erwacht ein Kind jede Nacht um die gleiche Zeit, könne das unter Umständen eine Seele sein, die Hilfe braucht, erklärt er. «Wenn man ihr helfen kann weiterzugehen, dann ist sie erlöst und kommt nicht mehr, aber wenn man sie nur vertreibt, dann ist sie nur ein Weilchen weg und kommt wieder. Oft heisst es, das seien schlechte Menschen gewesen, dabei brauchen sie nur Hilfe. Viele wehren sich noch, da sie nicht verstehen, was mit ihnen geschieht.» Dann bittet Köbi den Himmel um Hilfe und um Erlösung für diese Seelen. Für ihn seien es jedes Mal zutiefst berührende Erlebnisse, auf eine solche Art helfen zu dürfen.

Er wehrt sich gegen das Wort «Heiler». Nach Köbi Meile kann man niemand anderen als sich selbst heilen. «Alles was geschieht, kommt von oben. Wenn es nicht bestimmt ist, dass es einem besser geht, kann man machen, was man will, aber es wird sich nicht bessern. Das Göttliche ist so gross, so unendlich. Für mich ist ganz klar, dass nichts geschehen kann ohne die Hilfe von oben.» Für Köbi Meile gibt es nur eine Kraft, und das ist die göttliche Kraft. Ohne sie gibt es kein Leben. Diese Kraft war schon immer da und ist überall, in und um uns, und kann für das Positive wie auch für das Negative angewendet werden. Köbi Meile blickt auf viele lehrreiche Jahre zurück. In einer neunköpfigen Familie aufgewachsen, lernte er auch die harten Seiten des Lebens kennen. Schon damals hegte er den Wunsch, seinen Mitmenschen zu helfen. «Ich gebe nur das weiter, was ich bekomme, und bin dankbar dafür, dass ich das weitergeben darf.» Und er fügt hinzu: «Jeder wähle seinen eigenen Helfer und jene Methode, die ihm zusagt. Und als Helfer bejaht er jede Methode, die Hilfe bringt. Schliesslich kommt doch jede Hilfe von Gott.»

Edith FELDER, Radiästhetin, geistiges Heilen.
Rocourt (JU) und Brig (VS)

*«Ich will keine Krankheiten hätscheln. Wenn jemand an
seiner Krankheit festhalten will, dann ist er bei mir nicht
am richtigen Ort.»*

Edith Felder suchte früher das Einsame, das Karge und
fand es in der strengen Wildheit des Oberwallis. In den stei-
len und felsigen Hängen des Goms ging sie sechzehn Sommer
auf die Alp. Sie wollte immer schon mit Tieren arbeiten, aber
nicht so wie auf einem Bauernhof, sondern in einer freieren
Umgebung. Sie erzählt, wie die Berge sie geprägt haben. Wie
sie oberhalb der Baumgrenze, dort wo es keine Zäune gibt und
das Vieh Tag und Nacht den Naturgewalten ausgeliefert ist und
so leicht etwas passieren kann, zum Urvertrauen fand. Wie sie
dort oben gelernt hat, ihre Helfer zu aktivieren, indem sie um
Unterstützung bat. «Wir haben so viele „Hilfen“ um uns, aber
wenn wir nichts sagen, machen sie nichts. Dazu braucht es jedoch Vertrauen und man darf keine Angst haben, denn das
schreckt die Hilfen ab.» Doch die Zeit der Einsiedelei ist vorbei. Heute lebt und arbeitet Edith Felder in einer, wie sie es selber nennt, «lebensfreundlicheren» Umgebung im grünen Jura
und fühlt sich dort wohl. Den Kontakt zum Wallis hat sie aber
trotzdem nicht ganz abgebrochen. Einmal im Monat fährt sie
nach Brig, dort ist sie in einer Arztpraxis als Klangschalen-
therapeutin tätig.

Ursprünglich stammt Edith Felder aus dem Entlebuch. Sie
wuchs auf einem abgelegenen Bauernhof als jüngstes von fünf
Geschwistern auf. Es gab noch zwei Höfe in der Nähe, doch
hatte man kaum Kontakt zu diesen. Dazumal herrschte eine
Art Hassliebe zwischen den einzelnen Höfen und Familien,
erzählt Edith Felder. Sie erinnert sich nicht an Spielkameraden
oder Gefährten aus ihrer Kindheit. Sie war eine Einzelgängerin
und ging viel in die Scheune meditieren. Immer wieder sagte
sie als kleines Mädchen: «Ich will heilig werden», worunter sie

auch das «heilen» verstand. Als Dreijährige fand sie ein Pendel, und als sie es in der Hand hielt, spürte sie sofort, dass es
auf gewisse Sachen reagierte. Mit ihren Händen habe sie schon
immer Energiewirbel wahrgenommen und aufgenommen, erinnert sie sich. Viel später, im Jahre 1989, besuchte sie einen
Reikikurs aus blosser Neugier und um herauszufinden, was sie
denn eigentlich mit ihren Händen spüre. «Da habe ich gemerkt,
dass ich das alles schon in mir habe, was dort gezeigt wird.»
Ihr Grossvater sah schon Geister, aber es war keine Familien-
tradition gewesen, eher etwas, das man verstecken musste, erzählt Edith Felder. Auch sie sah von klein auf viele Geister, und
ohne dass sie es gesucht hätte, kamen bereits damals Leute zu
ihr. «Ich musste schon als Kind solche Sachen auflösen.» Sie
selber bekunde keine Mühe, diese schweren, dunklen Mächte
aufzulösen, denn sie habe immer das Gefühl gehabt, geschützt
zu sein, versichert sie. Als wäre sie dazu bestimmt, an Sachen
zu arbeiten, an die sich andere nicht hintrauen. «Wenn es einem in die Wiege gelegt wurde, hat man keine Angst. Aber wie
soll man so etwas erklären? Noch vor fünf Jahren konnte man
nicht einmal darüber reden. Zudem gibt es ja noch das andere,
wo es um Teufelsaustreibungen geht. Das ist nicht mein Ding.
Dieses Denken vom Teufel auf der einen Seite und dem Göttlichen auf der anderen, das sehe ich nicht so eng. Für mich ist
die schwarze Macht ebenso Teil des Ganzen.» Denn für Edith
Felder entspringt alles aus einer Schöpfungskraft, die in allem
enthalten ist und in jedem Lebewesen, in jedem «Krümeli» zu
finden ist. Die Religionen versteht sie als verschiedene Wege
dorthin. «Aber irgendwann haben gewisse Religionen angefangen, nur noch schwarz-weiss zu malen. Bei uns hier ist das
ja ganz stark: Man muss leiden, sich kasteien, darf dieses und
jenes nicht, muss möglichst arm durch die Welt gehen. Vielfach muss ich in meiner Arbeit genau diese Sachen auflösen.
Viele sehr tief eingeprägte Muster kommen von den Religionen», ist sie überzeugt.

Edith Felder ist mit Paula Felder[118], einer 2007 verstorbenen und weit über das Mittelland hinaus bekannten Heilerin, verwandt. Von der Kirche wurde Paula Felder oft angegriffen. Sie mache Teufelszeug, hiess es. Sie war Ordensschwester des Seraphischen Liebeswerkes Solothurn und vor allem als Hebamme und Krankenschwester tätig, später auch als Kräuterfrau und Heilerin. Sie entwickelte ihre eigenen Methoden und war bis ins hohe Alter neugierig und offen für alles. Auch für neue Tendenzen. «Das war eine andere Zeit und eine andere Generation. Damals durfte eine Heilbehandlung nichts kosten. Bis anhin stimmte das, aber heute ist das anders. Die Energie hat sich verändert. Geld ist Energie und was man macht, ist auch Energie. Wenn man direkt mit der geistigen Welt arbeitet, muss man auch etwas geben. Die Leute, die die *„secrets"* besitzen, sind darin gebunden, doch heute wäre es an der Zeit, das zu ändern», meint Edith Felder. Wenn jemand weiterkommen oder eine Heilung will, muss er wissen, dass es in seiner eigenen Macht steht. Darum brauche es einen Ausgleich, auch im finanziellen Sinn, ist sie überzeugt. Ansonsten aber fühlt sich Edith Felder in vielen Punkten ihrer Verwandten Paula Felder sehr ähnlich. Sie sei aber auch impulsiv und ihre Arbeit sei nicht auf Entspannung ausgerichtet, betont sie. Ausser bei sehr tiefsitzenden Problemen kommen die Klienten nur zwei- dreimal zu ihr. «Viele Leute klammern sich an ihre Krankheit und wollen diese nicht loslassen, weil sie ihnen dienlich ist. Das muss man erkennen und ablegen.» Darum geht sie direkt auf den Kern. «Ich will, dass es sich löst, dass es eine Heilung gibt.»

Edith Felder arbeitet viel mit dem Pendel. Seit sie bei Paula Felder gelernt habe, damit Diagnosen zu stellen, sei das Pendel zu einem unverzichtbaren Werkzeug geworden, da sie nun sofort die Art des Problems bestimmen könne. Als Radiästhetin macht sie auch Abschirmungen von Häusern, Wohnungen und Ställen, auch über Distanz. Dazu brauche sie nicht vor Ort

---

[118] Paula Felder hat unter dem Namen Pauline Felder verschiedene Bücher herausgegeben, darunter z.B. *Gesundheits-Brevier. Alternative Heilmethoden – praktisch erprobt* und *Von der Heilkraft unserer Bäume.*

zu sein, sondern benötige lediglich eine Zeichnung des Gebäudes, worauf sie dann ihre Aufzeichnungen macht. Auch Personen kann sie fernbehandeln, doch sei es für die meisten Leute besser, vorbeizukommen. Edith Felder arbeitet mit verschiedenen Techniken. Vieles spielt sich auf der Ebene des geistigen Heilens ab, das sie «ein Verändern der Strukturen» nennt. Dazu setzt sie gerne Pflanzen zur Unterstützung ein, sei dies in Form von Tees, Tinkturen oder Auflagen. Auch Bachblüten kommen zur Anwendung. Als Kind war sie davon überzeugt, dass die Pflanzen die spirituellsten Wesen seien. «Diese sind so essenziell. Die strecken sich sowohl in den Boden als auch zum Licht. Sie sehen alles, hören alles und sie jammern nicht. Zugleich sind sie die Behausung von vielen Wesen.

Ein bevorzugtes Thema von ihr ist der Drogenmissbrauch. Bei der Behandlung von Leuten, die nicht mehr «herunterkommen», habe sie gute Erfahrungen gemacht, ebenso bei körperlichem Missbrauch sowie Ängsten. Die könne sie auflösen, sagt sie. Die betreffenden Leute fänden ihren Weg zu ihr durch Mund-zu-Mund-Propaganda, denn über solche Themen werde nicht laut gesprochen. Erfolg habe sie auch bei Allergien, die oft nach einigen Tagen verschwinden, doch rät sie ihren Klienten die empfohlene Kur für einige Wochen einzuhalten. Unheilbare Krankheiten gäbe es nur, weil wir das meinen, ist Edith Felder überzeugt. Während der Behandlungen sieht sich Edith Felder als Durchgang für die Schöpfungsenergie. Sie ist dann in Meditation. Manchmal fühlt sie sich danach ein wenig «aufgedreht», dann geht sie mit den Hunden spazieren oder arbeitet im Garten, damit sie wieder Boden fasst.

Xaver BÄTTIG, Heiler. Opferseiberg (Hergiswil b. Willisau, LU)

«Die Leute müssen nicht daran glauben. Es muss auch niemand zu mir kommen. Viele Leute glauben nicht an solche Sachen, aber die Tiere glauben auch nicht. Meine Frau war lange skeptisch. Heute hat sie nichts mehr dagegen.»

Xaver Bättig ist pensionierter Landwirt und wohnt im Napfgebiet an einem Ort mit dem mystisch klingenden Namen Opferseiberg. Das Napfgebiet sei ein Kraftort, sagt er. Ihn hat es schon immer zu solchen Kraftorten hingezogen. Das hat er aber erst verstanden, nachdem er verschiedene Bücher darüber gelesen hat. Er hat da seine Orte, die besonders gut für ihn seien, wo er immer wieder auftanken kann. Man müsse ein Naturmensch sein für so etwas, betont er. Xaver Bättig sieht sich als «Mondmensch», denn der Vollmond plage ihn und er achte sehr auf den Mond. Wenn jemand ein zweites Mal zur Behandlung kommen müsse, dann schaue er, dass die Person bei abnehmendem Mond komme. Der Mond habe viel mehr Einfluss als allgemein angenommen, sagt er. «Als Bauer achtet man sehr darauf. So wird z.B. der Mist bei absteigendem[119] Mond aufs Feld ausgetragen und Stangenbohnen bei aufsteigendem Mond ausgesät. Karotten dagegen bei absteigendem. Früher schaute man viel mehr auf solche Zeichen. Heutzutage wird eher darüber gelächelt.»

Xaver Bättig hat mit den Tieren auf dem Bauernhof angefangen und kann mittlerweile auf eine 50-jährige Erfahrung zurückblicken. Seine Spezialitäten sind Hautleiden und das Blutstillen. Die Klienten kommen entweder zu ihm auf den Hof oder in die nahe gelegene Skihütte, da diese einfacher zugänglich ist. Handelt es sich um grössere Tiere, dann fährt er zu ihnen. Die Tiere haben auch ihre Leiden wie verschiedene Hautkrankheiten, Warzen, Flechten und «Feigen»[120]. Meistens nimmt er zwei bis drei Tiere am gleichen Ort zusammen, nicht mehr. Es macht ihn zwar nicht müde, aber es «nimmt Kraft weg» und er muss dann wieder auftanken. Feigen können handgross und grösser werden, und wenn das Tier daran kratzt, blutet es. Xaver Bättig stellt den Warzen, einfach gesagt,

---

[119] Die Ausdrücke «aufsteigender» Mond (Obsigend), auch Pflanzmond, und «absteigender» Mond (Nidsigend), auch Erntemond genannt, werden für den Verlauf der Mondbahn verwendet und sollten nicht mit den Mondphasen bzw. mit dem «zunehmenden» und «abnehmenden» Mond verwechselt werden.

[120] «Feigen» sind Papillome oder Warzen. Sie werden durch Viren verursacht.

das Blut ab, indem er die Hand auflegt. Die Feigen werden dann entweder ganz hell oder schwarz, da kein Blut mehr reinfliesst, und fallen ab. Wenn Xaver Bättig mit seinen Händen eine blutende Wunde berühre, höre die Blutung augenblicklich auf. Eine Geschwulst verschwinde nach mehrmaliger Berührung, erzählt er. Deshalb ist er bei den anderen Bauern besonders für das Klauenschneiden sehr beliebt. Zur Klauenpflege kam er, wenn Klauenpfleger Probleme hatten und die Tierärzte auch nicht weiterhelfen konnten. Zuerst behandelte er einzelne Tiere. Und da die Tiere regelmässig alle Jahre wieder eine Pflege brauchen, hat er es auch weiterhin gemacht. Schliesslich hat er ganze Bestände übernommen, da die Bauern sehr zufrieden waren mit ihm. Aber jetzt hat er diese Arbeit aufgegeben, denn die Bestände fordern viel Arbeit. Die Bauern glauben es ihm jedoch nicht und fragen sich: «Was, wenn er nicht mehr da ist?» Es gäbe viele Klauenpfleger, aber er kenne keinen, der Blut stillen könne. Er schneide die Wildwarzen heraus, bis sie bluten. Anfänglich rinnt das Blut schwarz heraus und dann immer roter. Dadurch werden sie gereinigt und anschliessend stelle er das Blut ab, erzählt Xaver Bättig. Bei einer solchen Gelegenheit, erinnert sich Xaver Bättig, sahen ihn vorbeikommende Wanderer bei der Arbeit, da zogen diese ihre Schuhe aus und liessen sich ihre Warzen und Blasen von ihm behandeln. Bei Flechten bestehe eine Ansteckungsgefahr vom Tier auf den Menschen, da sie übertragbar seien, sagt er. Oft müsse er auch den Besitzer der Tiere behandeln, da sie sich bei den Tieren angesteckt hätten. Xaver Bättig schreckt jedoch vor keiner Berührung zurück. Und der physische Kontakt sei wichtig, auch für die Klienten, betont er. Er nimmt ihre Hände in seine Hände und berührt ihre Warzen. Die Leute sagen ihm oft, es gäbe ein komisches Gefühl bei der Berührung. In dieser direkten Berührung sieht er gerade auch seinen Erfolg.

Xaver Bättig heilt in Gedanken und arbeitet mit den Händen – und kommt dabei oft fast ins Schwitzen. «Viele spüren etwas, aber jeder reagiert anders. Wie auch ich auf jede Person anders reagiere.» Es käme von innen, sagt er. Aber er mache es nicht alleine. Es gäbe eine höhere Macht, und irgendwie helfe ihm jemand dabei, worüber er sehr froh sei. Er danke Gott von Zeit zu Zeit. Wenn Xaver Bättig in die Hände schaut, sehe er Dinge, Krankheiten. Aber er sage den Leuten nicht, was er sieht. Er muntere sie auf. Gespräche und Vertrauen haben einen Einfluss auf die Heilung, meint er. «Positives Denken ist wichtig. Es gibt so viele Negativ-Denker. Oft muss man nur reden mit den Leuten, und alles sieht anders aus.» Das Spektrum seiner Klienten reicht von Neugeborenen bis zu 80-Jährigen. Personen, die z.B. oft Nasenbluten haben und ihn um Hilfe bitten, frage er aber immer zuerst, ob sie Blutverdünnungsmittel einsetzen, denn dies erschwere ihm die Arbeit, sagt er. Er war auch schon im Altersheim, um Warzen zu heilen. Es gäbe verschiedene Arten von Warzen, so z.B. die «Blöterli»-Warzen bei Kindern. Diese sind mit Wasser und Blut gefüllt. Die Ärzte schaben sie ab. Da dies aber schmerzhaft ist, suchen die Eltern oft nach einer schonenderen Möglichkeit für ihre Kinder und kommen zu ihm. Viele Menschen leiden schon sehr lange an Warzen, bis sie ihn konsultieren. Meistens hilft eine einmalige Behandlung. Nach zwei Monaten sollte eine Veränderung sichtbar sein, sonst muss man wieder kommen. Manchmal spüre Xaver Bättig auch Warzen, die noch gar nicht zum Vorschein gekommen sind. «Die Ärzte sagen, Dornwarzen könne man nicht wegmachen. Ich bringe vor allem diese zum Verschwinden.» Von Krankheiten will er sich fernhalten. Es gäbe heute so viele Krebsarten, meint er. Dazu brauche es die Kontrolle beim Arzt. «Ich hätte ein schlechtes Gewissen, wenn einer Krebs hätte und ich würde ihm sagen, ich könne das heilen. Sehr wenige können das.» Aber er hilft bei Schmerzen, indem er sie mildert.

Eigentlich wollte er etwas anderes machen, nämlich zur Wassersuche pendeln. Da es auf der Liegenschaft viel Wasser hat und darum auch viele Wasserleitungen, das heisst alte Tonleitungen, die immer wieder verrutschen, vor allem nach dem Winter, wird bei der Suche nach ihnen oft danebengegraben. Er wollte gerne diese Stellen genau bestimmen können. Aber es funktionierte nicht, er konnte es nie. Die Taschenuhr seines Grossvaters, die er als Pendel benutzte, wollte sich einfach nicht bewegen. Für Xaver Bättig ist klar, entweder hat man die Gabe oder man hat sie nicht. Schon viele wollten es lernen und haben ihn angefragt, aber das könne man nicht überliefern, ist er überzeugt. «Es muss einen interessieren und man muss damit arbeiten und seine Erfahrungen machen, sonst hat es keinen Wert.» Sein Grossvater hatte diese Fähigkeit. Ob es jedoch früher mehr solcher Leute gab als heute, weiss er nicht. «Aber jeder konnte etwas. Weisse und schwarze Magie war ein gängiges Thema, an dem viele herumgemacht haben, um andere zu plagen.» Ihn habe das nie interessiert. Er sei ein sehr gläubiger Mensch und hätte keine Feinde, erzählt er. Er mache den Menschen gerne eine Freude, und solange er diese Kraft habe, werde er den Menschen Gutes tun. «Man spürt ihre Dankbarkeit, nicht nur in den Dankesbriefen.»

Er hat es selber entdeckt bzw. gespürt, dass er eine Gabe besitzt. «Als ich etwa zwanzig Jahre alt war, habe ich gemerkt, „dass etwas ist“. Ich habe es ausprobiert und es hat geklappt. Dann habe ich es bei meinen Geschwistern und den nächsten Verwandten getestet und es hat auch funktioniert. Von da an kamen immer mehr Leute, sogar aus Deutschland und Italien.»

Wenn er zu jemanden fahren muss und es weit ist, sagt er, was er dafür haben muss. Ansonsten verlangt er nie etwas. «Heusche tueni nie nüt. Die wo öppis gä wännd, chönd gäh!» Darunter gäbe es Grosszügige und weniger Grosszügige, sagt er. Die Leute kämen nur durch Verbindungen zu Verwandten und Bekannten, es ist reine Mund-zu-Mund-Propaganda, sagt er. Die Leute kämen mit ihren Kindern, dann kämen diese Kinder wiederum mit ihren Kindern. «Die Leute kommen mit neuen Leiden und fragen: „Kannst du das auch heilen?“» Dann probiert er es, aber er sage nie, dass er es könne. Er probiert es einfach und meistens klappt es, manchmal auch nicht. Man könne ihm auch ruhig sagen, wenn es nicht gewirkt habe. «Ich ha mängisch Freud gha, wänns gratet.»

Roman GRÜTER, Heiler. Littau (LU)

«Wenn man heilt, wird man irgendwie auch geheilt, da man immer in dem Heilstrom drin ist. Man bekommt dadurch einen neuen Sinn, eine neue Wachheit für das Essenzielle im Leben.»

Roman Grüter ist nicht nur Heiler, er ist auch Pfarrer. Er arbeitet jedoch nicht im Auftrag der Katholischen Kirche als Heiler, sondern ist in erster Linie in einer eigenen Praxis tätig und arbeitet daneben auch als Seelsorger. Zweimal monatlich gestaltet er einen Heilgottesdienst, an dem jeweils 200–300 Leute teilnehmen. Nach dem Gottesdienst, der als einfache Eucharistiefeier gehalten wird, folgt ein spezieller Heilungssegen für alle Anwesenden. Danach legt Roman Grüter jeder einzelnen Person, die es wünscht, noch kurz die Hände auf und bekreuzigt deren Stirn mit geweihtem Öl. Das Besondere an seiner Heiltätigkeit sieht Roman Grüter darin, dass er die Menschen mit einer grösseren, unsichtbaren Wirklichkeit, der seelischen Ebene, in Verbindung bringt. «Das, was ich mache, ist nichts anderes, als die Menschen mit dieser höheren Ebene zu verbinden. Im Innersten unserer Seele sind wir immer ganz und heil. Es ist die Verbindung mit diesem innersten Bereich, die heilt. Da ist die Quelle der Heilung. Es ist nicht etwas, das ich mache, sondern das durch mich geschieht. Ich bin so etwas wie ein Kanal.»

Im Jahr 2001 bekam Roman Grüter, damals als Pfarrer in Kriens tätig, gesundheitliche Beschwerden in Form von lähmenden Blockierungen. Die Ursachen konnten schulmedizinisch nicht geklärt werden. In der Folge suchte er einen Heilpraktiker auf, der ihm erklärte, dass die gesundheitliche Störung darauf hinweise, dass eine verdrängte Seite seines Lebens sich nun bemerkbar mache. Der Heilpraktiker zeigte ihm ebenfalls deutlich auf, dass er eine grosse Heilbegabung besitze und dass das Heilen für ihn ein Weg zu seiner eigenen Heilung sei. In der gleichen Woche begegnete Roman Grüter einer hellsichtig begabten Frau, die ihm dasselbe bestätigte. Das gab ihm den entscheidenden Anstoss, den Weg als Heiler aufzunehmen, erzählt er. Heute ist das Heilen ein selbstverständlicher Teil im Leben von Roman Grüter. «Ich bin einfach „ich". Ich habe diese Begabung und möchte sie möglichst natürlich und selbstverständlich leben.» Als Kind hatte er aussergewöhnliche Lichterlebnisse. Dabei hatte er das Gefühl, er sei auf dieser Welt und doch nicht, erinnert er sich. Er sei als Kind ein Sonderling gewesen, nicht nur wegen seiner italienischen Muttersprache. Er versuchte zwar so normal als möglich zu sein, und dennoch sei er anders gewesen, frühreif und sehr verschlossen. «Ich habe wie in einer anderen Welt gelebt, es war wunderbar. Als ich in die Schule kam, habe ich mir selber bewusst den Auftrag erteilt: «Jetzt komme ich in diese Welt.»

Roman Grüter ist Autodidakt. Zu Beginn seiner heilerischen Tätigkeit wurde er vom oben erwähnten Heilpraktiker begleitet, weil ihm die Thematik des Heilens damals absolut fremd war. Aber schon beim ersten Mal, als er die Hände auflegte, spürte er etwas durch ihn hindurchfliessen. Anfangs beschrieb er es wie eine «Dusche des Heiligen Geistes», als eine Bewegung, ein Fliessen über ihn und durch ihn. Die Lichterfahrungen, die er in der Kindheit schon hatte, kamen wieder und er begann Störungen und Blockaden im Körper oder in der Seele intensiv wahrzunehmen. Es kam zu einer Art von Hellsichtigkeit und Hellfühligkeit. Das sei nicht immer angenehm gewesen, sagt er. Er ist sehr skeptisch gegenüber aussergewöhnlichen Erfahrungen. Er sieht in ihnen immer auch eine grosse Versuchung, denn sie können dazu verleiten, auf etwas stolz zu sein, das nicht unserer Leistung entspringt, sondern ein Geschenk, eine Gnade ist. Der Naturheilpraktiker sagte ihm auch, er werde geführt und er bekomme das, was er für die Heiltätigkeit brauche. Roman Grüter empfindet die Heiltätigkeit darum als etwas Gnadenhaftes. So etwas könne man nicht einfach «machen». Als berufener Heiler ist man ein Werkzeug von oben, und darum spricht er vom spirituellen Heilen. Zu Roman Grüter kommen viele Krebskranke. In erster Linie bemüht er sich darum, sie zu beruhigen und ihnen die Angst zu nehmen. «Für mich ist es wichtig, die Krebskranken mit der Tiefe ihrer Seele zu verbinden, damit sie befreiend erfahren, dass sie nicht einfach unter den Bedingungen dieser Welt stehen, sondern auch und entscheidend unter den Bedingungen von etwas Grösserem, Umfassenderem.» Darum sieht er in seiner Tätigkeit als Heiler immer auch den seelsorgerischen Aspekt. Der Patient, der am längsten zu ihm kommt (seit acht Jahren), ist ein heute 20-jähriger Asperger-Autist. Ihm geht es heute erstaunlich gut, meint Roman Grüter, der zahlreiche autistische Kinder behandelt. Er sieht die Behandlung der autistischen Kinder als begleitende Unterstützung und nicht als Ersatz für die wichtigen Therapien. Als katholischer Priester vermittelt Roman Grüter Sicherheit und Seriosität, was mitunter auch ein Grund ist, warum viele Menschen von ihm angezogen werden. Auch Angehörige anderer Konfessionen oder Religionen finden den Weg zu ihm, sagt er. Die meisten Menschen kommen jedoch, weil sie von Erfolgen gehört haben oder ihn in einem Gottesdienst erlebt haben. Diese vielen Anfragen nimmt er alle in die Fernheilung auf, die er regelmässig, meist spät am Abend, durchführt. «Und scheinbar wirkt es. Es wirkt in vielen Fällen bereits schon, wenn die Menschen an mich denken und sich mit mir verbinden. Das spüre ich hin und wieder sehr intensiv. Das kann mich sogar aus dem Schlaf reissen. Es ist nicht immer leicht, mit dieser Durchlässigkeit zu leben.»

Seitdem Roman Grüter heilt, hat sich seine Spiritualität stark verändert. Heute hat er eine erfahrungsbezogene, geerdete, mehr mystische Spiritualität. «Wenn es der Mensch nicht wirklich nachvollziehen kann, wenn es ihn nicht wirklich berührt, dann hat es gar keinen Wert. Das ist oft die Gefahr der Religionen, dass man Religiosität bzw. Spiritualität mit äusseren Formen und Disziplin verwechselt.» «Jesus heilte auch und forderte sogar seine Jünger auf zu heilen, in einem therapeutischen Sinn. Aber ob Jesus wirklich so geheilt hat, wie es in der biblischen Geschichte steht, bezweifle ich. Dass er geheilt hat, ist unbestritten. Gerade die Heilungsgeschichten zeigen uns, dass Jesus aus einer tiefen Gottverbundenheit heraus gelebt und gewirkt hat. Immer wieder gibt es Menschen, die aus einer tiefen Gottverbundenheit heilend und versöhnend wirken. Das sind Menschen, die Christus in ihrem Herzen verwirklichen.» Der konfessionelle Glaube oder die Religion spielen für Roman Grüter bei seiner Heiltätigkeit keine Rolle. Er macht einen Unterschied zwischen Spiritualität und Religion. Spirituelle Grundfragen hat jeder Mensch, und Religion als äusserer Ausdruck ist nichts anderes als die verfestigte Form der möglichen Antworten des spirituellen Ringens und Erlebens des Menschen. Zum Heilen braucht es eine Grundbegabung, eine Berufung, davon ist Roman Grüter überzeugt. Der Heiler muss ein Sensorium für etwas «Grösseres» haben und ein berufener «Mittler» sein. Das bekomme man mit auf den Lebensweg, und später kann es entwickelt und gefördert werden. «Viele meinen, es brauche zum Heilen nur die richtige Ausbildung, dazu ein Diplom, und dann könne man alles. Aber so wie heute scheinbar alles machbar ist, geht es eben nicht. Es ist ein Hineinwachsen, ein „reif werden" für die grundgelegte Begabung. Diese Förderung oder Entwicklung darf man nicht verschulen.» Viele möchten gerne als Heiler tätig sein, und deswegen wird er oft angefragt. Doch diejenigen, die wirklich begabt sind, die muss man entdecken. Das sind oft unscheinbare, aber oft ganz spezielle Menschen, sagt er. «Eine gewisse Heilfähigkeit kann jeder Mensch entwickeln, und es gibt auch energetische Heilmethoden, die man lernen kann. Aber was ich unter einem Heiler verstehe, das kann man nicht einfach erlernen. Ein guter Heiler muss initiiert werden, d.h. die Begabung muss entdeckt und entwickelt werden. Man sollte für die Heiltätigkeit auch nicht zu jung sein, mindestens 40 Jahre alt. Man muss sich ebenfalls im Leben, im Berufsalltag bewährt haben und zudem muss man gut reflektieren können, damit die eigene Begabung nicht fehlgeleitet wird. Viele Heiler stützen sich auf esoterisches oder pseudomedizinisches Wissen, um die eigene Heiltätigkeit zu begründen. Gerade bei kritischen Menschen kann dies auf Ablehnung stossen.»

Vreny ZEHNDER, Heilerin. Schüpfheim (LU)

«Um heil zu werden, muss man nicht krank sein.»

Vreny Zehnder heilt schon lange nicht mehr bei sich zu Hause. Immer öfter standen Leute ohne Anmeldung an der privaten Haustüre, darum musste sie ihre Heiltätigkeit in eine Praxis auslagern und Termine nach telefonischer Anmeldung vereinbaren. Als knapp 80-Jährige heilt sie noch immer in gewissen Abständen. Kleine Kinder behandelt sie sofort. Normalerweise gibt es bei ihr keine zweiten Termine, Ausnahmen sind chronische oder sehr schwere Leiden – dies, wie immer, als Unterstützung zu schulärztlichen Bemühungen. Vreny Zehnder ist in Zürich aufgewachsen und kam durch ihre Berufstätigkeit im kaufmännischen Bereich ins Entlebuch, heiratete und liess sich da nieder. Das Heilen habe sich bei ihr ungewollt angebahnt, sagt sie. Richtig begonnen hat ihre heilerische Tätigkeit, als sie 48 war. Heute ist sie mittlerweile im Besitz von 6000 Karteikarten. Nicht nur im Entlebuch ist Vreny Zehnder eine bekannte Heilerin. Die Leute kommen von überallher zu ihr. Zum Beispiel deutsche Touristen, die hier in der Schweiz Ferien machen oder auf der Rigi eine Wohnung besitzen. Sie kommen, auch wenn sie nicht krank sind, weil es ihnen einfach gut tut und sie die Ferien dann doppelt geniessen. Vreny Zehnder erinnert sich an ihre Zeit an der Handelsschule, da kamen öfters Kolleginnen und Kollegen mit Kopfschmerzen zu ihr und baten sie, ihre Hände auf die Schultern oder den Rücken zu legen. Vreny Zehnder musste darüber immer herzlich lachen. Sie glaubte zwar, dass sich das Unwohlsein bessere, aber sie habe ihre Zuwendung damals nicht als Heilen betrachtet, erzählt sie. Viele Jahre später bekam ihr Mann eine alljährlich wiederkehrende Nierenkolik, die manchmal so schmerzhaft war, dass nachts der Arzt kommen musste. Als es wieder einmal so weit war, erinnerte er seine Frau daran, dass sie früher ihren Schulkollegen half. Sie solle es doch auch bei ihm probieren. Da hat sie das erste Mal bewusst Hand aufgelegt, und ihr Mann stand kurze Zeit darauf auf und «war zwäg». Am nächsten Tag brachte ihr Mann einen Kollegen mit nach Hause, welcher ebenfalls unter Nierenkoliken litt. Kaum hatte sie ihn berührt, hatte dieser das Gefühl, es liefe ihm ein kalter Bach den Bauch hinunter. Kurz darauf verschwand er auf das stille Örtchen, und als er zurückkam, hatte er zwei Steinchen in der Hand. Nach diesen und weiteren Erfolgen sprach es sich herum und der Besucherstrom begann zu fliessen. Bald schon musste Vreny Zehnder erkennen, dass sich nicht alles heilen lässt. «Das Schicksal ist uns geschickt. Man kann es oft günstig beeinflussen, aber niemals „auf den Kopf stellen". Das musste ich lernen. Es war eine bittere Erfahrung.» Nicht einmal bei den kleineren Problemen, wie beispielsweise bei Warzen, könne man mit Sicherheit sagen, ob sie weggehen werden, erläutert Vreny Zehnder. Sie habe schon Hunderten von Menschen mit Warzen helfen können, aber es komme immer wieder vor, dass eine Person nach drei oder sechs Monaten noch immer darunter leide. Sie interpretiert es folgendermassen: «Beim Heilen fliessen Energien, und wenn der betreffende Mensch offen dafür ist, kann er sie aufnehmen. Die Energien wirken stets dort, wo der Bedarf am dringendsten ist.» Wie viele Heiler hat auch Vreny Zehnder ihre «Spezialitäten». Säuglinge und Kleinkinder sprechen besonders gut auf ihre Heilkraft an. Zu den häufigsten Problemen gehören Dreimonatskoliken bei Säuglingen, Schlafstörungen, Angstzustände und Hyperaktivität.

Das Händelauflegen sei ein gewisses Ritual, sagt sie. Ihre Vorgehensweise habe sich ergeben und in den ersten fünf oder zehn Jahren ihrer Heiltätigkeit weiterentwickelt. Sie habe gemerkt, wie sich die Energien anziehen und weitergeben lassen und dass es nicht bei jedem Menschen genau gleich sei. Darum versetzt sich Vreny Zehnder immer in die Lage der zu behandelnden Person, die von sich aus erzählen kann, aber nicht muss. «Sobald ich weiss, wo der Schuh drückt, gehen meine Kräfte explizit dorthin, wo es Energie braucht. Es ist wichtig, den Menschen etwas zu kennen. Ein Kind kann z.B. sagen, es gehe in der Schule nicht gut oder es werde geplagt. Ich kann mich dann hineinfühlen. Es ist wie ein Bedauern, und dann kommen die Energien entsprechend.» Aus Vreny Zehnders Sicht erwächst die Bereitschaft zu heilen in der intensiven Anteilnahme am Leid der Betroffenen. Heiler findet man durch Zufall. Es fällt einem zu. Gemäss Vreny Zehnder sollte man finanziell niemals das Leben daraus bestreiten müssen. «Die Leute geben in der Regel einen Unkostenbeitrag. Manchmal passiert es auch, dass man als Heiler ausgenutzt wird.»

Sie schaut ein bisschen in den Menschen hinein und spürt so einiges, aber nicht jede Heilung geht gleich weit, und nicht jede Behandlung bringt gleich gute Resultate. Ein Säugling mit Krämpfen habe nicht die gleiche Bedeutung wie jemand mit Krebs, sagt sie. Diesen Leuten sage sie schon am Telefon, dass sie einen Krebs nicht einfach «wegheilen» könne. Sie verspricht also nie etwas, sagt aber auch nie nein. Vielleicht könne sie ein Stück weit helfen und Linderung verschaffen, damit die Krankheit erträglicher wird. Um zu heilen, brauche es nicht zwingend eine Berührung, auch Gedanken können helfen, sagt Vreny Zehnder. Gedanken kennen keine Distanzen, sie setzen sich um in Schwingungen. Und diese Schwingungen können wiederum empfangen werden. Aber das Tor dafür müsse offen sein. Fernbehandlungen vergleicht sie mit telefonischen Verbindungen. «Mein Partner muss ebenfalls über einen „Anschluss" verfügen und die „richtige Nummer" kennen. So erreichen wir einander.»[121] Eine Offenheit müsse da sein, betont Vreny Zehnder. Es brauche zwar keinen unbedingten Glauben, weder an die Behandlung noch an die Person, meint sie. Es sei auch keine grosse Zuneigung nötig, aber der Eindruck «es könnte möglich sein», also die Ahnung, es könnte etwas Gutes passieren, sei bestimmt von Vorteil. «Ich bin so, wie ich bin, und ich mache es so gut, wie ich kann. Der andere darf kommen und ich belasse ihn so, wie er ist. Und ich gebe ihm meine guten Wünsche mit. Aber auf keinen Fall soll jemand hergeschleppt werden, der gar nicht will. Das ist blanker

---

[121] ZEHNDER, 1999: 44.

Unsinn.» Vreny Zehnder hat ein total entspanntes Verhältnis
zu Ärzten. Es kommen immer wieder Patienten, die von ihrem
Arzt geschickt werden. Bei Warzen oder Kopfschmerzen die
nicht verschwinden, heisst es dann oft: «Wollen Sie es nicht
mal bei Frau Zehnder probieren ...?» Manchmal kommen die
Ärzte gleich selber vorbei, erzählt sie.

Sie glaubt nicht daran, dass man diese Gabe in der Familie
weitergeben bzw. vererben kann. «Aber ich glaube, dass man so
strukturiert und damit geneigt sein kann, auf diesem Weg zu
suchen und einiges zu erreichen. Jeder wohlwollende Mensch
könnte heilen, aber da gibt es verschiedene Stärken. Jeder kann
zeichnen und malen, aber nicht jeder ist ein Künstler.» Alle
Menschen haben die Möglichkeit, etwas zu tun. Man müsse
nicht Heiler sein, um anderen Menschen zu helfen, sagt Vreny
Zehnder. «Ich glaube, Mitgefühl und ehrliche gute Wünsche,
die helfen eigentlich immer ein Stück weit.» In ihrem Buch
«*Heiterer. Wir alle können heilen*»[122], schreibt Vreny Zehnder
Folgendes: «Heilkraft als Instrument existiert nicht. Sie kann
nicht einerseits bestellt und konsumiert und anderseits versprochen und appliziert werden. Es gibt aber heilkräftige Impulse. Am liebsten würde ich sie als Überschussenergie aus der
Natur bezeichnen. Wenn ich der Meinung bin, diese Energie
lasse sich von Begabten und Geübten umpolen, so stellt dies
nur einen kleinen Teil eines umfassenden Prozesses dar. Alles,
was lebt und demzufolge beseelt ist, kann von heilenden Im-
pulsen profitieren: Menschen, Tiere, Pflanzen.»

Beim Tod ihres Mannes vor vier Jahren ist sich Vreny
Zehnder nochmals bewusst geworden, was eigentlich zählt im
Leben, und sie hat sich gefragt: «Was können wir mitnehmen?
Nur das, was wir geleistet und gedacht haben.» Sie hat gelernt,
sich auch an fremder Freude zu freuen. Mit dem Heilen bekä-
me man eine gewisse Sicht, man sehe oder spüre, wenn etwas
nicht stimme, Menschenkenntnis nennt sie dies. «Glück und

---

[122] ZEHNDER, 1999: 33–34. Ende 2009 erscheint ein neues Buch von Vreny
Zehnder: *Heitere Gelassenheit – nicht immer, aber immer öfter*. Druckerei Schüpfheim.

Segen seien uns immer wieder beschieden. Vergleichbar mit Bäumen, die im Frühling neue Blätter und Blüten treiben, oder dem wachsenden Gras. Alles Lebendige sei mit der gleichen Kraft, der Kraft der Schöpfung, beseelt.»

Hannes JACOB, Medium und Heiler. Neuenburg (NE)

«Falls es eines Tages mit maschineller Hilfe möglich wäre, jene Teile des Hirns zu bestimmen, welche bei der Wahrnehmung des Geistes aktiviert werden, würde in psychiatrischer Hinsicht endlich das Eis brechen, und der Dialog zwischen verschiedenen medizinischen Praxen wäre endlich geschaffen.»

Beim Praktizieren seiner heilerischen Tätigkeit ist Hannes Jacob auf der Suche nach zwei fundamentalen Dingen: Erstens versucht er, seine persönliche Entwicklung immer einen Schritt weiterzutreiben, und zweitens möchte er beweisen, dass «wir Geist sind». Für ihn ist der Glaube ein positives Element. Der Intellekt und das Mentale sind aber ebenso wichtige Informationsträger. Sich dem Bewusstsein des Geistes zu öffnen ist sehr hilfreich, und das Spirituelle wirkt fördernd, um sich im Hinblick auf seine Taten und Einstellungen zu ändern. Dank des Spirituellen wird man sich dessen bewusst, dass man das Dasein einer verstorbenen Person an einem anderen Ort beweisen kann, was sehr beruhigend ist. «Diese Öffnung des Geistes ist die nächste Herausforderung für die moderne Schulmedizin. In der Zukunft wird sich die Schulmedizin unweigerlich auf die Suche nach einer globalen Vision der Dinge und Lebenswesen begeben müssen. Es ist nicht nötig, für die eine oder andere Sichtweise Partei zu ergreifen. Wichtig ist zu erkennen, dass es sich um zwei verschiedene Herangehensweisen handelt, also um zwei verschiedene Praktiken. Dank der wissenschaftlichen Fortschritte kann man jetzt die Existenz des Geistes beweisen. [...] Es ist allerdings eine Tatsache, dass die wissenschaftlichen Untersuchungen, die ich betrieben habe, dazu führten, dass nun Ärzte aus verschiedenen medizinischen Richtungen mit mir zusammenarbeiten und Patienten an mich verweisen.»

«Eine unkanalisierte Sensitivität kann vielerlei Funktionsstörungen verursachen. Dank meiner Arbeit mit Psychiatern und dank der Informationen, die ich aus der spirituellen Welt empfange, kann ich den Leuten helfen, besser zu verstehen, was vor sich geht. Im ersten Schritt geht es darum, sich dieser Empfindsamkeit bewusst zu werden, und im zweiten Schritt zu lernen, sie zu kontrollieren. Man muss aussortieren, die gesendeten Informationen lesen und verstehen können, und so findet die Heilung auf verschiedenen Ebenen statt. Wir sind Geist, wir können zu dem Geist anderer sprechen, ob dieser nun physisch existiert oder nicht.» «Der Mensch ist in seiner Natur Geist. Der Zugang zu seinem Geist kann erlernt werden. Durch verschiedene Meditationen und Übungen werden die Informationen über das Gehirn dem Intellekt verständlich gemacht. Da wir alle Geist sind, ist auch Geistheilung lernbar. Die beste Voraussetzung ist eine angeborene Sensitivität, d.h. ein Wahrnehmen ausserhalb der 5 Sinne, aber auch Mitgefühl für die Leiden anderer Lebewesen ist ein Tor dazu, sich der göttlichen Quelle zu öffnen und Geistheilung zu betreiben.» Ein oft unterschätzter Aspekt ist das Bewusstsein für die Elemente Erde, Wasser, Feuer und Luft, aus denen wir alle bestehen. Viele Krankheiten seien auf einen Mangel oder ein Ungleichgewicht zurückzuführen, sagt Hannes Jacob.

Die spirituelle Heilung greift in zweierlei Hinsicht. Das erste Prinzip ist leicht zu verstehen: «Wer einen Energiemangel hat, ist wie ein Fahrzeug, dem das Benzin ausgegangen ist. Es genügt, den Tank zu füllen, um alles wieder in Gang zu setzen.» Der Heiler begnügt sich in diesem Fall damit, auf das Energiefeld einzuwirken. Das zweite Prinzip ist etwas schwieriger zu verstehen, denn «es sind die spirituellen Wesen, die agieren. Der Heiler muss imstande sein, genügend Energie aufzubauen, sodass diese Wesen daraus das Nötige schöpfen können.

Den Aufbau und das Verwalten eines solchen Energiefeldes kann man erlernen.» Man muss dafür progressiv vorgehen, trainieren und meditieren. Aber selbst wenn man so geübt ist wie Hannes Jacob, gibt es Dinge, die manchmal klappen und manchmal nicht, wie er selbst zugibt. Es ist wichtig zu lernen, die Gedanken loszulassen, sie inaktiv werden zu lassen. Wenn er sich in diesem Zustand befindet, zeigt das Elektroenzephalogramm, dass seine Hirnströme im Delta-Wellenbereich liegen. Dies entspricht beinahe einem Zustand, wie er bei einem epileptischen Anfall oder im Koma gemessen wird. Das Hirn setzt aus, der Geist bleibt aktiv.

Als Halbwüchsiger war Hannes Jacob bereits vom Handlesen und Pendeln fasziniert. Damals fühlte er sich jedoch noch nicht bereit und ignorierte seine Sensitivität. Beim Meditieren ist sie ihm zufällig wieder hochgekommen. Er hat eine Energie verspürt und begann, durch Handauflegen zu heilen. Da er sich seiner Sache noch nicht ganz sicher war, beschloss er, zu Fuss nach Italien zu wandern. Auf dem Weg hörte er Stimmen, die ihm sagten: «Du heilst und wir sprechen zu dir.» So akzeptierte er schliesslich seine Fähigkeiten als Medium und fing an, Bilder, Symbole sowie die verschiedenen Energieschichten – die physische, emotionale, mentale und spirituelle –und deren Farben wahrzunehmen. Dieses Potenzial zu entdecken war keine leidensfreie Erfahrung. Hannes Jacob gibt mit Leichtigkeit zu, dass es nicht immer funktioniert. Wenn die Krankheiten schlimm sind, muss die Arbeit zu zweit erledigt werden, damit sie effektiver ist. Die Leute kommen für fünf Sitzungen, und falls sich ihr Zustand nicht bessert, zieht er es vor, die Behandlung abzubrechen. «Wir sind immer das Ergebnis von etwas, denn der Körper ist mit der eigenen Einstellung verbunden und das Energiefeld mit den Gedanken.» Neben seiner heilerischen Tätigkeit bietet Hannes auch Kurse an.[123] Jeder ist empfänglich für den Energiefluss, aber manche sind begabter als andere. Man muss fähig sein, sich mit einer bestimmten

---

[123] Für mehr Informationen: www.mediumnite.ch

Quelle zu verbinden und – vor allem – den Willen haben, loszulassen. Er ist gläubig und betet, um beschützt zu werden.
«Die Gefahr für einen Heiler ist die persönliche Betroffenheit,
die vor allem dort besteht, wo Mitleid ist.» Um seine Aussage
zu verbildlichen führt er das Beispiel der Schinkenomelette an:
Das Huhn trägt dazu bei, das Schwein jedoch hat sich selbst
eingebracht! «Die Seele ist die Essenz, die für alle gleich ist,
denn sie hat einen göttlichen Ursprung und ist somit stabil.
Der Geist hingegen ändert sich, er ist individuell und hat ein
fortdauerndes Gedächtnis. Ich hüte mich vor jenen, die wissen,
und liebe jene, die suchen. [...] Ein jeder kocht seine Speisen in
Wasser. Erst dann werden die Zutaten beigefügt, die verschiedenen Saucen kreiert. Genauso vollzieht sich Geistheilung.
Die Debatten über die Technik sind unnütz, denn niemand
entzieht sich der feinstofflichen Quelle. Die einen nennen sie
„Gott“, andere „Natur“ und wieder andere „geistige Führer“.
Gemäss Kultur und Verständnis werden dann die verschiedenen Praktiken ausgeübt. In der Quelle liegt die Heilung, in der
Quelle liegt die Kraft.»

Marco TRUTTMANN, Ganzheitlicher Heiler. Stans (NW)

*«Ich habe eine Gabe und möchte diese nicht bewerten. Das
„Sehen“ oder „nicht Sehen“, ich deklariere es nicht. Ich
spüre oder nehme wahr, so erkläre ich das. Darum nenne
ich es auch ganzheitliches Heilen und nicht nur Heilen.»*

Marco Truttmann hat mit zwölf Jahren angefangen «zu sehen». Er erinnert sich genau an die erste Begebenheit. Er warnte
einen Schulkollegen vor einer Kurve auf dem Nachhauseweg.
Am nächsten Tag kam dieser jedoch ziemlich «verbeult» in
die Schule und erzählte, dass er in eben dieser Kurve mit dem
Fahrrad gestürzt sei. Etwa zur gleichen Zeit begann Marco,
seine Grossmutter bei ihren häufigen Krankenbesuchen im
Spital zu begleiten. Diese Grossmutter sei ein «Dorf-Original»

gewesen und prägend für seine Jugend. Sie habe als erste Frau im Dorf Hosen getragen und geraucht. Sie wusste über alles und jeden Bescheid, weshalb man sie auch den «Hosen-Josy» nannte, erzählt Marco Truttmann. Bei einem ihrer Spitalbesuche schauten die beiden bei einer Frau vorbei, der am nächsten Tag eine Rückenoperation bevorstand, die jedoch grosse Angst davor hatte und den Eingriff lieber vermieden hätte. Spontan fragte Marco die Frau, ob er ihre Füsse berühren dürfe, und sie sagte ja. Da habe er mit der geistigen Welt Kontakt aufgenommen, so wie er es mit seiner kindlichen Vorstellungskraft vermochte, und bat inbrünstig darum, dass die Operation überflüssig werde und Heilung geschehen dürfe. Am nächsten Morgen konnte die Frau wieder alleine aufstehen, nachdem sie die letzten drei Wochen nur noch im Bett gelegen hatte. Damit entfiel die Operation. Marco sagte nichts über diesen Vorfall, aber als seine Grossmutter auf den Zusammenhang hinwies, hiess es, das sei nur ein Zufall, dass Marco am Vorabend da gewesen war. Er sei auch oft bei Krankenvisiten der Ärzte dabei gewesen und hätte den Ärzten oft widersprochen, wenn deren Aussagen aus seinem Gefühl heraus falsch waren. Man habe ihm natürlich keine Beachtung geschenkt, sagt er. Marco Truttmann könnte viele solcher Geschichten aus seiner Kindheit erzählen. Im Dorf zeigte man oft mit dem Finger auf Marco. Man hatte Angst vor ihm als Person. Aber es gab auch andere, die wie seine Grossmutter dachten. Im Spital habe er viel mit den Toten geredet, mit ihren Seelen, erzählt er. Diese manifestierten sich ihm und er konnte den Hinterbliebenen oft erstaunliche Nachrichten überbringen, betreffend Angelegenheiten, die den Verstorbenen wichtig waren. Und da er dies mit sehr genauen Details unterstreichen konnte, bekam er des öfteren positive Feedbacks von Hinterbliebenen. Aber im Verhältnis zu den kritischen Menschen sei das wie ein Tropfen auf den heissen Stein gewesen. Das sei auch ein Grund, warum er aus dem Urnerland weggezogen ist. Aber ironischerweise seien diejenigen, die ihm früher am meisten wehgetan hätten, schon weinend bei ihm auf dem Stuhl gesessen, und das sei für ihn ein schönes Geschenk, sagt er. Die Grossmutter war eine wichtige Person in seinem Leben, denn sie glaubte an ihn. Sein Umfeld hingegen nicht. Seine Eltern hatten Angst, er könnte in eine Sekte geraten. Damals habe ihn niemand verstanden, sagt Marco Truttmann. In jungen Jahren war das Arbeiten ein sehr grosses Thema für ihn, und das «sich beweisen müssen» wurde zu seiner Triebfeder. Nach einer Maurerlehre machte er diverse berufliche Weiterbildungen und kann heute auf eine 15-jährige Berufserfahrung als Baupolier zurückblicken. Er hat auch sehr früh damit begonnen, sich im Bereich Mentaltraining und Lebensberatung weiterzubilden. Später folgten Ausbildungen in verschiedenen Massagetechniken und geistigem Heilen. Doch war er schon bald unzufrieden mit den vielen Kursen, worauf er im Selbststudium weiterfuhr und eines Tages seinen Mentor kennenlernte. Dieser hat ihn gefördert und unterstützt. «Bei Fragen konnte ich ihn anrufen oder zu ihm gehen. Er half mir damals sehr, mich zu orientieren und darin eine Bestätigung zu finden.» Seinen Lehrer und Begleiter habe er aber nicht in einem der Seminare kennengelernt, sondern auf dem Bau. Er habe seine Fähigkeiten ganz im Stillen gelebt und nicht nach aussen getragen, sagt Marco Truttmann. «Er hatte genau wie ich die Gabe spezieller Sinneswahrnehmungen und hat mich an seinen Fähigkeiten und Möglichkeiten teilhaben lassen.» Von ihm habe er mehr gelernt als in den vielen Schulen. «Von ihm durfte ich lernen, den Leuten das Herz zu öffnen und Selbstverantwortung mitzugeben.» Wie sein Mentor hat auch Marco Truttmann zuerst damit begonnen, im Stillen zu praktizieren, abends nach der Arbeit, unter Freunden und Bekannten. Nur für diejenigen, die es wussten. Mittlerweile hat Marco Truttmann eine eigene Praxis eröffnet und arbeitet hauptberuflich als ganzheitlicher Heiler. Zu seinen drei Grundzweigen gehören: Geistheilung, Fernbehandlungen und energetische Häuserumstellungen. Fernbehandlungen finden jedoch nicht über das Telefon statt. Die Klienten rufen zwar an und schildern ihr Problem, aber dann arbeitet er mit ihnen je nach Thematik während zwei bis vier Wochen. Voraussetzung dafür ist aber, dass Marco Truttmann die Leute kennt. Manchmal gibt es Ausnahmen, wenn jemand im Spital oder gebrechlich ist. Ansonsten kommen seine Klienten zu ihm in die Praxis.

Marco Truttmann macht auch Energieumstellungen in Häusern, Wohnungen, Ställen und Firmengebäuden. Es gehe darum, energetisch belastete Räume zu reinigen, sowohl von «eigenaktivierten» Störfeldern wie auch von aussen auf ein Gebäude projizierten Problemenergien. Dieses Wissen habe er von seinem Mentor gelernt. Er spüre die Energien und könne unterscheiden, ob es sich um Wasseradern oder Erdzerklüftungen usw. handle, erläutert er. Fernbehandlungen und Geistheilung funktionieren auch bei Tieren. Er arbeitet jedoch vor allem mit Menschen. Seine Spezialität nennt er das «Herz öffnen», das «zu sich ja sagen», wenn jemand am Zweifeln ist. «Das „Herz öffnen" und Selbstverantwortung lernen, das mache ich am liebsten.» Marco Truttmann arbeitet mit den Gedanken. Beim Gespräch klinkt er sich über die geistige Welt in die Seele seines Gegenübers ein und erspürt die zu behandelnde Thematik. Ohne dass er vom jeweiligen Klienten Informationen erhalten hätte, versucht er ihm über die Verschlüsselung der geistigen Welt aufzuzeigen und zu erklären, wie er selber funktioniert. «So entwickelt der Klient schnell ein grosses Vertrauen, weil ich ihm sein eigenes Wesen erklären kann. Ich praktiziere nur auf die Selbstverantwortung des Klienten hin. Der Klient muss den grösseren Teil bringen als ich. Es ist mir ein grosses Anliegen, dass der Klient Eigenverantwortung übernimmt. Ich stelle auch verschiedene Hilfsmittel zur Verfügung und gebe „Hausaufgaben". So sind wir zusammen erfolgreich.»

Marco Truttmann hat seine eigene Methode der Behandlung. Das gäbe es in keinem Buch, was er da mache, sagt er. In seiner Anfangszeit konzentrierte er sich nur auf die Heilung körperlicher Gebrechen. Ihm ging es darum, z.B. Knieschmerzen wegzubringen. Mit der Zeit jedoch stimmte das nicht mehr für ihn. Er merkte, dass Gespräche notwendig sind, und Gespräche bedeuten für ihn: «Aufzeigen, aufklären, prophylaktisch unterwegs sein». Heute ist jede Behandlung

individuell und gezielt auf den Klienten angelegt. Marco Truttmann nimmt sich allen möglichen körperlichen Beschwerden
und seelischen Belastungen an. Das reiche von Beinbrüchen,
Verdauungsproblemen oder Krebs bis hin zu Stimmungs-
schwankungen, Angstproblematiken oder Beziehungskrisen.
«Die Gründe, weshalb Klienten in meine Praxis kommen, sind
buchstäblich so vielgestaltig wie das Leben selbst», verdeutlicht der Heiler. Er erklärt sich den Heilungsvorgang einerseits durch Energie, Licht und Liebe. Zudem könne er über die
geistige Welt Kontakt mit seinem Gegenüber aufnehmen. «Ich
sehe bei einer Begegnung unmittelbar das Energiekleid einer
Person – und somit ihr körperliches und seelischen Befinden»,
drückt er es aus und ergänzt: «Beim Heilen bin ich ein Kanal.
Quasi durch mich hindurch werden die Selbstheilungskräfte
des Klienten aktiviert.». Als wichtiges Prinzip hält er auch fest,
dass seine Arbeit nie ein Ersatz für medizinische Betreuung sei.
«Mehr kann ich nicht erklären. Ich sehe zwar den Ablauf, aber
beschreiben kann ich das nicht.» Es gehe dabei um Energie,
und diese Energie komme von oben und sei etwas sehr Natürliches, meint er. «Ich weiss, dass es eine höhere Macht ist. Ich
sage dem entweder höhere Macht, Geistführer, geistige Welt
oder Engel.» Er möchte es gar nicht spezifizieren. Er ist einfach
unendlich dankbar, nachdem er so lange geprüft wurde, endlich seinen Weg vor sich zu sehen und seine Aufgabe zu erkennen. «Aber es hat jede Sekunde, jede Verzweiflung gebraucht,
um mich dorthin zu bringen, wo ich heute stehe.» Eine grosse
Herausforderung für Marco Truttmann war, sich abgrenzen
zu lernen. Früher, wenn er in ein Einkaufszentrum ging, da
sah er die Auras der Menschen und die Hilfeschreie ihrer Seelen. «Ich konnte sofort sagen, wo es eine Person schmerzte, wo
sie Schwierigkeiten hatte. Das war sehr anstrengend, denn ich
konnte es damals nicht einordnen, als wäre ständig das Radio
an, mit mehreren Sendern gleichzeitig.» Heute kann er problemlos von der Alltagswelt in die andere, die geistige Welt hin
und her schalten. Für ihn ist das «hier und jetzt» wichtig. Darum macht er weder Rückführungen noch Zukunftsprognosen,

weder Hypnosen noch Familienstellen. Er schaue wohl in die Vergangenheit, aber er spreche nie darüber. «Wir haben jetzt Probleme und diese lösen wir jetzt.»

Marco hat einen enormen Zufluss an Energie. «Es ist, wie wenn es in eine Badewanne regnen würde und das Wasser nur durch einen kleinen Abfluss hinausrinnt. Ich bin das Gefäss und ich bestimme, wie viel ich gebe und wie viel nicht. Schon in seiner Jugend hatte Marco Truttmann zu viel Energie. Er musste regelmässig Sport treiben, damit er schlafen konnte oder damit er in der Schule die Füsse unter dem Tisch stillhalten konnte. Auch nach einem Tag harter Arbeit auf dem Bau war er noch nicht müde und ist danach oft noch mit dem Fahrrad auf den Klausenpass gefahren. Nicht jeder hat diese Begabung. Aber jeder Mensch hat einen guten Kern. Und aus dem Kern kann man etwas Positives und Segensreiches machen. Leider halten sich in unserer Gesellschaft sehr viele Leute an der Krankheit, an ihrem Schlechtgehen fest, weil sie sonst keine Aufmerksamkeit mehr bekämen. Viele Menschen definieren sich über eine Krankheit, wollen und brauchen sie. «Das Grundthema ist immer, Belastungen loszulassen und Problemursachen bei sich selbst zu suchen – nicht draussen in der Welt», schliesst Marco Truttmann.

Ursula SCHÖNENBERGER, Gebetsheilung, energetische Behandlungen. Lichtensteig (SG)

«Mängmal laufts, mängmal nöd, mängmal laufts andersch, aber schön isch es.»

Ursula Schönenberger wuchs in einem Haus auf, in dem Gebetsheilung praktiziert wurde. Die Leute der Umgebung kamen mit ihren Problemen zu ihrem Vater auf den Toggenburger Bauernhof. Wo immer er sich gerade befand, pflegte er sein Arbeitsgerät niederzulegen und die Hände zum Gebet zu falten. Als Kinder hätten Ursula und ihre Geschwister nicht immer ihre Freude daran gehabt und sich manchmal etwas geschämt. Aber heute hat Ursula Schönenberger eine tiefe Achtung vor ihrem Vater, der seine Gabe nie versteckte, obwohl das damals nicht selbstverständlich war. Ursula Schönenberger bekam die Gebete von ihrem Vater übermittelt, legte sie aber vorerst auf die Seite, da der Zeitpunkt für sie, als Mutter von drei Kindern noch nicht stimmte. Erst nach dem Tod ihres Vaters, als sie ihre kranke Mutter pflegte, nahm sie ihre Heiltätigkeit auf. Dabei kamen ihr nicht nur die Gebete ihres Vaters zugute, sondern auch das Wissen eines alten Mannes, den sie über viele Jahre hindurch bei seiner Arbeit begleitet hatte. Dieser Mann arbeitete ähnlich wie ihr Vater, aber im Unterschied zu diesem war er viel unterwegs und begab sich zu den Leuten auf die Höfe, vor allem bei Haus- und Stallproblemen. «Zu Beginn, als ich anfing zu arbeiten, war jeder einzelne seiner Sätze präsent. Er war ein sehr bescheidener Mann, er sagte nie: „Ich mache das". Es war für ihn nicht leicht gewesen, diesen Weg zu gehen.» Es gab damals viele Menschen, die solchen Tätigkeiten feindlich gegenüberstanden, erzählt Ursula Schönenberger. Dieses Verhalten finde man heute noch. Das mache es ihr und anderen Heilern unheimlich schwer, meint sie. Früher machte man aus der Gabe eine Geheimniskrämerei, sagt sie. «Anno dazumal glaubte man, dass derjenige, der ein Gebet an eine andere Person weitergibt, die Kraft darüber verliere. Ich bekam ein Warzengebet von einer alten Frau, die ganz klar sagte, dass sie es danach nicht mehr könne. Das stimmt für die heutige Zeit nicht mehr.» Die Zeiten hätten sich verändert, sagt Ursula Schönenberger. Sie sei davon überzeugt, dass die göttliche Welt möchte, dass es weitergeht und nicht ausstirbt. Bei der Weitergabe müsse man jedoch sehr achtsam sein. Es sei wichtig, die Gebete nur jenen weiterzugeben, die sorgsam damit umgehen. «Aber wenn ich mich gesund fühle, kann ich danach genau gleich weiterarbeiten, egal ob die andere Person das nun auch praktiziert.» Weder Ursula Schönenberger noch ihre Schwester haben ihre Gebete weitergegeben. Ihre Schwester ist auch in der Gebetsheilung tätig, und sie unterstützen einander bei schweren Fällen. Sie selber macht kein Geheimnis daraus. Es handle sich um katholische Gebete, die jedem Priester gezeigt werden können, erläutert sie. Es werde immer der Name der jeweiligen Person in das Gebet eingesetzt und das Ganze dreimal aufgesagt, dazu komme immer noch das «Vaterunser». Ursula Schönenberger kennt eine Vielzahl von Gebeten, die sie beim Handauflegen oder bei der Energiearbeit einsetzt. Auch für Fernbehandlungen kommen Gebete zum Zug. Es gibt spezielle Gebete für Warzen, Schmerzen, Blutstillen, Brand oder Schwinnung[124]. Gebetsheilung wird bei Operationen unterstützend angewendet, vor allem um den Blutverlust einzuschränken oder Blutungen ganz zum Stillstand zu bringen. Bei Schwinnung, d.h. wenn ein Körperteil immer mehr abnimmt, wird nur bei wachsendem Mond gebetet, bei Warzen dagegen nur bei abnehmenden Mond. Es gibt Gebete für kalten und heissen Brand. Für Verbrennungen hat Ursula Schönenberger ein spezielles Gebet, das Schmerz und Brand in einem behandelt.

Nach dem Tod ihrer Mutter hat Ursula Schönenberger begonnen, innerhalb der Pfarrei kranke Menschen zu betreuen. Daneben machte sie einen Kranken- und Sterbebegleitungskurs, in dem sie lernte, wie mit Sterbenden und ihrem Umfeld umzugehen ist. «Aber was nach dem Leben kommt, wenn man gestorben ist, blieb nach dem Kurs ein riesiges Fragezeichen. Man glaubt, dass es ein Leben nach dem Tod gibt. Man hofft, dass es so ist, aber von einem Wissen habe ich dort nichts gehört. Anders beim Kurs in Fussreflexzonenmassage, den ich gleichzeitig besuchte. Da habe ich die göttliche Welt offen gesehen. Das heisst, wir machen nichts, wir sind nur Stellvertreter und bitten darum.» Später folgten verschiedene Energiekurse und eine Ausbildung in Geistheilung bei George Paul Huber[125]. Nach diesen Kursen begann Ursula Schönenberger, neben der Gebetsheilung auch energetische Behandlungen anzubieten.

---

[124] «Schwinnung» gehört zu einer Art Muskelschwund.

[125] Für Informationen zu George Paul Huber: www.livitra.ch

Sie bittet immer zuerst um Gottes Schutz und um Gottes Hilfe, erst dann fängt sie die Behandlung an. «Es ist wichtig zu spüren, ob eine Berührung erforderlich und erwünscht ist, oder eher nicht. Denn wenn es jemand nicht zulässt, dann blockiert es. Wenn man ein Baby gerne hat, dann streichelt man es. Wenn ich nun vom Glauben her den Menschen berühre, dann streichle ich ihn nicht, sondern ich halte ihn. Und nur durch diese Berührung laufen die Kräfte, ich muss gar nicht gross etwas tun, es läuft einfach. Zum Abschluss der Behandlung wird gedankt für alle die Kräfte, die man wahrnimmt, aber auch für jene, die man nicht wahrnimmt und dass alles eine gute Schutzhülle bekommt.» Energetische Behandlungen gab es früher auch, erzählt Ursula Schönenberger. Das waren Menschen, von denen man wusste, dass sie heisse Hände bekommen.

Ursula Schönenberger war schon als Kind «sehend», aber ihre Hauptaufgaben laufen über das Gespür und das Gefühl. Es kann vorkommen, dass sie Dinge sagt, die ihr nicht bewusst sind und von deren Inhalt und Intensität sie erst später durch die Rückmeldungen ihrer Klienten erfährt. «Ich kann nicht jemanden anschauen und denken, wie sieht seine Energie aus, und ihn sozusagen röntgen. Das läuft nicht so, es geschieht einfach, aber zum Wohl des Menschen und nicht zum Hinterfragen.» Da sie nicht wusste, dass sie ein «sehendes» Kind war, wusste sie auch nicht, wie die anderen Leute sehen. «Für mich kann etwas sonnenklar sein, aber für andere gar nicht. Das weiss ich zum Teil heute noch nicht. Ich dachte lange, dass vieles von dem, was ich wusste, vom Religionsunterricht käme, dabei ist es in mir drin und ich habe es mit auf die Erde gebracht. Darum muss ich immer wieder sortieren: Was kommt aus meinem Innern, was aus meiner eigenen Schule und was habe ich tatsächlich im Religionsunterricht gelernt.»

Ursula Schönenberger sieht sich als Stellvertreterin. Sie sei nicht ausführend, sondern nur dienend. «Ich selber kann nichts. Ich kann gut sein mit dem Menschen. Ich kann Zeit haben für ihn, aber was mit dem Menschen passiert, lasse ich über die göttliche Welt geschehen.» Unter den Menschen, die Ursula Schönenberger aufsuchen, befinden sich viele, die bewusste und unbewusste Ängste haben. Andere kommen mit der heutigen Welt nicht zurecht und wieder andere haben Schmerzen. Sie behandelt auch zahlreiche Patienten, die eine Chemotherapie durchlaufen. Sie macht auch sehr viele telefonische Behandlungen und Fernbehandlungen. Die meisten Klienten kommen aber zu ihr nach Hause. Und sie betont, dass sie nicht nur Erfolg habe. «Aber was ist Erfolg? Es ist für mich oft sehr schmerzhaft, wenn ich sehe, dass der Weg in Richtung „Sterben" geht. Oder junge Menschen, die durch einen Unfall schwer behindert werden. Ich sehe mich dann als Begleiterin, auch wenn es nicht den Erfolg hat, den ich gerne sehen würde.»

Ursula Schönenberger ist auch jemand, der Schmerzen eins zu eins übernimmt, d.h. sie weiss ganz genau, wie sich ihr Gegenüber fühlt. Aber sie kann sie auch wieder loslassen. Es sei nur die Wahrnehmung, sagt sie. «Ich bin ein sehr gesunder Mensch und halte mich gesund. Ich schlafe genug und esse gesund.» Bei schlimmen Fällen fragt Ursula Schönenberger spontan Freunde und Bekannte an, ob sie mithelfen würden, für jemanden zu beten, vor allem wenn es sich um ein Kleinkind handelt. Es bildet sich dann ein Gebetskreis, in dem mehrere Leute gemeinsam, aber unabhängig voneinander für eine meist anonyme Person beten. Ursula Schönenberger betet auch häufig mit anderen Leuten zusammen für die Ärzte und deren Umgebung. Gerade wenn es sich um eine Operation handelt und die Ärzte unter Umständen stundenlang konzentriert im Operationsraum stehen, sei es nötig, diese zu unterstützen, sagt sie. «Es gibt auch Ärzte, die ein sehr gutes Gespür haben, aber sie dürfen es nicht deklarieren. Es ist leider noch nicht so weit.» «Das schmerzt schon manchmal, wie über unsere Arbeit gedacht und gesprochen wird. Es ist nicht jeder Mensch offen dafür, aber man muss es ja auch niemandem aufzwingen. Wir Heiler sind doch Menschen wie alle anderen auch. Einzig, unsere Lebensaufgabe ist, für andere Menschen zu beten und zu bitten.»

Johann SCHLUEP, Heiler. Ichertswil (SO)

«Ich habe mir zuoberst auf die Fahne geschrieben: Du musst seriös sein, du musst jedem Patienten wieder in die Augen schauen dürfen. Und ich darf wirklich jedem Patienten in die Augen schauen. Und wer kann das schon nach über 30 Jahren?»

«Dir sit scho en ganz abnormale Mönsch?» diesen Satz bekommt Johann Schluep öfters zu hören. Dazu meint er nur, er sei ein ganz normaler Mensch wie jeder andere auch. «Nei, ich chume mir nie vor wie öpper speziells. I ha nume die Möglichkeit woni ha, wo bi eim oder angere Mönsch schlummeret, bi mir hets ja villich au gschlummeret, bis i's aktiviert ha.» Die Fähigkeit, die er habe, hätte jeder. Nur ist sie verkümmert, meint Johann Schluep. «Würde man sie aber schulen und trainieren, wie man einen Muskel trainiert, dann glaube ich, könnte das jeder Mensch. Meine Kraft nimmt mit dem Alter nicht ab, weil ich sie kontinuierlich gebrauche und dadurch immer wieder aktiviere.» Johann Schluep ist ehemaliger Landwirt und dieses Jahr 80 geworden. Er hat nie eine Heilpraktikerausbildung gemacht. Zur Zeit seines Meisterabschlusses interessierte er sich sehr für die Tiermedizin, er hatte schon damals eine Ader für medizinische Belange. Das käme ihm heute in seiner Praxis zugute, denn vieles lasse sich auf den Menschen übertragen, sagt er. Seit 32 Jahren betreibt er eine Praxis im Erdbodengeschoss seines Stöckli und hat sich während dieser Zeit ein breites Wissen der menschlichen Krankheiten angeeignet und diesbezüglich unzählige Erfahrungen gesammelt. Es brauchte drei Anläufe, bis Johann Schluep schliesslich an seine Heilgabe glaubte. Sein erster Streich, wie er es nennt, geschah im Jahre 1976, als seine Frau krank wurde. Auf eine Tumoroperation an der Wange folgten 32 Bestrahlungen, die Verbrennungen und eine offene Wange hinterliessen. «Das Wundwasser tropfte nur so herunter, es war ein schreckliches Bild», erinnert sich Johann Schluep. Da gab ihm ein Bekannter die Adresse von einem Heiler und sagte, der könne bestimmt helfen. «Meine Frau wollte, das ich zuerst hingehe und es abkläre. Also ging ich hin und liess mich behandeln und am Schluss fragte ich ihn, wie das sei mit meiner Frau, ob er ihr helfen könne. Darauf antwortete er mir, dass ich ihn nicht brauche, denn ich hätte mehr Kraft als er. Und er beschrieb mir, wie ich meiner Frau die Hände auf die Wunde legen soll. In drei Wochen sei sie dann geheilt. Damals dachte ich, so was gibt's ja nicht, denn zu jener Zeit beschäftigte ich mich nicht mit solchen Sachen. Aber wir haben es trotzdem ausprobiert und nach drei Tagen war die Wunde schon ziemlich trocken und nach zwanzig Tagen war sie verheilt. Und heute sieht man nur noch ein paar Narben.» Das war für Johann Schluep aber noch lange kein Grund, daran zu glauben, dass er etwas zur Heilung beigetragen hatte. «Es hätte sich ja auch ohne mein Zutun bessern können.» Aber bald darauf folgten zwei weitere entscheidende Erfahrungen, die er mit Bekannten machte, sodass er sich eingestehen musste, dass etwas an der Sache dran sein musste. «Von da an war ich überzeugt, dass ich die Möglichkeit habe, anderen zu helfen und vielleicht auch zu heilen.»

Dann kam das grosse Fragen, erzählt er. «Kann ich das? Darf ich das? Muss ich es tun? Was sagt das Gesetz dazu? Wie lässt es sich mit dem Glauben vereinbaren? Wie darf ich mich honorieren lassen?» Nach reiflicher Überlegung kam er zu folgendem Schluss: «Da ich diese Kraft erhalten habe, muss ich sie anwenden und meinen Mitmenschen zur Verfügung stellen.» Vonseiten des Gesetzes und des Glaubens fand er keine Einwände, die dagegensprächen. Um gesetzeskonform zu sein, müsse man sich an gewisse Regeln halten, sagt Johann Schluep. Er richtet sich nach dem Verhaltenskodex des Schweizerischen Naturheilerverbandes. «In der Bibel steht: „Er brachte Lahme zum Gehen und Blinde zum Sehen", also spricht vom Glauben her nichts dagegen.» Am offensten für solche Heilmethoden sei der Katholik viel offener als der Reformierte, der sei viel skeptischer, erzählt er. Letztes Jahr kamen gleich drei katholische Priester aus dem Wallis zu ihm. Ganz gegen ihn seien die Splittergruppen, die Sekten. In ihren Augen sei das, was er macht «des Teufels» und er ein «Mensch des Teufels». Dazu antwortet er gelassen: «Aber ich fühle mich bestimmt nicht des Teufels, ich fühle mich gut.» Und betreffend Honorar, lässt er sich für seinen Zeitaufwand pro Klient entschädigen. Somit hatte er alle Fragen für sich geklärt und 1977 offiziell zu heilen begonnen. Die Nachfrage war gross und da er nicht wollte, dass man ihm die Haustüre einrennt, ist er nie an die Öffentlichkeit getreten. Er nahm sich vor, diesen Beruf nach bestem Wissen und Gewissen seriös auszuüben, und das hiess unter anderem, sich Zeit zu nehmen für die Patienten, sich in die Person hineinfühlen und behandeln, was es zu behandeln gibt. «Ich habe gerne, wenn der Patient redet. Ich rede auch und gebe ihm Antworten, wenn er fragt. Das schätzen die Leute, denn sie kommen von weither, aus dem Rheintal und aus Deutschland. Das können Sie sich nicht vorstellen, wenn ich wieder mal solch einen Volltreffer habe von jemandem aus einem Ort, von wo noch nie jemand bei mir war, dann habe ich innert einer Woche aus dieser Region zehn Patienten. Diese Art von Werbung, bei der ein Patient es einem anderen erzählt, ist effizient. Das ist meine Werbung, vom ersten Tag bis heute.» Heilmethoden hat Johann Schluep verschiedene. Wenn es nötig ist, fängt er mit einer Massage an. Wenn nicht, legt er nur die Hand auf. Er braucht nur ein Stichwort, wie z.B. «Rücken», mehr brauche er nicht zu wissen. «Wenn ein Nerv blockiert ist und ich ihn lösen kann, dann fängt der an zu „gramsle", und vielfach „gramslet" er im Fuss. Und wenn es im Fuss anfängt zu kribbeln und zu jucken, dann habe ich es gut gemacht. Dann bin ich ganz sicher, dass der Schmerz weggeht.» Beim Massieren spürt er Verhärtungen im Bereich des Rückens oder des Beckens. Handelt es sich dabei um Verspannungen bei Leuten, die psychisch aus dem Gleichgewicht sind, legt er nur Hand auf, und zwar auf das Sonnengeflecht und den Bauch. «Verspannungen im Bauch führen zu Verdauungsstörungen, Atemnot und Angst. Was ich hier mache, ist nur den Körper zu entspannen. Durch das tiefere Atmen nimmt er einen Drittel mehr Sauerstoff auf, als wenn er nur so „schnüüfelet". Sauerstoff ist die beste Nahrung für den Körper.» Johann Schluep arbeitet gerne mit Allergikern und Migränepatienten, da er mit ihnen sehr gute Erfolge erzielt. Innerhalb einer kurzen Zeit bringe er Allergien zum Abheilen, sagt er. Und es sei mindestens so nachhaltig wie eine Impfung bzw. eine Desensibilisierung. Im Verlauf seiner langen Praxiszeit habe er festgestellt, dass alle Allergiker, die zu ihm kommen, sensible Menschen seien und dass sie alle psychisch aus dem Gleichgewicht seien, erläutert er. Er hilft ihnen sich zu entspannen und schaut, ob es irgendwelche Probleme gibt, über die man reden sollte, und ob man diese Probleme auf die Seite schaffen kann. Er arbeitet mit dem Pendel, es ist sein wichtigstes Hilfsmittel. «Das ist mein Röntgenapparat. Mit ihm stelle ich fest, wie die Behandlung aussehen muss.» Bei Migränepatienten geht er folgendermassen vor: Mithilfe seines Pendels spürt er den Verspannungen nach, angefangen bei den Augen über den Kopf bis nach hinten zum Rücken. «Wenn ich das Iliosacralgelenk gelöst habe, lässt der Druck im Kopf schon nach, ohne dass ich den Kopf berührt hätte. Sobald der Druck sich löst, lässt auch der Schmerz nach und so habe ich Erfolg. Das ist auch der grosse Unterschied zwischen mir und der Medizin. Der Mediziner bekämpft den Schmerz, ich bekämpfe in jedem Fall den Verursacher von Schmerz. Und was kann denn der Mediziner schon anderes tun? Er kann röntgen, aber einen Nerv kann man nicht röntgen, also kann man nicht sehen, wo er blockiert ist und was man tun muss, um ihn zu lösen, damit der Schmerz weggeht. Das ist mein grosser Vorteil, dass ich dieses Hilfsmittel, das Pendel, habe, das mir den Weg zeigt.» Zu Johann Schluep kommen viele Frauen mit unerfülltem Kinderwunsch. Wenn im Eileiter oder Eierstock sich eine Zyste befindet, sieht er das mithilfe des Pendels. Dann legt er die Hand über den Kleidern auf die Eierstöcke. «In den meisten Fällen bringe ich es fertig, dass eine Behandlung die Zyste auf dem Eierstock zum Abreifen bringt, sodass sie springt und danach die normale Funktionsfähigkeit eintritt.» Es sei etwas Schönes, all diese Ehepaare glücklich zu machen. «I ha scho

mängisch gseit: I wett nid, i hät jedem Ching müesse Götti si,
wo si nach ere Behandlig überchöme.» Salben und Kräutertees
sind wichtig für Johann Schluep. Die Salben, die er anwendet,
werden nach Rezepten aus dem 19. Jahrhundert hergestellt. Es
sind die Rezepte des Wasendoktors Ueli Zürcher[126] aus dem Emmental. Viele dieser Rezepte werden heute von einem Apotheker nach dem Originalrezept wieder hergestellt.

Johann Schluep arbeitet immer noch etwa 35 Stunden in
der Woche, dabei hat er es mit verschiedenen Krankheitsge-
schichten zu tun, mit einfachen und weniger einfachen. Das
belaste ihn auch oft physisch und psychisch. Er musste lernen,
seine Klienten gehen zu lassen, wenn sich die Türe hinter ihnen
schloss. «Ich habe Leute aus allen Schichten, vom Bundesrat
bis zum Strassenwischer, und das meine ich nicht despektier-
lich», sagt er, denn die Ansprüche seien bei allen die gleichen:
Sie alle wollen schmerzfrei und gesund werden oder psychisch
wieder auf den Damm kommen. Auch Ärzte kommen hin
und wieder zu ihm in die Behandlung, und eine Kinderärztin
schickt ihm praktisch jede Woche Kinder. Die Schulmediziner
hätten sich entwickelt, meint er. Sie seien offener geworden gegenüber der Naturheilkunde. Aber man sollte noch viel mehr
zusammenarbeiten, um dadurch noch effizienter wirken zu
können. Als Johann Schluep anfing, kamen Leute von 50 an
aufwärts, selten jemand, der jünger war. Das habe sich komplett verändert, sagt er. Jetzt kämen Klienten aus allen Alter-
schichten. Bei den Säuglingen sind Dreimonatskrämpfe und
Neurodermitis häufig. Das sei für ihn heilbar, meint er. Bei
den Schulkindern kommt immer Ende Schuljahr der psychische Druck, der «Schuldruck». Danach der Druck in der Lehre
und die Angst vor dem «später». Zweifler hat Johann Schluep
besonders gerne: «Die habe ich am liebsten, die sind herrlich.
Nach der Sitzung sind sie wie ein umgekehrter Handschuh.
Das sind die, die mir nachher am meisten Leute schicken.»
Zu Johann Schluep kommen viele Kinder und Studenten, die

---

[126] Für Informationen zu Ueli Zürcher: *Kräuter und Kräfte*, Film von Jürg
Neuenschwander, 1995.

Prüfungsangst haben. Er hat die Zeitangaben der betreffenden Prüfungen und konzentriert sich ganz fest auf den entsprechenden Schüler. Dieser weiss davon und geht entsprechend ruhig an die Prüfung. «Im Frühling hatte ich einen Mediziner, der sein Staatsexamen gemacht hat. Von ihm hatte ich jedes Prüfungsdatum bekommen ... ein Mediziner ...»

Aldis JASPERS, Kinesiologin. Frauenfeld (TG)

«Der Körper ist ein wunderbares Barometer für unser Befinden. Ich helfe den Menschen, dieses Barometer kennenzulernen.»

«Es ist schwierig, eine Energie zu beschreiben, die wir nicht sehen, die aber trotzdem da ist. So wie die Gedanken eines Menschen, die von anderen Menschen telepathisch wahrgenommen werden können.» Für Aldis Jaspers hat jeder Gedanken, den wir aussenden, Energie, die einen direkten Einfluss auf unsere Mitmenschen, auf die Gesellschaft, sogar auf alle Lebewesen hat. «Die Energie hat keine Grenzen und sie kann nicht verschwinden oder aufgehoben werden. Daher gibt es energetisch keine Vergangenheit und keine Zukunft. Die Energie ist einfach da. Wir Menschen haben die Tendenz, nur das zu glauben, was wir sehen, was wir über unsere Sinnesorgane wahrnehmen. Doch es gibt Menschen, die eine tiefere Wahrnehmung haben als andere.» Als Kind hat Aldis Jaspers die Menschen in Farben beschrieben. So sagte sie zum Beispiel ihrer Mutter: «Erinnerst du dich noch an die gelbe Frau, die wir gestern gesehen haben?» Aldis fand dies selbstverständlich und dachte, alle sehen dasselbe. Ihre Mutter stammt aus Island, einem Land, das reich an Sagen und Überlieferungen ist, die von geheimnisvollen Figuren aus der Vergangenheit berichten. «Der Glaube an Wesenheiten, an Trolle und Riesen ist auch heute noch sehr lebendig, denn die Menschen sind offen für Phänomene, die in diesem mystischen Land vorkommen.» Als

220

Kind ist Aldis Jaspers oft umgezogen und ist in verschiedenen Ländern aufgewachsen. Wegen des ständigen Wechsels hatte sie keine leichte Kindheit und war oft einsam. Durch diese Erfahrungen wurde die Gabe der Wahrnehmung in ihr erweckt. «Dass ich gewisse Wahrnehmungsfähigkeiten habe, wurde mir zum ersten Mal bewusst, als mein Onkel in Amerika starb. Damals war ich bei meiner Tante auf Besuch. Ich spürte, dass mein verstorbener Onkel anwesend war. Ich beschrieb es meiner Tante und sagte ihr, er wolle seine Familie begleiten und sie um Verzeihung bitten, dass er so plötzlich gestorben ist. Ich spürte dies als etwas für mich ganz Natürliches.»

Aldis Jaspers sieht sich als Therapeutin und Begleiterin. Ihre Arbeit versteht sie als zu umfassend, als dass man sie in eine einzige Kategorie einordnen könnte. Die Kinesiologie ist das Fundament in fast jeder Behandlung. Sie nennt sich auch nicht Heilerin, da jeder Mensch sich selber heilt! Sie hilft den Menschen, damit Energie wieder frei fliessen kann und sie die Verantwortung für ihre Heilung selber tragen können. Kinesiologie ist ihr eigentliches Standbein, womit sie vor über 20 Jahren angefangen hat. «1984, als ich mit der Kinesiologieausbildung begonnen hatte, war alles noch neu. Da viele meine Arbeit nicht verstehen konnten, wurde ich oft kritisiert. Doch daran bin ich gewachsen.» Heute wendet Aldis Jaspers verschiedene Methoden an, vor allem eigene, selber entwickelte. «Die Behandlungen verlaufen immer wieder anders, da jeder Mensch seine eigene Geschichte hat», sagt sie. «Mit einem offenen Herzen gehe ich auf den Menschen ein. Es ist sehr wichtig, dass man gegenseitiges Vertrauen herstellt. Viele wollen erzählen und abladen. Ihr Leid wollen sie endlich mit jemandem, der Zeit für sie hat, teilen. Damit ich mit meinen Klienten arbeiten kann, ist es wichtig, dass wir uns miteinander wohlfühlen.» Sie arbeitet kreativ, unter anderem mit Farben und mit Klängen. Sie arbeitet auch gerne in der freien Natur, wie an einem Fluss oder im Wald. Es ist wichtig für sie, ihrer Intuition und ihrer inneren Führung mit Vertrauen zu folgen. «Wenn man an dem, was geschieht, zweifelt, wird das Fliessen der Energie verhindert. » «Sobald der analysierende Verstand überhandnimmt, wird eine Besserung erschwert. Als Therapeutin ist es wichtig, immer mein eigenes „ich" loszulassen, so können wahrlich Wunder geschehen.»

Aldis Jaspers hat die Gabe der hellsichtigen und hellhörigen Wahrnehmung. Sie spürt oft eine innere Führung durch Lichtwesen. «Ich fühle mich stark geführt.» Aldis sieht diese Fähigkeiten als eine Gnade. «Es ist ein Geschenk, das man mit dem Verstand nicht erklären kann.» Es fliesst durch sie hindurch: egal wie sie arbeitet, seien es Handauflegen, Körperarbeit, Visualisierungen, Verstrickungen in der Familie oder vergangene und gegenwärtige Traumas. Sie hat die Begabung, gewisse Dinge, die ihr mitgeteilt werden, innerlich zu spüren, zu hören und zu sehen. Aber sie sei nur eine Vermittlerin von Kräften, die uns begleiten. «Für mich ist es nicht ein Glauben, es ist ein Wissen. Diese Energie ist immer gegenwärtig, und sie hat nur mit Liebe zu tun. Mit Licht und Liebe. Jeder Mensch, egal was für ein Leiden er trägt, sucht Liebe. Liebe ist das Einzige, das wahrlich heilt. Diese Liebe kann man nicht willentlich herbeiführen, sondern sie kommt von der höchsten Quelle und durchströmt unser ganzes Wesen.» «Jeder Mensch hat die Möglichkeit zu heilen in sich und kann sie selber anregen.» Der Verstand erzeugt Misstrauen und Widerstand gegen das, was uns unerklärlich erscheint. Diese Gabe, sich selber zu heilen, erfordert eine innere Hingabe. Die innere Bereitschaft, an sich selber zu arbeiten, ist die wichtigste Voraussetzung. Als Therapeutin ist dies für mich eine selbstverständliche Bedingung.»

Während einiger Jahre hat Aldis Jaspers regelmässig in verschiedenen Ländern mit HIV-Patienten gearbeitet. Es gab auch eine Zeit, wo Musiker ihre Hilfe suchten. Seit Anfang ihrer therapeutischen Tätigkeit ist die Arbeit mit Kindern eine grosse Freude. Meistens zeigt sich bei Klienten, die ihre Hilfe suchen, dass die Ursache sehr viel tiefer liegt, als es ersichtlich oder spürbar ist. Es ist für sie eminent wichtig, immer die wirkliche Ursache zu finden. «Wenn Menschen zu mir kommen, die nicht bereit sind, sich helfen zu lassen oder sich selber zu heilen, und an ihrem Zustand unbewusst festhalten, ist der Heilprozess sehr erschwert, ja fast unmöglich. Dieses Problem findet sich oft bei depressiv veranlagten Menschen, die Psychopharmaka einnehmen. Diese Medikamente können die wahren Gefühle unterdrücken. Meine Erfahrungen haben dies immer wieder gezeigt. Ein zentraler Aspekt ihrer Arbeit ist es, den Menschen zu erklären, dass es, um den wahren Heilprozess zu erreichen, Veränderungen braucht im Verhalten, in Gedanken und Gefühlen. Der erste Schritt ist die Bereitschaft dazu. «Am Anfang wollte ich heilen und unbedingt Erfolg haben. Es war mir wichtig, dass es meinen Klienten besser geht. Dies ist aber schon lange her. Wenn die Bereitschaft zur Veränderung nicht vorhanden ist, dann hat er dies bewusst oder unbewusst gewählt, und ich respektiere das. Vielleicht gehört es zu seinem Schicksal, dass er leidet.» Es liegt immer in der Hand des Menschen selber, betont Aldis Jaspers, sie sieht sich nur als Impulsgeberin. «Ich empfinde es als ein Geschenk, mit Menschen zu arbeiten.» Manchmal kommen die Klienten nach langer Zeit wieder, aber mit einem neuen Problem, wie vor Kurzem eine schwangere Frau, erzählt sie. «Sie kam dieses Mal wegen starker Rückenbeschwerden. Sie war beim Arzt und bei einer Physiotherapeutin, die ihr aber nicht helfen konnten. Ihre Schmerzen waren so stark, dass sie kaum richtig stehen, sitzen oder liegen konnte. Mit der Hilfe der Kinesiologie haben wir ihre eigene Geburt, bei der es damals Schwierigkeiten gab, behandelt und die damaligen Problemen aufgelöst. Am nächsten Tag hatte sie keine Beschwerden mehr und seither ist sie schmerzfrei.»

Die eindrücklichste Behandlung, die Aldis Jaspers bis heute erlebt hat, spielte sich Ende der 90er-Jahre in Indien ab. Damals arbeitete sie in einem Heim von Terre des Hommes für geistig und körperlich behinderte Kinder. Unter diesen Kindern befand sich das 7-jährige autistische Mädchen Mahalakshmi. Sie sass immer in einer Ecke, machte immer die gleichen Bewegungen und gab keinen Laut von sich. Wurde sie umplaziert, begann ihr kleiner Körper zu zittern und sie hatte Angst. Aldis Jaspers arbeitete mit dem Mädchen. «Nach einer Zusammenarbeit von sechs Wochen kam ich eines Tages ins Heim, da stand Mahalakshmi an der Türe und erwartete mich. Das war ein Wunder! Das Kind hat mich angeschaut und mich bei der Hand genommen und wollte, dass ich wieder mit ihr arbeite. Später hat sie angefangen, die Menschen anzuschauen und mich anzulachen.» Aldis ist überzeugt, dass unser Körper ein Barometer ist, das uns mitteilt, was uns fehlt. Alle Gedanken und Gefühle, die wir kreieren und leben, sind in jeder Zelle unseres Körpers gespeichert, erläutert sie. «Wenn wir auf den Körper hören würden und begreifen, was er uns sagt, dann würden wir mehr über uns selber verstehen, was wir denken und fühlen, und warum gewisse Verhaltensmuster uns blockieren. Negative oder zerstörerische Gedanken belasten spürbar die ganze Atmosphäre. Gefühle der Freude und Liebe tragen das Energieumfeld in höhere, mit Licht erfüllte Schwingungen. Darum tragen wir alle eine Verantwortung. Unser Leben, unsere Welt verändert sich so, wie wir uns verändern, und deshalb ist es wichtig, dass wir einander helfen. Je mehr wir als Leuchttürme auf dieser Welt leben, desto mehr Verlorene kommen in den sicheren Hafen.»

Susanne SCHIESSER, mediale Geistheilerin. Frauenfeld (TG)

«Jeder Heiler hat seine eigene Art zu heilen. Dies auch deshalb, da jeder Heiler seine eigenen Themen und Aufgaben im Bereich des Heilens hat. Wir Heiler und Therapeuten unterstützen die Heilung, denn schliesslich heilt sich jeder Mensch selber.»

Für Susanne Schiesser ist nicht jeder Mensch ein Heiler in diesem Sinne. Natürlich sei es auch eine Form von Heilung, wenn eine Mutter ihr Kind halte, wenn es traurig ist, weil die Mutterliebe heilt. Aber das eigentliche geistige Heilen sei nochmals etwas anderes. «Ich bin der Meinung, dass es eine

Fähigkeit ist, die man mitbringt und die man, wenn man an die Wiedergeburt glaubt, auch in weiterer Leben weiterentwickelt. Da die Menschen dies jedoch nicht mehr wissen, gehen sie oft auch andere Wege, die ihrer Seelen-Grundstruktur eigentlich nicht entsprechen. Deshalb ist es wichtig, dass der Mensch wieder lernt, auf sein Herz und auf seine Seele zu hören. Dass er nicht nur auf den Verstand hört oder was von der Gesellschaft erwartet wird. Je mehr der Mensch sich der Herz- und Seelenebene bewusst wird, kann er lernen, seine Fähigkeiten wieder zu leben.»

Auch Susanne Schiesser zog es beruflich in verschiedene Richtungen, doch nirgends fand sie wirklich Erfüllung. Sie hatte immer das Gefühl, sie suche nach etwas, ohne wirklich zu wissen, was es sei. «Im Alter von 32 Jahren rebellierte mein Körper, da mein Verstand einen anderen Weg gehen wollte, als meine Seele mir dies signalisierte. Ich erlitt einen Zusammenbruch mit verschiedensten Körpersymptomen. Die Ärzte waren ratlos, und so wurde ich zum Geistheiler Stephan Klaus in Zürich geführt. Eine ganz neue Welt eröffnete sich mir. Endlich wusste ich, wonach ich so lange gesucht hatte. Es fühlte sich an wie ein Nachhausekommen, es war wunderbar. Gleichzeitig musste ich mich auch daran gewöhnen, dass Geistheilung damals kein Thema war, über das öffentlich gesprochen wurde.» Darauf habe sie begonnen, sich mit dem Thema zu beschäftigen, habe viel gelesen und den Geistheiler mit Fragen überhäuft, erzählt sie. Dies war der Anfang ihres bewussten Weges als Heilerin. In einem kleinen Ausbildungszentrum in Schweden hat sie ihre erste grundlegende Ausbildung gemacht, wobei neben dem geistigen Heilen auch Themen wie Krankheitslehre, Ernährung, Astrologie, Meridianlehre, Medialität usw. unterrichtet wurden. All dies sind Bereiche, die zu einer umfassenden Heilweise gehören, sagt sie. «Ich habe immer besser gespürt und verstanden, welches meine Aufgaben im jetzigen Leben sind, wofür ich da bin. Vielleicht klingt dies für andere Menschen ein wenig seltsam, aber ich habe eines Tages einfach gewusst, wer und was ich bin. Diesem Wissen gingen natürlich auch verschiedenste Lernprozesse voraus.» So war sie manchmal auch «unsicher» zu Beginn ihrer Heilertätigkeit, ob dem nun wirklich so sei, oder nicht. Dies sei jedoch ganz normal, dass man sich anfangs hinterfrage und manchmal auch ein wenig an sich selbst zweifle. Deshalb sei es auch wichtig, die Fähigkeiten zu schulen, meint Susanne Schiesser. So lerne man sich selber immer besser kennen und somit auch die eigenen Fähigkeiten – und wie man damit umgehe. Mit der Zeit entwickle es sich dann ganz natürlich. Je länger man damit arbeite, werde alles immer klarer und die Zweifel somit kleiner. «Die Gabe des Heilens ist etwas ganz Natürliches. Die Energie des menschlichen Körpers ist verdichtete Energie, d.h. Materie. Geistiges Heilen kennt die Menschheit schon lange, nur wurde es manchmal „vergessen". Der Mensch ist ein geistiges Wesen, das war er schon immer und wird es immer sein.»

Seit ungefähr fünfzehn Jahren beschäftigt sich Susanne Schiesser mit dem Heilen und seit acht Jahren arbeitet sie in ihrer eigenen Praxis. Ihre Klienten kommen mit seelischen sowie auch körperlichen Ungleichgewichten/Krankheiten. In der Regel kommen die Klienten mehrere Male, da es sich meist um lange mitgetragene Probleme handelt. Diese gelangen bei der ersten Behandlung an die Oberfläche, und danach fängt die eigentliche «Arbeit» an. Dies ist ein Prozess, bei dem es um die Bewusstwerdung des Problems geht und bei dem die Klienten lernen, sich selber zu lieben. Sie begleitet auch Leute mit chronischen Krankheiten, diese kommen jeden Monat zur Stabilisation. Sie arbeitet auch via Fernheilung. «Heilenenergien sind nicht an Zeit und Raum gebunden, und so spielt es keine Rolle, wo der Mensch sich befindet.» Manche Menschen kämen lieber in die Praxis, da sie den direkten Kontakt möchten. Andere zögen eine Fernbehandlung vor, was oftmals auch mit der örtlichen Distanz zu tun hat, sagt sie. Susanne Schiesser arbeitet aber nicht über das Telefon. «Ich mache eine genaue Zeit ab, damit sich die Leute hinlegen und die Heilenergien bewusst spüren können. Wenn der Körper in der Ruhe ist, kann er die Heilenergien viel besser aufnehmen.»

Susanne Schiesser ist nicht hellsichtig, sondern «hellwissend», «hellfühlend» und «hellhörend». Sie arbeite viel mit ihrem «Hellwissen» und auch mit ihrer natürlichen Medialität. Dabei verbindet sie sich mit ihrer Heilerseele oder mit der geistigen Welt, um die nötigen Informationen zu bekommen. Sie arbeitet mit Heilenergien und Heilfrequenzen. Diese fliessen durch sie hindurch, so wisse sie auch, wie es sich für den Klienten anfühle. «Jede Krankheit, jedes Ungleichgewicht, sei dies auf der seelischen oder auf der körperlichen Ebene, hat eine eigene Heilenergie, eine eigene Heilfrequenz.» Diese Heilenergien setzen Prozesse in Gang, Prozesse, die für die jeweilige Person im Moment wichtig und richtig sind. Schliesslich geht es darum, dass die Heilenergien sowohl den physischen wie auch alle anderen Körper, die sogenannten Energiekörper, durchfluten, damit die Harmonie des Energieflusses wiederhergestellt wird und Ungleichgewichte transformiert werden dürfen. Susanne Schiesser massiert zuerst die Füsse und die Waden, ganz manuell, damit die Klienten zur Ruhe kommen. Danach, während der Heilung, wird der Körper nicht mehr berührt. Erst am Schluss der Heilsitzung berührt sie die Füsse, damit die Klienten wieder zu sich kommen, denn «oft gleiten sie während der Heilung in einen Raum, losgelöst von Zeit und Raum. Ich nenne das den „Heilungsraum“. Es fühlt sich teilweise so an, als würde man einschlafen. Aber man schläft nicht, denn das Bewusstsein ist noch wach. In diesem losgelösten Zustand, im Heilungsraum, können die Heilenergien gut wirken, da der physische Körper und der Verstand dann sehr entspannt sind. […] Es gibt verschiedene Ebenen von Krankheiten, von Ungleichgewichten. Es gibt die Ebene aus dem Jetzt-Leben und die karmische Ebene, d.h. man nimmt Ungleichgewichte auf der Seelenebene aus Vorleben mit. So kann es sein, dass man unter Umständen das Karma durch eine Krankheit ablösen muss. Dies kann manchmal ein Leben lang dauern, und diese Krankheiten werden im menschlichen Wortgebrauch als unheilbar benannt. Auch gibt es andere Beispiele, wo Heilung erst stattfinden kann, wenn die Seele des Klienten dazu bereit ist. Andererseits ist es auch so, dass wir alle unsere eigenen Schöpfer sind, unser Leben auch selber kreieren können. Denn Heilung beinhaltet gleichzeitig auch Bewusstwerdung.» Darum sei es wichtig, dass man nicht nur die Symptome bekämpfe, sondern auch die Ursache kenne. «Dafür sind wir Heiler da, deshalb kommen die Leute zu uns. Ich schaue, ob die Ursachen im karmischen Bereich oder im Jetzt-Leben liegen. Es kann jedoch auch eine Kombination von beidem sein. Gleichzeitig sollte der Klient sich bewusst werden, dass es wichtig ist, gewisse Dinge in seinem Leben zu ändern.» «Jede Heilenergie und jede Heilfrequenz, die mir für meine Klienten zur Verfügung stehen, stehen auch mir selber zur Verfügung. Früher war ich der Meinung, dies sei bei allen Heilern so. Heute jedoch weiss ich, dass dies nicht selbstverständlich ist. Ich kann mich selber heilen und dafür bin ich sehr dankbar. Aber ich fühle mich nicht anders als andere Menschen. Ich bin unendlich dankbar dafür, dass ich anderen Menschen helfen und sie auf ihrem Weg begleiten darf. »

Josef STADLER, Heiler, Gebetsheilung. Bürglen (UR)

«Warum ist man nicht lieb miteinander? Die Liebe ist doch das Grösste, ein Geschenk vom himmlischen Vater. Warum ist man nicht dankbar?»

«Ihr kommt zu einem kleinen Menschen», so begrüsst uns Josef Stadler in seinem Schächentaler Haus, umringt von einer Schar junger Katzen. Josef Stadler ist ein urchiger Urner und hat ein bewegtes Leben hinter sich. Ein Leben, dass ihm zahlreiche und auch harte Prüfungen bescherte, aber um viele Erfahrungen reicher machte. Er wuchs auf einem Bauernhof in Bürglen auf und bewirtschaftete danach 45 Sommer lang eine Rinder- und Schafalp. Heute ist er pensioniert, hat aber trotzdem viel zu tun, da er weit über das Tal hinaus bekannt ist. Er hätte lieber weniger Zulauf, sagt er. Heute möchte er lieber nur noch die Leute behandeln, die er kennt, damit er länger an

der Sache dranbleiben kann. «Wenn etwas noch nicht in Ordnung ist, rufen die Leute wieder an, oder sie schreiben, wenn
sie telefonisch nicht durchkommen.» Dies dürfte öfters der
Fall sein, denn während des Interviews klingelte das Telefon
nicht weniger als 12-mal. Seine Frau Josi hätte es auch lieber,
wenn er zu etwas mehr Ruhe käme. Aber er helfe gerne und
versuche es, so gut er könne. Als Kind sass er gerne bei den
alten Leuten und lauschte ihren Geschichten von «früher». Sie
vertrauten ihm trotz seines jungen Alters viel an. Und wenn
sie von ihren Gebrechen klagten, dachte er sich, wie gerne er
ihnen Linderung verschaffen würde. «Ich merkte schon früh,
dass etwas da war.» Und ganz unauffällig, ohne dass jemand
etwas davon gemerkt hätte, wie so etwas geschehen konnte,
half er, ihre Schmerzen zu vertreiben. Nur seine ältere Schwester hätte ihn durchschaut und kam mit ihren Anliegen immer
zu ihm, erzählt er. Josef Stadler arbeitet mit Gebeten und mit
Gedanken, mit seiner Vorstellungskraft. Er legt auch die Hände auf. «Eine Entzündung sieht man ja nicht und trotzdem ist
sie da, das gleiche mit dem Schmerz. Und dann probiert man,
die Entzündung wegzunehmen und den Schmerz zu lindern.
Dabei bitte ich den himmlischen Vater, dass die Krankheit zu
heilen beginne, denn wenn eine Krankheit festhält, kann man
sie nicht einfach „wegblasen“. Darum soll die Heilung beginnen und sich entwickeln, im Namen Gottes.»

Es wäre nicht gut gewesen, zu früh mit dem Heilen anzufangen, ist Josef Stadler überzeugt. «Wenn es eine Person sehr
schwer hat, muss man wissen, was zu tun, ist und dazu braucht
es eine gewisse Erfahrung, um weiterzuhelfen. Ich habe viel
erlebt und dadurch gelernt zu verstehen, was die Menschen
bedrückt.» Er hatte mehrere Begegnungen mit Menschen, die
heilten. Aber «reingezogen» wurde er, als seine Frau krank war.
Sie hatte öfters gesundheitliche Probleme, und da erzählte jemand aus der Verwandtschaft von einem Heiler in Unteriberg.
Sie gingen hin, und nach der Behandlung seiner Frau rief dieser
Heiler Josef Stadler zu sich. «Ich bin doch gesund», erwiderte
Josef Stadler, aber der Heiler wollte ihn sprechen, erinnert er

sich. Dabei bemerkte dieser Heiler die vielen Warzen an seinen Händen. Noch niemand hätte es geschafft, ihm diese wegzumachen, erzählte er dem Heiler. Dieser antwortete: «Das kann ich auch nicht, denn Sie haben zu viel magische Kraft, und darum müssen Sie das selber machen.» Damals wusste Josef Stadler noch nicht, was er darunter zu verstehen hatte. Nach einer gewissen Zeit erinnerte ihn seine Frau daran. «Ich solle mich doch endlich mal um diese Warzen kümmern, sagte sie. Und beim nächsten geeigneten Mondstand nahm ich mir die Warzen vor – und tatsächlich, sie verschwanden – zuerst die grossen, dann beschäftigte ich mich mit den kleinen, bis alle verschwunden waren.»

Während zweier Jahre hat Josef Stadler viele überirdische Dinge erlebt: «Seelen, die noch auf der Erde umherwandern und gebannt werden müssen, damit sie in Frieden ruhen können und nicht in der Welt umherirren müssen.» Schon in jungen Jahren merkte er, das ein Verstorbener zugegen war. Diesbezüglich habe er einige aussergewöhnliche Dinge erlebt und auch schon schlimme Sachen gesehen, erzählt er. «Menschen und viele Tiere, die in den Tod getrieben wurden, damit sie einen Schritt weiterkommen oder damit sich endlich ein Tor auftut für die Seele und sie über die Schwelle in den Vorhimmel treten können.» Er habe für die Seelen gebetet, damit sie erlöst werden, sagt er. Bei Angelegenheiten, bei denen man nicht wisse, was dahinterstecke, sei es wichtig, gegen das Böse abzuschirmen, das wirke oft Wunder, sagt er. Vor allem bei Kindern, die nicht schlafen können, braucht es oft eine Abschirmung gegen das Böse. Er erinnert sich an eine Familie, die ihn zu sich rief, weil ihre 2-jährige Tochter nicht schlafen konnte. Sie hätten ein altes Haus gekauft und etwas renoviert. Aber das Mädchen hätte schreckliche Angst, in ihrem neuen Zimmer zu schlafen, erzählt er. Er ging hinauf in das Zimmer und sagte: «Du chasch mir scho chli fröschtele, aber ich ha kei Angscht vor dir. Ich bitte de Herr, dass er dir gnädig und barmherzig isch, dass du chasch einisch ruehbe in Friede.» Nachdem er fertig war, sagte er den Hausbesitzern, er wisse nicht, ob sie sofort

Ruhe haben werden, aber sie sollen ab und zu ein Vaterunser beten für die Seele. «Und das Kind legt man im Namen Gottes ins Bett, die Mutter Gottes und seine Schutzengel müssen es beschützen. Wenn es auf die Strasse geht, wünscht man ihm das ja auch.» Am Abend zur Schlafenszeit brachte der Vater das Kind ins Zimmer, und da sagte es: «Nimme ume, nimme ume, nimme ume.» Es liess sich ins Bett legen und schlafe seit damals problemlos, das war vor zwei Jahren, sagt Josef Stadler.

Um einen Menschen vor dem Bösen abzuschirmen, bittet er die Heiligen Michael, Raffael und Gabriel um Hilfe, damit der Mensch durch die unermessliche Macht Gottes beschützt werde. «Satan muss in die Schranken gewiesen, verriegelt und versiegelt werden. Auch die bösen Geister müssen an ihren Platz verwiesen werden. So auch böse Menschen, die Schlechtes machen und denken. Oder Neid und Eifersucht, dass ihre Strahlen aufgelöst werden und nicht mehr durchkommen. Aber schliesslich muss der himmlische Vater das Wort sprechen.» Es gäbe Hellseher, die mehr sehen als andere, aber keine Heilkraft besitzen, meint Josef Stadler. Zum Heilen brauche es ja auch eine gewisse magische Kraft, und er glaubt, dass man mehr Wirkung habe, wenn man im Namen des Höchsten handelt, im Namen Gottes. «Für die Heilung von Krankheiten ist die wundervolle Mutter Gottes eine grosse Fürbitterin.» Und so ist Josef Stadler überzeugt, dass man dem anderen mehr helfen könne, wenn man die Unterstützung vom Höchsten bekomme. «Ich gehe vom logischen Denken aus: Wenn man etwas Schweres heben muss, ist man froh, wenn auf der anderen Seite auch jemand hilft, das Gewicht zu tragen. Darum sind die Fürbitten bei der Gottesmutter so kraftvoll.» Die Leute kommen zu ihm in seine Stube, sitzen bei ihm auf dem Sofa und leeren ihre Herzen. Es gäbe viele schwere Fälle. Für viele sei er die letzte Hoffnung. Aber er betont immer, dass er nur so viel machen kann, wie er kann. Gewisse Leute hätten jedoch sehr viel Vertrauen in ihn, dass sie mehr dazu beitragen würden, als er gekonnt hätte, meint Josef Stadler. Natürlich sagt er ihnen auch, sie müssten ihren Teil dazu beitragen, das heisst:

«Beten und die wundervolle Mutter Gottes bitten, dass sie für dich bittet um Kraft, Gnade und Vertrauen. Damit du mehr Vertrauen bekommst in den lieben Gott.»

Josef Stadler hat noch nie etwas für seine Heiltätigkeit verlangt. So etwas käme ihm nicht in den Sinn, sagt er. Seine Einstellung untermauert er mit einer biblischen Erzählung: «Das Geld wurde schon ganz früh verflucht: Durch Judas, der Jesus verriet. Seither haben die Apostel und die Menschheit Judas verachtet. Und Judas hat den Geldbeutel in den Tempel geworfen und das Geld verflucht.» Die Leute fragen ihn dann, ob er denn kein Honorar verlange. «Nein», heisst dann die Antwort. «Meine Güte werde ausgenutzt, sagte man mir öfters. Von wem denn, fragte ich jeweils zurück. Das sind ja gar keine anständigen Menschen, die die Güte des anderen ausnützen. Aber die guten Menschen, die schätzen es doch, wenn man ihnen etwas Gutes tut, und viele zeigen es auch. Meine Frau und ich, wir fingen ohne einen Rappen an und trotzdem hatten wir Geld. Ich habe einen Kassier im Himmel, der schaut, dass es stimmt. Ich sagte meiner Frau, wir können unseren Kindern nicht so viel Geld mitgeben, wie andere das können, aber wir müssen ihnen etwas mitgeben an Lehre und Zufriedenheit, damit aus ihnen zufriedene Menschen werden. Wir ernten schon unsere Freudenerlebnisse und wir werden geschätzt.» Manchmal käme der «Lohn» am nächsten Tag in Form von Dankesbriefen oder einem Geschenk mit der Post. Josef Stadler hat während seiner Heilertätigkeit viele Erfahrungen gesammelt. «Was man selber erlebt hat, kann man weitergeben.» Er hätte gerne jemanden, der nachzöge und, so wie er, Erfahrungen sammelt. Das müsse aber eine ehrliche Person sein. Man sollte auch religiös sein, das heisst aber nicht zwingend fromm, sagt er. Zwei seiner Töchter spüren die Kraft auch. «Eine davon besonders gut, sogar mehr als ich», doch hätte sie zu viel Arbeit mit der Familie, meint er. Josef Stadler fühlt sich verpflichtet, den Menschen zu helfen, diese in Bescheidenheit zu empfangen, mit einem offenen Ohr, damit die Leute ihre Sorgen loswerden können. Dann ginge es ihnen schon viel besser, sagt er. «Wir haben den katholischen

Glauben, es ist ein wunderbarer Glauben. Darin ist alles enthalten, was gut ist: Wie man sich seinem Nächsten gegenüber verhalten soll, und dem Tier gegenüber und dass man unserer schönen Welt hätte Acht geben sollen. Und dass die Liebe das Grösste ist, da haben wir genug Beweise.»

Jürg HILTEBRAND, Heiler, Tierheiler, Ganzheitstherapie.
Avenches (VD)

«Die Leute kommen erst, wenn es nicht mehr geht.»

Jürg Hiltebrand nennt sich nicht Heiler. Was er macht, bezeichnet er als Ganzheitstherapie, deren Ziel es sei, Seele, Organe und Körper zu harmonisieren.

Entscheidend für seinen Werdegang waren zwei schwere Unfälle in jungen Jahren, die massive Rückenprobleme zur Folge hatten. Die Schulmedizin konnte ihm nicht weiterhelfen, also probierte er verschiedene alternative Methoden aus, die jedoch auch nichts bewirkten. Bis er schliesslich auf einen Asiaten stiess, der ihn mit Akupunktur behandelte. Das war das erste Mal, dass etwas half, und Jürg Hiltebrand war sofort fasziniert von dieser Heilmethode. Zudem machte ihn dieser Therapeut darauf aufmerksam, dass er «sensibilisiert» sei für solche Sachen, und führte ihn in die Kunst der Chinesischen Medizin ein. «Er sagte mir, ich hätte „das Gefühl“, aber ich müsse lernen damit umzugehen.» Dies gab Jürg Hiltebrand den Anstoss, es selber auszuprobieren. Als Pferdebesitzer wendete er sein Wissen zuerst bei seinen Pferden an, bis es zu einer Passion wurde. Seit sechs Jahren behandelt er nun Tiere und Menschen. «Das erste Mal, als ich vor einem Pferd stand, dachte ich, dass ich nichts spüre. Aber ich war ehrgeizig, liess nicht locker, und mit der Zeit kam das Gefühl. Also probierte ich es immer öfters und merkte bald, dass ich immer mehr spürte. Anfangs dachte ich, dass ich mir das alles einbilde, aber dann realisierte ich, dass ich Gefühle und Gedanken meiner

Patienten erfassen konnte.» Es laufe alles über das Gefühl, sagt Jürg Hiltebrand. «Aber wie soll man ein Gefühl beschreiben?» Er kann es nicht erklären, es funktioniere einfach. Es hat weder mit Religion noch mit Glauben zu tun, denn bei den Tieren funktioniert es ebenso.

Jürg Hiltebrand hat eine ganz eigene Art des «Erspürens» oder des «Aufnehmens», wie er es nennt. Es ist seine Art, sich auf den Patienten einzustimmen, und hört sich an, als würde er tief Luft holen. So nimmt er den Patienten in sich auf und sieht, wo die Probleme sind. Er sei wie eine Röntgenmaschine und spüre die kleinste Unterfunktion im Körper, oft sogar bevor der Patient es selber spüre. «Das muss man dann eins nach dem anderen korrigieren. Dazu suche ich den Grund und versuche, das Problem an der Wurzel zu packen.» Er erkläre seinen Patienten immer alles, was er macht, das schaffe Vertrauen, sagt er. Die meisten Patienten kommen in seine Sprechstunde, wenn ihnen die Schulmedizin nicht mehr weiterhelfen kann. Eine Spezialität von Jürg Hiltebrand ist, mithilfe von Speichelproben die Diagnose zu erstellen. Dazu hat er eine eigene Methode entwickelt. Er erforscht mit Gespür die einzelnen Proben, worauf der Körper des Patienten anspricht, und stellt dann homöopathische Tropfen und Globulie zusammen. Aus der ganzen Schweiz schicken Kunden ihre Speichelproben ein. Seine Mittel haben jedoch nichts mit der klassischen Homöopathie zu tun. Sie dienen mehr zur Regeneration der Organe, erklärt er. Jede Behandlung sei anders, da jeder Mensch ein Individuum sei. Je nach Schwere des Krankheitszustandes brauche es mehrere Behandlungen, erläutert Jürg Hiltebrand. Aber das klärt er schon zu Beginn der ersten Behandlung ab und teilt es den Kunden mit. Er empfindet es als wichtig, die bestmögliche Variante für den Patienten zu finden, um eine optimale Genesung zu erreichen.

Jürg Hiltebrand ist Autodidakt. Kurse zu besuchen und den anderen zuhören, das nütze ihm nicht viel, sagt er. Er muss es selber für sich erfahren und spüren. Da alles mit seinem «Gespür» zu tun habe, merke er sofort, ob etwas funktioniert oder nicht, erzählt er. Am Anfang, als er Kopfschmerzen heilte, war das für ihn ein Erfolg. Heute sei dies eher Routine und er habe neue und schwierigere Ziele, für die er neue Techniken entwickle, um noch mehr Erfolg zu haben. Er forsche ständig weiter, z.B. bei Hautkrankheiten wie Neurodermitis habe er schöne Erfolge erzielen können, berichtet er. «Die Menschen suchen immer nach dem Mittel, aber das gibt es nicht. Auch nicht bei Krebs. Es muss zwischen Seele und Körper stimmen. Es geht um den Ausgleich, und wenn ich behandle, gleiche ich immer aus. Wenn es nirgendwo mehr klemmt und alle Energie fliesst, ist man ausgeglichen und der Körper kann sich regenerieren. Natürlich braucht es die Schulmedizin und es wäre wünschenswert, wenn man die traditionelle Medizin mit der Alternativmedizin verbinden könnte.»

Als Kind hatte Jürg Hiltebrand immer Probleme, sich in einem Raum mit vielen Menschen aufzuhalten. Heute weiss er, dass der Grund dafür die vielen Energien waren, die auf ihm abprallten. Später, in seiner Tätigkeit als Berufsreiter, hatte er vor allem mit schwierigen Pferden grosse Erfolge. Er war sich seiner Fähigkeit jedoch damals nicht bewusst. Eine heilerische Tätigkeit, wie er sie heute ausübt, hätte er sich nie vorstellen können, und es erstaunt ihn immer wieder aufs Neue. Die Arbeit macht ihm täglich grosse Freude, doch ist seine Präsenz begrenzt. Da all seine Energie gefordert wird, muss er regelmässig Pausen einlegen und meditieren, um wieder mit neuer Kraft Menschen und Tieren helfen zu können.

Jean-Claude BLUMENSTEIN, Geistheilung. Sitten (VS)

«Der grösste Reichtum, den ein Mensch haben kann, ist in seinem Herz.»

Jean-Claude Blumenstein hat einen ganz besonderen Ort ausgewählt, um das Interview zu führen, nämlich das Ausflugsrestaurant La Colline aux Oiseaux. Es liegt oberhalb der

Rebberge von Chamoson, einer bekannten Walliser Weinbau-
gemeinde. Hierher kommt Jean-Claude einmal wöchentlich,
um Leute zu behandeln. Hier fühlt er sich auch wie zu Hause, kennt er doch die Patrons seit 26 Jahren. Hier hat er viele
Stunden verbracht und mit Freunden musiziert. Die familiäre
Atmosphäre scheint seiner heilerischen Tätigkeit förderlich zu
sein. Den Rest der Woche praktiziert er bei sich zu Hause.

Jean-Claude Blumenstein absolvierte am Technikum in La
Chaux-de-Fonds eine Ausbildung als Uhrmacher, entschied
sich jedoch mit 20 Jahren, Berufsmusiker zu werden. Trom-
pete, Violine, Handorgel, Schlagzeug und Gesang gehörten
zu seinem Metier. Als Orchestermusiker und Dirigent, unter
anderem auch des Sinfonieorchesters in Biel, kann er auf eine
20-jährige Karriere zurückblicken, die ihn in verschiedene
schweizerische, aber auch ausländische Konzerthäuser führte.
Als er mit der Orchestermusik aufhörte, wohnte er in Neuchâ-
tel. Auf der Suche nach einer neuen Herausforderung erfuhr
er, dass bei Musik Hug eine Person für den Verkauf gesucht
wurde, und so stieg er dort ein. Nach einigen Filial-Wechseln
kam er schliesslich 1980 ins Wallis und übernahm in Sitten die
Leitung der neu eröffneten Hug-Filiale. Sein Vater hatte eine
Gabe, habe sie aber nicht weitervermittelt, sagt Jean-Claude
Blumenstein. Er war Radiästhesist* und arbeitete mit Homöopathie. Er fuhr mit der einen Hand über ein Anatomiebild,
während er mit der anderen Hand pendelte, und je nachdem,
wo das Pendel ausschlug, ergab sich eine Diagnose. Aufgrund
dieser Diagnose wurde sodann das entsprechende homöopathische Mittel erpendelt, erläutert er.

Jean-Claude Blumenstein kam im siebten Monat zur Welt
und wog bloss 750 Gramm. Für Frühgeburten existierte 1939
noch keine ausreichende medizinische Infrastruktur. Der
zuständige Arzt gab dem Säugling etwa zwei Stunden Über-
lebenszeit und riet den Eltern, das Kind sofort taufen zu lassen. Aber Jean-Claude überlebte. Sein kleiner Körper durchlief
alle Farben des Regenbogens, erzählt er. Rückblickend sieht er
das als ein Zeichen der spirituellen Welt. Aber es sollte jedoch

lange dauern, bis er sich dessen bewusst wurde. Zuerst musste er noch verschiedene Erfahrungen machen, von denen die erste auch die erschütterndste war. Sie ereignete sich vor 40 Jahren, als er mit einer Kapelle in Buchs (SG) für eine Saison gastierte. Abends bevor er das Nachtessen einnahm, pflegte er gewöhnlich ein Nickerchen zu machen. Da geschah es, dass er furchtbare Schmerzen in der Brust bekam. Es sei gewesen wie eine Explosion und plötzlich sah er sich selber im Bett schlafen. Er betrachtete sich selber von oben herab und eine Stimme sagte ihm: «Du musst keine Angst haben, ich zeige dir etwas.» «Und dann bin ich durch die Mauer in die Küche gegangen, es war wie Nebel. Meine Frau bereitete dort das Essen zu und ich wusste genau, was sie dachte. Das erste Mal, als dies geschah, hatte ich grosse Angst. Ich bin dann noch mehrmals aus dem Körper heraus in die Welt der Seelen gewandert und habe dort meine Eltern, Schwester und Grosseltern gesehen, alle, die ich schon verloren hatte. Ich war mit meinem „Guide" unterwegs. Jeder Mensch auf dieser Welt hat einen „spirituellen Guide". Beim Heilen, wenn ich mit der höheren Ebene der spirituellen Welt und den daran angrenzenden Welten arbeite – denn es existieren noch viele andere Welten –, rufe ich immer den persönlichen „Guide" der jeweiligen Person, die ich behandle, um Hilfe an. Anfangs herrschen immer etwas Zweifel, aber mit der Zeit bekommt man die Gewissheit, dass es reel ist. Es ist fantastisch, man erhält eine komplett andere Vision der Welt.»

Vor langer Zeit sagte ihm ein älterer Herr, der ihn schon von klein auf kannte, dass er eine Gabe hätte. Aber es läge an ihm selber, diese zu entdecken. Und genau das geschah vor zwölf Jahren, als ihm die erste Heilung wie eine Eingebung kam. Er sass in einem Bistro und bemerkte, dass die Serviertochter, ein junges Mädchen, sich hinter der Theke vor Schmerzen krümmte. Als er sie danach fragte, antwortete sie, das seien ihre regelmässigen Periodenschmerzen. Da nahm er ein Glas mit Wasser und magnetisierte das Wasser. Es wurde ganz trüb und weisslich. Er gab es der Serviertochter, die davon 3-mal am Tag trinken musste. Sie meinte es schmecke seltsam, befolgte aber seinen Rat. Seit jenem Tag hatte sie nie wieder Perioden-schmerzen, erzählt er. Seit damals ist viel passiert, sagt er. Er habe unzählige Eingebungen gehabt und eine Hellsichtigkeit entwickelt. Sitzt er in einem Restaurant, könne er spüren, ob es einem Gast nicht gut geht, denn er trete sofort in Kontakt mit dessen Seele. Normalerweise sei eine Seele glücklich, bei solchen Menschen sei sie unglücklich. Darum heile er immer zuerst die Seele seiner Klienten. «Es kommt häufig vor, dass ich einen Menschen höre, der nach mir ruft. Eine Person, die zurzeit bei mir in Behandlung ist und starke Schmerzen hat. Ich höre die Person weinen, wie sie mich ruft: „Jean-Claude, ich habe Schmerzen." Das höre ich wie eine Stimme, die im Ohr widerhallt.» Jean-Claude Blumenstein arbeitet mental, mit den Gedanken und immer mit dem sogenannten «Licht». Mit Licht in den Gedanken und mit Licht bei der Arbeit. Er hat immer zwei Kerzen, die brennen, eine für das Gute und eine für das Wahre. Das seien zwei wichtige Elemente und stehen für die Liebe.

Jean-Claude Blumenstein nennt sich (Geist-)Heiler und macht auch telefonische Fernheilungen. Distanz spiele für ihn keine Rolle, eine Heilung könne schon während des Telefonge-sprächs zu wirken beginnen. Kommunikation empfindet er als sehr wichtig, aber den persönlichen, direkten Kontakt mit sei-nen Klienten genauso. Normalerweise fragt er seine Klienten nicht nach ihren Beschwerden, da er mithilfe seiner aufgelegten Hände ihre Probleme diagnostiziert. Die meisten kämen, weil sie verzweifelt seien und nicht mehr weiter wüssten. «Ich sehe sofort, was nicht stimmt, das kann der Magen sein oder das Herz. Es gibt viele Möglichkeiten.» Eine Spezialität habe er kei-ne. Er behandle alles, fast alles. Nur bei Krebs sei er skeptisch und vorsichtig, vor allem wenn der Krebs schon fortgeschrit-ten ist. Meist beginnt er, indem er seine Hände von hinten auf die Schultern des Klienten legt. Das können manchmal nur 30 Sekunden sein, dann kommt wie ein «Flash» eine Eingebung, was die Person für ein Leiden hat. Anhand dieser «Diagnose» legt er dort die Hände auf, wo es der Körper des Klienten nötig hat. Bei gewissen Menschen arbeitet er mit etwas Abstand zum Körper. Handelt es sich aber um starke Schmerzen oder ein sehr schweres Leiden, sei es besser, die Hände direkt aufzulegen. «Dann tritt Energie von oben durch meinen Kopf ein und fliesst hinunter in meine Hände, wie ein Fluidum.» Dort wo er die Hände auflegt werde es heiss, sagen ihm die meisten Konsultanten. Seine Behandlungen können zwei Dinge bewirken, entweder es heilt oder schwächt sofort ab oder, und dies vor allem bei schweren Leiden, es wird zuerst schlimmer und dann schwächt es ab. Nach maximal zehn Tagen möchte er von den Klienten hören, wie es ihnen geht und was sich verändert hat. Während 21 Tagen arbeitet er an jeder Person. Einen speziellen Grund für diese Zahl gäbe es nicht. Die Energie, mit der Jean-Claude Blumenstein arbeitet, habe nichts mit Religion zu tun, die spirituelle Welt sei nicht religiös, betont er. Die Leute müssen an den Heiler und die Heilung glauben, nicht an eine Religion. «Jeder Mensch hat seinen Glauben, ob er nun katholisch oder protestantisch ist oder sonst einer Religion angehört; und ich respektiere das. Es ist gut, an etwas zu glauben, aber in der spirituellen Welt gibt es keine Religion, die wurde von den Menschen erfunden.»

Er habe diesbezüglich nie eine Ausbildung gemacht, er erhalte alle Informationen von oben, von der spirituellen Welt, erzählt er. «Ich werde immer von meinem „Guide" geführt. Man reist nicht einfach so alleine. Und so habe ich diese Parallelwelt gesehen, eine wunderschöne Welt voller Harmonie. Die Farben sind unbeschreibbar, einfach fantastisch.» Jean-Claude Blumenstein ist überzeugt, dass nicht jeder heilen kann, man muss auserwählt sein. Es sei eine Gabe, die gegeben wird und nicht erlernt werden könne. Wenn man es aber könne, sei man verpflichtet, allen zu helfen. Er fühlt sich anders als andere. Er hat gelernt, seinem Gegenüber toleranter zu sein. Das fehle heute, meint er. Die Menschen seien heute zu materialistisch. «Die Leute verstehen es schlecht, aber eines Tages wird man darüber sprechen.»

Albin WÜRSCH, Naturheilpraktiker, Chiropraktiker, Cranio-Sacral-Therapeut. Susten (VS)

«Jede Behandlung ist anders. Es gibt nur eine Regel, die heisst: Es gibt keine Regel. Wenn ich etwas an meiner Technik ändere, ändert sich auch meine Kundschaft.»

Früher nahm Albin Würsch das mit den «heiss werdenden Händen» nicht ernst. Wenn er es gelegentlich bei Kopf- oder Knieschmerzen anwendete, war es eher aus «Jux und Chalberei». Die betreffenden Personen sagten dann jeweils, er hätte magnetische Hände, er sei bestimmt ein Magnetopath. Er nennt sich lieber Quacksalber, denn zum Quacksalber geht man, wenn der Arzt nicht mehr weiter weiss. Die Bezeichnung Quacksalber ist im Wallis eher ein Ehrentitel, meint Albin Würsch, der mit allen per du ist. Er ist überzeugt, dass jeder Mensch das könnte. Aber die meisten hätten nicht den Mut anzufangen. «Es ist ja sowieso eine Spinnerei», meint er, «wie soll man denn einem Arzt, der so lange gelernt hat, sagen, dass man gleich gut arbeitet wie er? Wie sonst lässt es sich erklären, dass Leute, die seit zehn Jahren bei einem Arzt waren, aber keine Fortschritte erzielten, nach drei bis vier Sitzungen bei mir ihr Leiden los wurden? Ohne Medikamente und Chemie. Ausser vielleicht mit etwas Phytotherapie zur Unterstützung.»

Albin Würsch arbeitet mit gelernten Techniken, vor allem mit der Chiropraktik. Mit «einfachen Griffen», die jeder lernen kann, präzisiert er. «Die Leute müssen etwas spüren, sonst wird es ihnen unheimlich. Wenn es knackt und kracht, dann haben sie Spass. Danach kann man dann auf die feine Art arbeiten. Ich bin davon ausgegangen, dass, wenn der Körper nicht aufeinander stimmt, also wenn es vom „Gestell" her nicht stimmt, dass dann nichts funktionieren kann. Darum bin ich nach Stockholm gefahren und habe mich zum Chiropraktiker ausbilden lassen.» Vielleicht könnte man Albin Würsch als eine Weiterentwicklung des traditionellen Einrenkers betrachten, von denen es im Wallis früher mehrere gab.

Ein moderner Einrenker also, der sich den veränderten Bedürfnissen der heutigen Menschen und der gesundheitspolitischen Situation angepasst hat.

Seit 18 Jahren arbeitet Albin Würsch im Wallis und er muss keine Angst haben, dass ihm die Arbeit ausgeht. Es gab Zeiten, da waren Wartezeiten von drei bis vier Monaten die Regel, aber das gefiel ihm gar nicht, da die Leute zu lange warten mussten und er keine Notfälle mehr annehmen konnte. Er betont zwar, dass er kein Notfallarzt sei, aber z.B. Kleinkinder, die nicht schlafen können, betrachtet er als Notfälle. Bevor er ins Wallis kam, arbeitete er auf dem Bau, war Giesser, Zöllner und hat mit dem Verkauf von Kosmetik viel Umsatz gemacht. Seit 1992 betreibt er eine Praxis für ganzheitliche Therapien in Susten. Ausschlaggebend für diese Neuorientierung war eine schwierige Lebensphase, aus der er sich befreien wollte. «Du kannst machen, was du willst, aber das Leben führt dich immer wieder zurück auf deine Schiene. Zu dem, was du auf dieser Welt zu erledigen hast.» Er sei zu lange, zu weit davon entfernt gewesen, erzählt er, aber schliesslich habe es doch noch geklappt.

Als Kind musste er viel einstecken, doch habe er nie aufgegeben, sagt er. «Es ist alles möglich. Ich kann alles machen, wenn ich es nur will, weil ich überzeugt bin, dass mir der Herrgott hilft.» Aus Selbstschutz hielt er sein «inneres Kind» versteckt, damit niemand ihm wehtun konnte, erzählt er. «Aber so kommt auch nichts an das innere Kind heran und man wird einsam. Man wird zum Exot, weil man Sachen macht, die andere nicht begreifen können.» Er habe keine Kindheit und kein Familienleben gehabt, wie man es sich vorstellt. Er könne sich nicht an einen einzigen glücklichen Tag erinnern, erzählt er. Aber aus seinem Munde klingt das weder negativ noch verbittert, und er scheint es keineswegs zu bedauern. «Es ist nun mal einfach so gewesen, ein schwieriger Weg. Ich bin so etwa in jedes Loch gefallen, in das man fallen kann.» Heute ist er glücklich mit dem, was er macht. «Ich sehe, dass es den Leuten gut geht, was will man denn mehr?»

Albin Würsch kennt mehrere Geschichten von unglücklichen und «verkrachten Existenzen», wie er sie nennt. Es sind Geschichten von sensiblen, hellsichtigen und hellfühlenden Menschen, die ihr Leben nicht «auf die Reihe bekamen». Menschen, denen ihre Gabe mit der Zeit zu viel wurde, oder solche, die sie aus Angst erst gar nie zum Vorschein kommen liessen und ständig darunter litten. «Viele solcher Menschen hatten eine miserable Jugend und daraus hat sich dann irgendetwas entwickelt, aber frag mich nicht, wie und warum, es hat sich bei mir ja genauso ergeben.»

Angefangen hat Albin Würsch mit verschiedensten Techniken wie Elektroakupunktur, Familienstellen nach Hellinger, Lymphdrainage und Physiotherapie sowie mit diversen Apparaturen wie Laser und Elektrostimulationsgeräte. Hinzu kamen viele esoterische Sachen, auch Häuserentstörungen mit Pendel und Rute. «Es ist immer etwas hängen geblieben. Überall sind zwei, drei Sachen sehr gut und der Rest ist Ballast, der die ganze Sache nur verkompliziert und verteuert», sagt er. Doch nach einigen Jahren legte er alle Geräte beiseite und arbeitet seither nur noch mit den Händen, womit er bessere und schnellere Ergebnisse erziele. Von diesen «verwirrten Anfängen», wie er sagt, habe er zurück zu seinen Händen gefunden und hat seine eigene Methode entwickelt, die er «Binologie» nennt, abgeleitet von seinem Übernamen «Bini». Auch heute bildet er sich ständig weiter, denn von der EMR[127] wird alljährlich eine gewisse Anzahl Fortbildungsstunden verlangt. Langsam entstand der Wunsch, hinauszugehen und den Leuten zu zeigen, wie sie es selber machen können. So sei auch die «Binologie» entstanden, die er jetzt in Kursen in der Deutschschweiz unterrichtet. Im Kanton Glarus habe er sogar eine kleine Fangemeinde, berichtet er. Die Leute, die zu ihm in die Praxis kommen, fragt er nicht, was ihnen fehlt. Das interessiert ihn nicht stark. Er schaut sie an und sagt ihnen, was vom «Gestell» her los ist und was daraus resultieren könnte. Also beginnt er, die Sache

---

[127] ErfahrungsMedizinisches Register EMR. Für weitere Informationen: www.emr.ch.

in Ordnung zu bringen. «Sobald der Strom im Körper fliesst und in den Füssen ankommt, fange ich an zu arbeiten. Dann geht es um die Entspannung der Muskulatur, und wenn die Muskeln entspannt sind, ist automatisch auch das ganze „Gestell" entspannt. Und auf einmal spüre ich ein Klopfen oder ein Vibrieren unter meiner Hand, und so finde ich Zysten und Verwachsungen. Wenn ich lange genug draufbleibe, macht es auf einmal „Whop", und ich falle wie in ein Loch, und es löst sich auf.» Das seien Gefühlssachen, so etwas löst sich nicht mit Gewalt, betont er. Und dafür brauche es einfach Zeit. Darum reserviert er immer eine Stunde pro Klient. Die Leute kommen mit allen möglichen Beschwerden. Bei den Kleinkindern machen Geburtstraumata den grössten Teil aus. Das seien Angst- und Panikzustände. Die ganzen negativen Gefühle im Leben kämen alle von der Geburt, sagt Albin Würsch. Diese liessen sich aber wunderbar lösen, in dem man das Kind ohne Druck in die Embryonal-Stellung zurückbringe. «Dann gibt es ein Geschrei, da sie meistens die ganze Geburt nochmals durchmachen, und nach etwa dreiviertel Stunden ist die Luft draussen und die Mundwinkel gehen hoch. Sie grinsen und schlafen ein.»

Albin Würsch ist überzeugt, dass die Kleinkinder es selber machen. Er sei einfach da, ohne wirklich etwas zu tun. «Spüren, was beim anderen vor sich geht, fühlen, wo er ist, und dann einfach führen, und wenn er in Panik kommt und nicht weiterwill, einfach da halten, damit er durch muss und merkt, dass gar nichts passiert und es keinen Grund gibt, Angst zu haben.» Mit alten Menschen geht er ähnlich um, wie mit den Kleinkindern, nämlich ganz fein. Viele Leute kommen mit seelischen Belastungen, haben Probleme mit dem «Nicht loslassen können» von Eltern oder Frühgeburten. Emotional festgefahrene Sachen hätten jede Menge Möglichkeiten, sich im Körper als Leiden zu manifestieren, findet Albin Würsch. «Oder Verstorbene, die weg wollen und nicht können, weil sie zurückgehalten werden, und dann plagen sie.» Fernheilung sei absolut einfach, ist Albin Würsch überzeugt. Wenn man mit dem Kopf bei der Sache ist, sei es absolut keine Kunst. Und der Mensch, der die Fernheilung sucht, ist offen dafür. «Ich stelle mir den Menschen in einem Regenbogen oder einem Sonnenuntergang vor und wie ich den ganzen Menschen aus dem Sonnenuntergang atme, bis ich ihn nicht mehr sehe. Und wenn es nötig ist, kann ich sagen, das soll noch zwei Stunden so weitergehen.» «Ich rede vom Herrgott, damit die Leute sich etwas vorstellen können. Für mich ist es die Lebensenergie, eine Urenergie, die, uns am Leben erhaltend, ganze Galaxien zusammenhält. Aus dieser Universalenergie können wir so viel holen wie wir benötigen. Sie steht allen zur Verfügung. Diese Energie ist einfach da, niemand kann sie patentieren, die einen gebrauchen sie zum Heilen, andere um Pflanzen zu setzen.»

Einer seiner ersten Fälle war ein gelähmter Multiple-Sklerose-Patient (MS), der nur noch den rechten Arm bewegen konnte, später auch blind wurde und das Gedächtnis verlor. Er habe so ziemlich alles durchgemacht, was Menschen mit MS erleiden können, sagt Albin Würsch. «Da lernte ich, was MS ist. Nach zweieinhalb Monaten habe ich ihn zu Hause ohne Rollstuhl, ohne Stöcke und ohne Brille abgeliefert. Heute hat er selber eine Naturheilpraxis.»

Unheilbare Krankheiten gibt es für Albin Würsch nicht. «Jene, die nicht heilen, wollen nicht heilen. So wie es Geister gibt, die mit 60 aus dem Leben scheiden wollen, oder ein Kleinkind, dessen Geist sich mit vier Jahren entscheidet zu gehen. Für den modernen Arzt und vor allem für die Chemiekonzerne ist es wichtig, dass der Mensch so lange wie möglich atmet. Die Leute sterben heute nicht mehr an Altersschwäche, sondern sie sterben an Herzinfarkt oder Krebs. Es gibt heute immer mehr Zivilisationskrankheiten, weil man den Leuten keine Chance gibt, in Ruhe zu sterben.»

«Ich bin dafür, dass man das Unkraut an den Wurzeln packt und nicht einfach mähen geht. Aber wenn du davon leben willst, dann musst du mähen.»

Anhang

Glossar

Einrenker: Jemand, der mit verschiedenen Handgriffen, Druck oder Massagen direkt auf den Körper (Gelenke, Muskeln) der zu behandelnden Person oder des Tieres einwirkt, um schmerzende Körperpartien zu erleichtern.

Empathie: Mitgefühl.

Energetiker: Er arbeitet mit einer kosmischen oder höheren Energie, die er kanalisiert, um sie an den Hilfesuchenden weiterzugeben, indem er seine Hände auf bestimmte Körperstellen des Kranken auflegt.

Exorzismus: Rituelle und meist religiöse Praxis des Austreibens von Dämonen, Geistern oder des Teufels aus Menschen, Tieren, Orten oder Gegenständen.

Geistheiler: Neuerer Begriff für Heiler; er wird heute praktisch auf alle Heilformen angewendet.

Geistwesen: Bezeichnet einerseits übernatürliche Wesen, andererseits Seelen, die den physischen Körper nach dessen Tod verlassen und weiterexistieren. Sie können auf verschiedene Arten mit lebenden Menschen in Kontakt treten.

Magnetismus: Die Kraft/Energie, die ein Magnetopath/Heiler besitzt und die er durch Handauflegen auf bestimmte Körperstellen des hilfesuchenden Menschen überträgt.

Magnetopath: Auch Handaufleger genannt. Er arbeitet mit Magnetismus. Durch Handauflegen findet eine Energieübertragung vom Magnetopathen auf den hilfesuchenden Menschen statt. Oft benützt er auch ein Pendel als Hilfsmittel.

Medialität: Fähigkeit der aussersinnlichen Wahrnehmung, wie Hellsehen, Hellriechen, Hellfühlen, Hellhören, Hellschmecken, Hellwissen.

Pendler: Siehe Radiästhet.

Pentagramm: Fünfeckiger Stern. Gilt im Volksglauben als Abwehrzeichen gegen das Böse.

Radiästhet = Radiästhesist: Pendler oder Wünschelrutengänger. Mithilfe eines Geräts sucht er nach diversen Dingen (Wasser, Erdstrahlen, verlorene Gegenstände, Krankheitssymptome usw.). Im heilerischen Bereich wird das Pendel oft zur Diagnose verwendet.

Reiki: Eine aus Japan stammende Heiltechnik, die auf dem Konzept einer «(universellen) Lebensenergie» beruht, welche durch Handauflegen an den Kranken weitergeleitet wird.

Secret: Bezeichnung für eine geheime Formel, meistens mit religiösem Inhalt, die leise rezitiert wird, um verschiedenartige Leiden zu kurieren. Die bekanntesten *secrets* wirken gegen Verbrennungen und Blutungen. Der Ausführende heisst *faiseur de secret*.

Siderisch: Bezieht sich auf die Sterne: die siderische Umlaufzeit (Umlaufzeit eines Gestirns in seiner Bahn); siderisches Jahr (Sternjahr); ein siderisches Pendel (frei an einem dünnen Faden oder Haar pendelnder Metallring bzw. Kugel).

Spruch- und Gebetsheiler: Jemand, der zur Krankheitsbehandlung Segensformeln oder Heilsprüche bzw. -gebete anwendet. Gilt als ein sehr altes Heilverfahren.

Zauberbuch: Ein Buch mit magischen Formeln, Beschwörungen und Zeichnungen, aber auch mit Heilsprüchen und -gebeten sowie volksheilkundlichen Hausrezepten.

Liste der Heiler, nach Kantonen sortiert

Es muss nochmals präzisiert werden, dass die folgende Liste weit davon entfernt ist, vollständig zu sein. Doch die darin aufgeführten Personen sind alle dazu bereit, ihre Kapazitäten in den Dienst der Hilfesuchenden zu stellen. Es kann den Lesern deshalb nur empfohlen werden, sich nicht auf die porträtierten Heiler zu beschränken, sondern alle in der Liste aufgeführten Personen in Betracht zu ziehen. Zahlreiche unter ihnen unterhalten eine Website, auf der die wichtigsten Informationen abrufbar sind und somit einen Einblick in die Arbeitsweise der jeweiligen Person geben.

Spezialgebiet	Name	Adresse	Telefon/E-Mail/Website	Kt.
Fernheilung Magnetopath	BURKHARD Hans-Ulrich	Oberfeldweg 21 5036 Oberentfelden	062 723 01 11 www.fernhilfe-burkhard.ch www.raucherstopp.ch	AG
Craniosacral-Therapie Fernheilung Hypnose-Therapie Magnetfeld-Therapie Magnetopath	GEHRIG René	Naturheilpraxis Gehrig Mattenweg 16 5412 Gebenstorf	056 223 01 23 www.gehrig-naturheiler.ch	AG
Geistiges Heilen	GERBER Hedi und Markus	Naturheilkunde Schalom Schürrain 5637 Geltwil	056 664 42 74	AG
Geistiges/Spirituelles Heilen Medialität Tranceheilen	GUGGENBÜHL Hannes	Praxis für natürliche Heilmethoden Treffpunkt SWH Zentrum - ein Ort der Begegnung Bahnhofweg 17 5610 Wohlen	056 610 63 37 www.guggenbuhl.ch	AG
Geistiges Heilen	HUBER Georg Paul	Ausbildungszentrum Livitra Bahnhofweg 3 5604 Hendschiken	062 891 76 30 www.livitra.ch	AG
Geistiges Heilen Handauflegen Kinesiologie (Auch Tiere)	NEF-WAGNER Evelyn	Welletenstrasse 1 5023 Biberstein	062 827 33 51 079 456 36 55 www.enewa-online.com	AG

Energetik Fernheilung Geistiges Heilen Geistwesen/Verstorbene Seelen befreien Hausentstörungen Tierkommunikation	OTTIGER Felix	Landstrasse 71 5073 Gipf-Oberfrick	062 871 02 17 www.archiatros.ch	AG
Fernheilung Geistiges Heilen Magnetopathin	RÜDISÜHLI Agnès	Eichhaldenweg 10 5113 Holderbank	062 893 01 70 www.magnetopath-rued.ch a.rudisuhli@magnetopath- rued.ch	AG
Energetik Geistiges Heilen (Auch Tiere)	SCHNEIDER Lilli	Bluemetweg 7 5073 Gipf-Oberfrick	062 871 30 55	AG
Energetik	STIRNEMANN-MARK Monika	Oberdorfstrasse 31 5033 Buchs	062 824 64 82	AG
Channeling Geistiges Heilen Geistwesen/Verstorbene Seelen befreien Hausentstörungen Lebensberatung Medium Pendeln Reiki (Auch Tiere)	GÖTSCHI Jeannette	Erlenbachstrasse 3b 9100 Herisau	071 311 45 58 www.seelenwanderung.ch	AR
Energetik Fernheilung Handauflegen Hausentstörungen Mediale, psychologische Lebensberatung	HAURI OLDRATI Claudia	Naturheilpraxis Buchenstrasse 2 9100 Herisau	071 351 15 33 www.rea-pejuta.ch rea-pejuta@gmx.ch	AR
Geistiges Heilen	LAICH Brigitte und Georg	Rütistrasse 9 9037 Speicherschwendi	071 344 25 65	AR
Geistiges Heilen Geistwesen/Verstorbene Seelen befreien Hausentstörungen Radiästhesie Verlorene Gegenstände/ Tiere/Menschen (Auch Tiere)	RECHSTEINER Beda	Helchen 9107 Urnäsch	071 364 19 34	AR
EFT Energetik Geistiges Heilen Geistwesen/Verstorbene Seelen befreien Hausentstörungen Reiki Tierkommunikation	AEGERTER Heidi	Praxis für Lichtarbeit Burg 1 3663 Gurzelen	033 345 58 29	BE
Spruchheilen: Diverses Migräne	BÄRTSCHI Otto	Rue du Grand-Champ 4 2740 Moutier	032 493 44 52	BE

Energetik Geistiges Heilen Psychologische Beratung Radionik	BINDER Erika	Dappelsweg 16 3007 Bern	031 371 90 18	BE
Geistiges Heilen Medialität Rückführungen	BONANOMI Renée	Schule für Bewusstwerdung Holzgasse 11 3322 Schönbühl	031 301 21 31	BE
Energetik Methode Krieger-Kunz	BÜHLMANN Roland	Hans-Hugi Strasse 3 2502 Biel	032 365 72 87 077 420 02 04	BE
Energetik Gebetsheilen Geistiges Heilen Geistwesen/Verstorbene Seelen befreien Hausentstörungen Massagen Rückenbeschwerden Sterbebegleitung	FEDERER Ruth	La Forge 7 2608 Courtelary	032 944 32 59 ruth.b.federer@bluewin.ch	BE
Magnetopath Stress	HADORN Jean-Claude	Chemin Ulrich-Ochsenbein 2503 Biel	079 795 11 20	BE
Heiler Schamane	HUGUELIT Laurent	Rue de la Gare 2 2615 Sonvilier	032 322 17 45 www.outremonde.ch laurhug@yahoo.com	BE
Spruchheilen: Diverses	JOLIDON Jean-Marie	Pré Boivin 8 2740 Moutier	032 493 55 14	BE
Aurareinigen Handauflegen Heilerin Individuelle Begleitung für Angehende Heiler Lebens- und Gesundheitsberatung (Auch Tiere)	LAABS Anna	Dorfstrasse 29a 3432 Lützelflüh-Goldbach	034 461 04 27	BE
Clearing Geistiges Heilen	LANZ Beat	Meisenweg 5 3422 Kirchberg	034 445 04 87	BE
Begleitung in der Schwangerschaft Channeling Energetik	LIENHARDT Andrea-Linda	Mooshüsli 3615 Heimenschwand	079 348 79 89 andrea@911.ch	BE
Geburtsvorbereitung Geistiges Heilen Hausentstörungen Massage Reiki	LÜTHI Liselotte	Untere Hauptgasse 12 3600 Thun	033 222 38 83 079 360 39 69	BE
Geistiges Heilen Massage Reiki	LÜTHI Corinne	Untere Hauptgasse 12 3600 Thun	079 272 67 07 *(Tel.: 18.30–20.00 Uhr)*	BE
EFT-Coach Geistige Wirbelsäulen-Aufrichtung Geistiges/Spirituelles Heilen Geistwesen/Verstorbene Seelen befreien Massagen	LÜTHI Ursula	Wydmatt 28 3662 Seftigen	033 345 30 50 079 287 99 92 www.seelen-heilung.ch	BE

Geistiges Heilen	MÜLLER Johanna	Jufertenstrasse 41 3654 Gunten	033 251 43 20	BE
Energetische Bilanz Heiler Magnetopath	PAZOS Eladio	Rue des Vernayes 7 2607 Cortébert	032 489 31 55 078 656 71 50 epazoslois@bluewin.ch	BE
Spruchheilung: Verbrennungen	PILLONEL Serge	Weidenaustrasse 7 3084 Wabern	031 961 47 70	BE
Spruchheilung: Blutstillen Halsschmerzen Verbrennungen Verstauchungen Warzen	RIMAZ Laurent	Sous-la-Rive 2 2743 Eschert	078 802 00 73	BE
Gebetsheiler Geistiges Heilen	SCHÄREN Jakob S.	Institut J. S. Schären Haltenegg 208 3625 Heiligenschwendi	033 243 22 88 schaeren.jakob@bluewin.ch	BE
Energetik Fernheilung (Mensch und Tier)	SCHWEIZER-MÄDER Gabriela	Eigerweg 21 3506 Grosshöchstetten	077 420 88 81 www.lichtraum-einblicke.ch info@lichtraum-einblicke.ch	BE
Geistiges Heilen Kinesiologie	SOMMER Adelheid	Naturheilpraxis Birkenweg 11 2560 Nidau	032 331 52 70	BE
Geistiges Heilen Heilende Gespräche	PEDRAZZOLI Patric	Museumsstrasse 10 3005 Bern	031 333 99 09 079 204 99 90 www.die-quelle.ch info@die-quelle.ch	BE
Geistiges Heilen Geistwesen/Verstorbene Seelen befreien Persönlichkeitsentwicklung Schamanisches Heilen Spirituelle Begleitung	URFER THOMET Renate	Choleren 3625 Heiligenschwendi	033 243 27 83 www.cholere.ch	BE
Austesten der Energie mittels Pendel Bach-Blüten-Therapie Channeling Fernheilung Handauflegen Heilerin Lebensberaterin	WIDMER-GLUTZ Cécile	Mühlekehr 97E 3556 Trub	034 495 61 14 www.cewi.ch	BE
Geistiges Heilen Handauflegen	WIEDMER Walter	Unterwintersei 3 Rüegsauschachen 3415 Hasle-Rüegsau	034 461 14 36 www.heilpraktik-wiedmer.ch.vu	BE
Geistiges Heilen Klangtherapie Mediale Beratung Ritualberatung und -gestaltung	EDRY Esther	Praxis Lunsol Quellenweg 5 4448 Läufelfingen	079 617 06 12 www.lunsol.ch	BL
Geistiges Heilen Handauflegen Schamanisches Heilen	RUDIN-GEHRET Brigitte Evelyn	Praxis Flow Röthenweg 2 4460 Gelterkinden	061 983 98 90	BL

Geistiges Heilen	ANDEREGG Beatrice	Thiersteinerrain 67 4059 Basel Handauflegen und Gespräch Offene Kirche Elisabethen Elisabethenstrasse 10 4051 Basel *Do 14–18 Uhr*	061 331 73 55 www.urvertrauen.ch b-anderegg@urvertrauen.ch	BS
Geistiges Heilen	HELL Sandra	Dammerkirchstrasse 53 4056 Basel	061 321 29 67	BS
Fernheilung Geistiges, spirituelles Heilen (Auch Tiere)	MARTINEZ Daniel Luca	Naturheilpraxis Martinez Schützenrainweg 6 4125 Riehen	061 811 47 09	BS
Energetik Geistiges Heilen Handauflegen	REMUND Katharina	Praxis für Beratung und Therapie Grimselstrasse 2 4054 Basel Handauflegen und Gespräch Matthäuskirche Feldbergstrasse 81 4057 Basel *Mo 15–18 Uhr*	061 301 71 24	BS
Geistiges Heilen Mediale Lebensberatung	SCHAUFELBERGER Dora	Praxis für Natürliches Heilen Petersgraben 21 4051 Basel	061 601 52 79 079 647 30 01	BS
Craniosacral-Therapie Kinesiologie Physiotherapie	ZÜLLIG Gabriela	Dammerkirchstrasse 21 4025 Basel	061 535 60 01	BS
Magnetopath Radiästhesie	BAERISWYL Peter	Rte de Fribourg 39 1746 Prez-vers-Noréaz	026 663 36 37 www.peter-baeriswyl.ch	FR
Spruchheilung: Blutstillen Ekzeme Hämorroiden Nerven Schuppenflechte Verbrennungen Verstauchungen	BAOUR François	1700 Fribourg	026 424 57 02	FR
Magnetopath Spruchheilung: Blutstillen Verbrennungen Warzen	BOVIGNY Jean-Pierre	1696 Vuisternens-en-Ogoz	026 411 22 45	FR
Spruchheilung: Blutstillen Schmerzen Verbrennungen	BULLIARD Eric	Impasse du Triolet 2 1730 Ecuvillens	079 756 92 29	FR

Magnetopath	BURRI Martin	Beaulieu 34 3280 Morat	026 670 55 37	FR
Spruchheilung: Ekzeme	CANTIN Claudine	Route de la Tsérard 18 1566 Saint-Aubin	026 677 19 46	FR
Reflexologie Therapeutische Massage	CAREL Françoise	Chemin de l'Eglise 15 1618 Châtel-St-Denis	079 747 17 72	FR
Polarity Spruchheilung: Blutstillen	CASSAT Jocelyne	Route du Village 52 1649 Pont-la-Ville	026 413 37 17	FR
Spruchheilung: Verbrennungen	CHANEX Christian	1542 Rueyres-les-Prés	*(Keine Fernheilung)* 026 667 14 42	FR
Massage Mediales Heilen Reflexologie Reiki	CLIVAT Claudine	Redoute 7 1752 Villars-sur-Glâne	*(Keine Fernheilung)* 026 401 08 84	FR
Heiler Magnetopath	CORDOVADO Jean-Noël	1628 Vuadens	*(Keine Fernheilung)* 078 817 56 70	FR
Spruchheilung: Blutstillen Verbrennungen	COSANDEY Christophe	Rue de Vevey 19 1630 Bulle	026 912 68 81	FR
Familienstellen Fernheilung Magnetopathin	COTTING Fabienne	Champ-des-Fontaines 33 1700 Fribourg	079 892 75 51 www.bien-etre-sante.ch	FR
Energetik Magnetopath	DE GUIGNE Jean-Pierre	Praxis Ayhermt Route de la Glâne 143 B 1752 Villars-sur-Glâne	079 309 78 70	FR
Einrenker (Menschen und Tiere) Spruchheilung: Blutstillen Migräne/Kopfschmerzen Verbrennungen	DELAY Daniel	1699 Pont	021 907 17 50 021 907 10 12	FR
Spruchheilung: Blutstillen (auch Tiere) Schmerzen Verbrennungen	DESCLOUX Françoise	Ch. de Champ-Raboud 34 1647 Corbières Praxis: Rue de la Sionge 23 1630 Bulle	079 292 89 23 *(Jederzeit)*	FR
Heiler Naturheilpraktiker	DEVAUD Bernard	1685 Villariaz	026 655 17 69	FR
Magnetopath Lebensberatung	DOUGOUD Roland	Rte de Villars 44 1700 Fribourg	*(Nur auf Französisch)* 026 424 40 47	FR
Spruchheilung: Blutstillen Ekzeme Flechten Verbrennungen	DOUTAZ Jean-Paul	Saussivue 1663 Gruyères	026 921 13 05	FR
Einrenker Magnetopath Massagen	EGGER Charly	Court-Chemin 10 1756 Onnens	026 470 22 23	FR

Exorzismus Geistwesen/Verstorbene Seelen befreien Heilerin Hypnose Medium	GASS Hanni	Zälgstrasse 3 1734 Tentlingen	026 418 25 30 *(Nur nach Termin: Tel.: 13–14 und 17–18 Uhr)*	FR
Spruchheilung: Blutstillen Verbrennungen	GLANNAZ Marie-Louise	Le Ru 1726 Farvagny-le-Petit	026 411 26 65	FR
Medialer Heiler	JACQUAT Frédéric	Chemin des Pertsets 5 1470 Estavayer-le-Lac	079 627 03 50	FR
Spruchheilung: Verbrennungen	JORDAN Marianne	Rte de Bonnefontaines 42 1700 Fribourg	026 465 21 65	FR
Spruchheilung: Blutstillen Verbrennungen Warzen (vor Ort) Zysten (vor Ort)	JUNGO Francis	1700 Fribourg	026 424 66 40 026 424 27 91	FR
Einrenker Naturheilpraktiker	KÜTTEL Luigi	Le Château 1470 Lully	079 605 16 61 *(Mo–Sa ab 8.00 Uhr)*	FR
Kinesiologie Magnetopath Medialität	LAUPER Michel	Rue de la Saletta 57 1632 Riaz	026 913 79 22	FR
Einrenkerin	LEFORT Fabienne	Immeuble Scherwil B11 1634 La Roche	026 684 05 94	FR
Familienstellen Heilerin Magnetopathin Medialität Reiki	LIARDET Danièle	Rue du Four 21 1470 Estavayer-le-Lac	079 688 89 47 www.vivrezen.ch	FR
Blutstillen Fernheilung Medium-Heiler	LOELIGER Kurt	Postfach 160 1700 Fribourg	078 675 35 08 *(Zum Blutstillen SMS senden mit Vorname, evtl. Alter.)*	FR
Fernheilung	LUNEAU Nathalie	En Praz-Vaillon 1673 Auboranges	079 351 95 33	FR
Heiler Magnetopath Reiki	MAIMONE Fabio	Ancienne Ecole 1697 Les Ecasseys	079 432 87 14 www.myspace.com/fabio maimone	FR
Spruchheilung: Verbrennungen	MARCHON Josiane	Rte de la Tire 5 1753 Matran	026 402 01 65	FR
Handauflegen Heiler	MICHEL Olivier	En Praz-Vaillon 1673 Auboranges	079 564 76 53 www.cabinet-de-guerison.ch	FR
Spruchheilung: Schmerzen Tiere: nur Grossvieh	PILLER Emilia	Rue du Marché 25 1630 Bulle	026 912 05 41	FR
Spruchheilung: Blutstillen	REY Alexandre	Route de Montimbert 76 1618 Châtel-St-Denis	021 948 81 60	FR
Spruchheilung: Verbrennungen	RIGOLET Alfred	Rue du Pays-d'Enhaut 24 1630 Bulle	026 912 57 60	FR

Austreibungen Energetik Geistwesen/Verstorbene Seelen befreien Handauflegen Spruchheilung	ROCH Christophe	Au Sécheron 1745 Lentigny	026 477 12 65	FR
Spruchheilung: Blutstillen Verbrennungen	ROLLE Francine	Le Perré 4 1637 Charmey	026 927 30 80	FR
Spruchheilung: Blutstillen (Auch Tiere)	ROLLE Henri	1673 Auboranges	*(Nur auf Französisch)* 021 907 75 83	FR
Spruchheilung: Blutstillen Ekzeme Koliken Schmerzen Verbrennungen	SAHLI Lucette	Molleyre 40 1731 Ependes	026 413 36 62	FR
Heilerin Medium Parapsychologie	SALLIN-DEILLON Monique	Praxis Rue de l'Eglise 49 1680 Romont	021 909 58 42 079 508 16 37 www.corps-ame-esprit.ch	FR
Wassersucher	SAUTEREL Maurice	1674 Morlens	021 909 52 13	FR
Exorzismus Gebetsheilung Geistwesen/Verstorbene Seelen befreien Handauflegen	SCHMUTZ Daniel	Zälgstrasse 3 1734 Tentlingen	026 418 25 30 *(Nur nach Termin:* *Tel.: 13–14 und 17–18 Uhr)*	FR
Spruchheilung: Ekzeme Flechten Warzen	SCHORRO Michel	1757 Noréaz	*(Nur auf Französisch)* 026 470 15 23	FR
Spruchheilung: Blutstillen Examensstress Fremdkörper in Auge Unterstützung bei Chemotherapien, chirurgischen Eingriffen und Strahlentherapien Verbrennungen Verstauchungen	SCIBOZ-HUMBERT Monique	Case Postale 68 1705 Fribourg	091 220 17 01	FR
Spruchheilung: Blutstillen	TELLEY Gérald	Fin Derrey 1756 Onnens	026 470 15 30 *(Ab 19 Uhr)*	FR
Einrenkerin Lymphdrainage Massagen (Entspannung) Reflexologie Sportmassagen	VEITH YERLY Monique	La Croix 43 1680 Berlens	026 652 41 91	FR
Spruchheilung: Blutstillen	VILLARD Michel	Les Planches 1695 Villarlod	026 411 01 30	FR

Heiler	VIPRET Denis	1773 Léchelles	*(Nur auf Französisch)* 026 660 20 39 www.vipret.ch	FR
Magnetopathin Spruchheilung: Diverses Verlorene Gegenstände (auch Tiere)	WECKERLE Noëlle	Route des Dailles 37 1619 Les Paccots	*(Nur auf Französisch, kosten-pflichtige Telefonnummer)* 0900 568 398	FR
Spruchheilung: Diverses	WECKERLE Ralph	Rte des Biolley 64 1615 Bossonnens	*(Nur auf Französisch)* 021 947 31 92 079 501 83 88	FR
Energetik	HAMAROVA Zdenka Sidonia	Schwertgasse 2 8750 Glarus	055 640 70 14 www.hamarova.ch	GL
Coué-Methode Heiler Rückführungen	MEILE Jakob	Landstrasse 54 8754 Netstal	055 640 22 62	GL
Geistiges Heilen Psychische Beratungen	SLONGO Delia	Walchergut 30 8750 Glarus	079 776 61 14 www.deliaslongo.com	GL
Heilpraktiker Magnetopath Massagen	AESCHLIMANN Walter	Fachschule Spirisana Gürtelstrasse 35 7000 Chur	079 413 02 50 www.spirisana.ch wa.aeschlimann@spin.ch	GR
Geistiges Heilen Geistwesen/Verstorbene Seelen befreien Hausentstörungen	DANUSER Melanie	Tittwiesenstrasse 61 7000 Chur	079 303 61 68 www.melisrainbowworld.com	GR
Craniosacral-Therapie Geistiges Heilen Massagen	KLUSER Brigitte	Rüfegasse 20 7208 Malans	081 322 50 90	GR
Geistiges Heilen Lebensberatung Massagen Medium	MUGGLI-BANZ Maria Rita	Steinbruchstrasse 16 7000 Chur	081 356 64 60 079 350 83 69 www.sanyana.ch info@sanyana.ch	GR
Gebetsheilen Geistiges Heilen Mediales Heilen	NOVARA Regula	Montalinstrasse 1 7000 Chur	081 353 45 77	GR
Geistiges Heilen	ZAHNER Paula	Austrasse 205 V 7220 Schiers	081 328 17 89 www.paula-zahner.ch paula.zahner@gmx.ch	GR
Spruchheilung: Diverses	AUBRY Elvire	2338 Les Emibois	032 951 14 66	JU
Magnetopath Naturheilpraktiker	DOMONT Christian	La Fonderie 2950 Courgenay	032 471 33 29	JU
Geistiges Heilen Geistwesen/Verstorbene Seelen befreien Hausentstörungen Klangschalen Radiästhesie (AuchTiere)	FELDER Edith	Route de Fahy 4 2907 Rocourt	078 754 36 18 edithfelder@bluewin.ch	JU
Massagen	GUELAT Louis	Sur Mercon 2915 Bure	032 466 47 04	JU

Massagen	GUENIAT Virgile	Rue du Vingt-Trois-Juin 38 2950 Courgenay	032 471 13 87	JU
Spruchheilung: Verbrennungen	JEANGROS André	Rte de Delémont 29 2830 Courrendlin	032 435 55 68	JU
Spruchheilung: Ekzeme Verstauchungen	JOLISSAINT Bernard	Rte du Coteau 15 2926 Boncourt	032 475 59 87	JU
Spruchheilung: Verbrennungen	KLAUS Brigitte	Rte du Jura 11 2926 Boncourt	*(Nur auf Französisch)* 032 475 52 43	JU
Einrenker (Nur vor Ort, keine Spruchheilung)	LINDENBERG André	Chemin du Vorbourg 2805 Soyhières	032 422 19 76	JU
Spruchheilung: Blutstillen	MAIROT Cyril	Au Vouéson 2946 Miécourt	032 462 20 17	JU
Spruchheilung: Blutstillen Verbrennungen Verstauchungen	MITTEMPERGHER Mireille	Sur le Courtil 96 2842 Rossemaison	032 422 13 68	JU
Spruchheilung: Blutstillen	SAUCY Pierre	Immeuble 28b 2718 Lajoux	*(Nur auf Französisch)* 032 484 94 80	JU
Spruchheilung: Examensstress Schmerzen Verbrennungen	SUTTERLET Anne	Le Banné 197 2902 Fontenais	*(Nur auf Französisch)* 032 466 24 76	JU
Spruchheilung: Blutstillen Verbrennungen	VÖGELE Anne-Marie	Route Principale 2914 Damvant	032 476 61 39	JU
Spruchheilung: Verbrennungen	WILLEMIN Joseph et Marlyse	Chez Bouvier 2885 Epauvillers	032 461 34 36	JU
Geistiges Heilen Geistwesen/Verstorbene Seelen befreien Hausentstörungen Klassische Massage Radiästhesie (Auch Tiere)	BÄTTIG Markus	Dorf 5 6018 Buttisholz	041 928 09 08	LU
Ängste/Prüfungsstress Blutstillen Ekzeme Hautleiden Warzen (Auch Tiere)	BÄTTIG Xaver	Opferseiberg 6133 Hergiswil b. Willisau	041 979 11 92	LU
Heiler Hausentstörungen Reiki Verlorene Gegenstände	BIERI BLUM Erwin und Margrit	Naturheilpraxis Ober-Witebach 3 6166 Heiligkreuz	041 484 26 53	LU
Heiler Volkspsychologe	EMMENEGGER Karl	Fanghöfli 10 6014 Littau	041 250 45 85 www.karl-emmenegger.ch ke5@bluewin.ch	LU

Heiler	GRÜTER Roman	Praxis für Ganzheitliche Spiritualität und Heilung Gasshof 2 6014 Littau	041 250 60 40 www.roman-grueter.ch	LU
Fernheilung Geistiges Heilen Lebensberatung	HELLER Rita	Sonnenrain 6106 Werthenstein	041 490 48 77 079 477 60 49 www.regenbogenlicht.ch kurse@regenbogenlicht.ch	LU
Geistiges Heilen Heilmassage	IMFELD Heidi	Alpenstrasse 12 6010 Kriens	041 310 72 10	LU
Geistiges/spirituelles Heilen Heilmedium Hausentstörungen Trancehealings Verlorene Gegenstände (ohne Garantie)	LEHMANN Frank	Zentrum Cangleska Buzibachstrasse 43 6023 Rothenburg	041 280 30 46 www.cangleska.ch info@cangleska.ch	LU
Gebetsheiler: Diverses Heiler	PLANZER Hans	Heubeeriberg 1 6262 Langnau b. Reiden	062 758 15 22 *(Tel.: um 12.30 und ab 18.30 Uhr)*	LU
Geistiges/spirituelles Heilen Heilmedium Hausentstörungen Trancehealings Verlorene Gegenstände (ohne Garantie)	RIGERT Barbara	Zentrum Cangleska Buzibachstrasse 43 6023 Rothenburg	041 280 30 46 www.cangleska.ch info@cangleska.ch	LU
Heilerin	ZEHNDER Vreny	Chlosterbüel 6 6170 Schüpfheim	041 484 14 81	LU
Energetik	BARBEY Claudine	Rue des Courtils 5 2016 Cortaillod	*(Nur auf Französisch)* 032 841 32 48	NE
Energetik	BEURET Josiane	Chapelle 11 2208 Les Hauts-Geneveys	032 853 45 64	NE
Magnetopath Radiästhesie	DUBACH Charles	Rte de Neuchâtel 32 2024 Saint-Aubin	079 249 06 37 www.magnetisme.ch	NE
Energetik Spirituelle Heilung	EVARD-RODRIGUES Marie-Claire	Rue du Cudeau-du-Haut 28 2035 Corcelles	*(Nur auf Französisch)* 032 731 58 59	NE
Einrenker	GREZET Jean-Marie	Chemin Blanc 34 2400 Le Locle	032 931 83 30	NE
Einrenkerin Massagen	GRUN Sylvie	Rue des Dentellières 2400 Le Locle	032 466 57 37	NE
Energetik Heiler	JACOB Hannes	Faubourg de l'Hôpital 13 2000 Neuchâtel	032 763 08 60 *(Di–Fr: 11–12 Uhr)* www.mediumnite.ch	NE
Spruchheilung: Diverses Blutstillen Verbrennungen Verstauchungen	KRATTIGER Pascal	Avenue Soguel 8 2035 Corcelles	*(Nur auf Französisch)* 079 503 46 60	NE
Heilerin Trauerbegleitung	MALLEK Gitta	Rue du Chasselas 34B 2034 Peseux	032 730 61 30 www.gitta-mallek.com gitta.mallek@sunrise.ch	NE

Energetik	ROBERT Sylviane	Rue de Beauvallon 7 2014 Bôle	*(Nur auf Französisch)* 032 841 50 06	NE
Energetik	SCHLAEPPY Marie-Paule	Chemin des Vignes 3 2013 Colombier	*(Nur auf Französisch)* 076 334 36 10	NE
Energetik	SCHÜPBACH Inma	Passage Pierre-qui- Roule 9 2000 Neuchâtel	032 724 43 62	NE
Einrenkerin Reflexologie	STEFFEN Anita	Rue Girardet 33 2400 Le Locle	079 473 57 27 www.je-suis-la-massages.ch	NE
Heiler	TAILLARD Willy	Quartier de la Bise 116 2127 Les Bayards	032 863 23 36	NE
Fernheilung Geistiges Heilen Mediale Beratungen	CHRISTEN Eleonora	Stettlistrasse 2 6383 Dallenwil	041 628 06 12	NW
Geistiges Heilen Hausentstörungen	TRUTTMANN Marco	Buochserstrasse 11 6370 Stans	041 620 08 93 www.praxis- gemeinsamunterwegs.ch	NW
Fernheilung Hausentstörungen Radiästhesie Verlorene Gegenstände (Auch Tiere)	KISER Melk	Schönegg 6055 Alpnach	041 670 21 32	OW
Energetik Energetische Massagen Fernheilung Geistiges Heilen Heiler Parapsychologie	MEIER Hans	Stockenmatt 3 6063 Stalden (Sarnen)	041 660 16 89 079 424 06 28 www.oase-der-ruhe.ch hs.meier@bluewin.ch	OW
Craniosakral-Therapie Energetik Geistiges Heilen Trauma-Therapie (Auch Tiere)	BENZ-SCHMITTER Franziska	Goldacherstrasse 11 9404 Rorschacherberg	078 836 50 55	SG
Gebetsheiler: Diverses Handaufleger, Heiler Massagen	BÜRGE Markus	Dottingen 9607 Mosnang	071 983 00 00	SG
Geistiges Heilen Handauflegen	MAUCHLE Peter	Scholtinoss 21 9527 Niederhelfenschwil	071 947 19 80 www.petermauchle.ch p.mauchle@bluewin.ch	SG
Geistiges Heilen	MOLINARI Piero	Praxis für natürliche Heilkunst im Coaching- Team Kniestrasse 51 8640 Rapperswil	076 581 24 14 091 751 21 86 www.pieromolinari.ch pieromolinari@hispeed.ch	SG

Energetik Fernheilung Gebetsheilung: Diverses Geistiges Heilen Geistwesen/Verstorbene Seelen befreien Hausentstörungen (Auch Tiere)	SCHÖNENBERGER Ursula	Uttenwilerstrasse 35 9620 Lichtensteig	071 988 44 40	SG
Geistiges Heilen Mediale Energiearbeit	WAGNER Renate Stefanie	Bahnhofstrasse 173 9244 Niederuzwil	079 624 028 23 www.eskaringa.ch	SG
Energetik Gebetsheilung: Diverses Massagen	WOHLGENSINGER Maria	Aufeld 9607 Mosnang	071 983 26 37	SG
Energetische Fussmassage Geistiges Heilen Trauma-Therapie	ZÄCH Hildegard	Dufourstrasse 109 9000 St.Gallen	071 278 36 72 www.hildegardzaech.ch	SG
Beratungen Fernheilung Handauflegen Massage	HAPPLE Petra	Speerstrasse 19 8200 Schaffhausen	052 624 57 79	SH
Magnetopath	GUNZINGER Albrecht	Forstweg 16 2545 Selzach	079 631 68 16	SO
Heiler	SCHLUEP Johann	Hofstetterstrasse 10 4571 Ichertswil	032 677 10 22	SO
Gebetsheiler: Diverses Geistiges Heilen	JANSER Gery	Naturheilpraxis Fuchsronsstrasse 14 8854 Galgenen	055 440 70 87	SZ
Energetik Reiki	KOTTMANN Susanne	Hauptstrasse 56 8840 Einsiedeln	055 422 02 42	SZ
Fernheilung Handauflegen Mediale Beratung	TRUTTMANN Elvira	Gesundheitspraxis Grütlimatte 60 8840 Einsiedeln	055 412 42 54 www.lichtinderhand.ch elvira@lichtinderhand.ch	SZ
Geistiges Heilen	HASENFRATZ Marianne	Hauptstrasse 15 8255 Schlattingen	079 657 12 85	TG
Kinesiologie Familienstellen	JASPERS Aldis	Häberlinstrasse 12 8500 Frauenfeld	052 317 23 61	TG
Magnetopath	MEIER Ewald	Burgstrasse 62 8570 Weinfelden	071 622 43 14 www.magnetopath.meier.ch	TG
Mediales geistiges Heilen Seelische und körperliche Krankheiten	SCHIESSER Susanne	Naturheilpraxis Altweg 16 8500 Frauenfeld	079 481 92 20 www.suschi.ch info@suschi.ch	TG
Energetik Fernheilung Geistheilung Geistwesen/Verstorbene Seelen befreien Hausentstörungen Heilerin Heilmedium	VOGT-RAMSEIER Manuela	Postfach 323 9113 Degersheim	Telefonpraxis: 071 371 28 36 Mobilpraxis: 071 371 28 02 www.heilmedium.ch www.kausalmedia.ch	TG

Magnetopath Massagen Naturarzt	AESCHLIMANN Walter	Fachschule Spirisana Naturheilpraxis Via del Sole 17 6600 Locarno	091 743 13 40 www.spirisana.ch wa.aeschlimann@spin.ch	TI
Geistiges Heilen Lebensberatung	MOLINARI Piero	Studio l'arte della guarigione naturale Via Cittadella 7 6600 Locarno TI	076 581 24 14 091 751 21 86 www.pieromolinari.ch pieromolinari@hispeed.ch	TI
Geistiges Heilen	ARNOLD Rita	Felderstrasse 11 6467 Schattdorf	041 870 54 45 arnold-rita@bluewin.ch	UR
Gebetsheiler: Diverses Geistiges Heilen Geistwesen/Verstorbene Seelen befreien Magnetopath Verlorene Gegenstände/Tiere/Menschen (Auch Tiere)	STADLER Josef	Obrieden 6463 Bürglen	041 870 67 33	UR
Einrenker Diskushernie Handauflegen Heiler Massagen Sportmasseur Tinitus	ZURFLUH Hans	Galliried 4 6468 Attinghausen	041 870 73 77	UR
Energetik Heiler (Auch Tiere)	HILTEBRAND Jürg	Le Chandron 1580 Avenches	079 652 95 62	VD
Gebetsheilung: Diverses Fernheilung Handauflegen, Heilerin Hausentstörungen Magnetopathin Tierkommunikation Verlorene Gegenstände/Tiere/Menschen	SCHUWEY Sibylle	Chemin des Mésanges 9 1860 Aigle	024 466 25 36	VD
Geistiges Heilen Kinesiologie Allergien	SOMMER Adelheid	Naturheilpraxis Rue du Valentin 45 1400 Yverdon	032 331 52 70 *(Einmal pro Woche in Yverdon)*	VD
Fernheilung Geistiges Heilen Geistwesen/Verstorbene Seelen befreien Heiler Magnetopath (Auch Tiere)	BLUMENSTEIN Jean-Claude	Vissigenstrasse 62 1950 Sitten	027 203 60 62 079 342 75 88	VS
Spruchheilen: Blutstillen Schmerzen Verbrennungen	DEFILIPPIS Roger	1897 Le Bouveret	079 471 65 81	VS

Spruchheilen: Blutstillen Schmerzen Verbrennungen Warzen	DELALOYE Georges	Rue des Farquets 14D 1920 Martigny	078 602 55 01 www.gedelaloye.ch	VS
Magnetopathin Radiästhesie Verlorene Gegenstände	DORSAZ Yvette	Place de la Meunière 18 1950 Sion	079 327 84 49	VS
Heilerin	DUPONT Valérie	Praxis Mains de Lumière Avenue de la Gare 5 1920Martigny	*(Nur auf Französisch)* 079 266 92 73 femilune@bluewin.ch	VS
Heiler	DUPONT Cédric	Avenue de la Gare 5 1920 Martigny	076 335 25 48 www.espacearcenciel.ch	VS
Einrenkerin	ESTEVE-GILLIOZ Nicole	Rue du Vieux-Village 48 1957 Ardon	027 306 72 86	VS
Geistiges Heilen Geistwesen/Verstorbene Seelen befreien Hausentstörungen Klangschalen Radiästhesie (AuchTiere)	FELDER Edith	c/o Praxis Dr. Paul-Renato Heinzen Saltinadamm 4 3902 Brig-Glis	078 754 36 18 edithfelder@bluewin.ch	VS
Magnetopath	GAUYE Jean-Paul	Rue du Scex 45 1950 Sion	027 322 83 73 079 669 45 02 www.jp-gauye.ch	VS
Heiler	GUINCHARD Jean-Paul	Avenue de l'Industrie 8 1870 Monthey	024 471 35 48	VS
Einrenker Massagen	PINAUDA Pierre-Alain	Rue de Grimisuat 4 1920 Martigny	078 713 00 02	VS
Einrenker	POCHON Gilbert	1965 Savièse	027 395 24 08	VS
Magnetopathin Massagen Reiki	ROSSIER Anne-Laure	Route du Carro 1 1868 Les Neyres- Collombey	078 752 36 93	VS
Chiropraktik Craniosacral-Therapie Einrenker Energetik Geistwesen/Verstorbene Seelen befreien Hausentstörungen Radiästhesie (Auch Tiere)	WÜRSCH Albin	Naturheilpraxis Relax- Center Schulhaustrasse 25 3952 Susten	027 473 42 09	VS
Energetiker Geistiges Heilen Radiästhet Tierheiler	BETSCHART Fredi	Naturarztpraxis Jöchlerweg 7 6340 Baar	041 760 04 48 www.heiler-betschart.ch	ZG
Geistiges Heilen Mediale Beratung	GWERDER Agnes	Hauptstrasse 35 6315 Oberägeri	041 750 18 00	ZG

Fernheilen Geistiges Heilen, Heiler (Auch Tiere)	MEISSER John	Breite 2 6315 Oberägeri	041 750 56 12	ZG
Handauflegen Heilerin Hypnosetherapeutin Mentaltraining	ARBENZ-TENTI Patrizia	Lärchenstrasse 19 8442 Hettlingen	052 316 40 60 www.koerpergeist-seele.ch info@koerpergeist-seele.ch	ZH
Dorn-Breuss Massage Energetik Fernheilung Geistiges/Spirituelles Heilen Mediale Beratung Naturheiler Trancehealing	BACHMANN Peter	Schulhausstrasse 1 8106 Adlikon b. Regensdorf	056 249 44 55 www.peterbachmann.ch.vu peter.bachmann1@bluewin.ch	ZH
Magnetopathin	BURGER Beatrice	Spilchbüel 20 5036 Wernetshausen	044 937 48 59	ZH
Geistiges Heilen	KLAUS Stephan	Gladbachstrasse 118 8044 Zürich	044 937 42 83 www.spiritheal.com klaus@spiritheal.com	ZH
Energetik Geistiges/Spirituelles Heilen	LAUENER Albrecht	Beratungspraxis General-Werdmüller- Strasse 4 8804 Au	044 683 23 30 www.lauener- beratungspraxis.ch	ZH
Magnetopath	MEIER Ewald	Dufourstrasse 52 8702 Zollikon	043 499 72 78 www.magnetopath.meier.ch	ZH
Spruchheiler: Augen: (Anfang) Grauer Star Blutstillen Ekzeme Embolie Verbrennungen Verstauchungen	SCHEYERLE Jean	Chileweg 14 8165 Schöfflisdorf	044 857 14 75	ZH
Geistiges Heilen (Auch Tiere)	STRASSMANN Irene	Postfach 32 8912 Obfelden	044 776 37 76	ZH
Fernheilung Geistiges Heilen	WEISS Matthias A.	Praxis Hokairos Poststrasse 16 8805 Richterswil	043 537 94 83 www.geistheilen.ch	ZH

Liste der Heiler, nach Spezialität sortiert

HEILER, GEISTIGES/SPIRITUELLES HEILEN
Heiler, allgemein

Bemerkungen	Name	Vorname	Kt.
	GERBER	Hedi und Markus	AG
	GUGGENBÜHL	Hannes	AG
	HUBER	Georg Paul	AG
Auch Tiere	NEF-WAGNER	Evelyn	AG
Auch Tiere, Fernheilung	OTTIGER	Felix	AG
Fernheilung	RÜDISÜHLI	Agnès	AG
Auch Tiere	SCHNEIDER	Lilli	AG
	GÖTSCHI	Jeannette	AR
	LAICH	Brigitte und Georg	AR
	RECHSTEINER	Beda	AR
	AEGERTER	Heidi	BE
	BINDER	Erika	BE
	BONANOMI	Renée	BE
	FEDERER	Ruth	BE
	HUGUELIT	Laurent	BE
	LAABS	Anna	BE
	LANZ	Beat	BE
	LÜTHI	Liselotte	BE
	LÜTHI	Corinne	BE
	LÜTHI	Ursula	BE
	MÜLLER	Johanna	BE
	PAZOS	Eladio	BE
	SCHÄREN	Jakob S.	BE
	SOMMER	Adelheid	BE
	PEDRAZZOLI	Patric	BE
	URFER THOMET	Renate	BE
Fernheilung	WIDMER-GLUTZ	Cécile	BE
	WIEDMER	Walter	BE

	EDRY	Esther	BL
	RUDIN-GEHRET	Brigitte Evelyn	BL
	ANDEREGG	Beatrice	BS
	HELL	Sandra	BS
Fernheilung	MARTINEZ	Daniel Luca	BS
	REMUND	Katharina	BS
	SCHAUFELBERGER	Dora	BS
Keine Fernheilung	CLIVAT	Claudine	FR
	CORDOVADO	Jean-Noël	FR
	DEVAUD	Bernard	FR
	GASS	Hanni	FR
	JACQUAT	Frédéric	FR
	LIARDET	Danièle	FR
Fernheilung	LOELIGER	Kurt	FR
Fernheilung	LUNEAU	Nathalie	FR
	MAIMONE	Fabio	FR
	MICHEL	Olivier	FR
	ROCH	Christophe	FR
	SALLIN-DEILLON	Monique	FR
	SCHMUTZ	Daniel	FR
	VIPRET	Denis	FR
	MEILE	Jakob	GL
	SLONGO	Delia	GL
	DANUSER	Melanie	GR
	KLUSER	Brigitte	GR
	MUGGLI-BANZ	Maria Rita	GR
	NOVARA	Regula	GR
	ZAHNER	Paula	GR
Auch Tiere	FELDER	Edith	JU
	BÄTTIG	Markus	LU
Auch Tiere, keine Fernheilung	BÄTTIG	Xaver	LU
	BIERI BLUM	Erwin und Margrit	LU
	EMMENEGGER	Karl	LU
	GRÜTER	Roman	LU
Fernheilung	HELLER	Rita	LU
	IMFELD	Heidi	LU
	LEHMANN	Frank	LU
	PLANZER	Hans	LU

	RIGERT	Barbara	LU
	ZEHNDER	Vreny	LU
	JACOB	Hannes	NE
	MALLEK	Gitta	NE
	TAILLARD	Willy	NE
Fernheilung	CHRISTEN	Eleonora	NW
	TRUTTMANN	Marco	NW
Fernheilung	KISER	Melk	OW
Fernheilung	MEIER	Hans	OW
	BENZ-SCHMITTER	Franziska	SG
	BÜRGE	Markus	SG
	MAUCHLE	Peter	SG
	MOLINARI	Piero	SG
Fernheilung	SCHÖNENBERGER	Ursula	SG
	WAGNER	Renate Stefanie	SG
	WOHLGENSINGER	Maria	SG
	ZÄCH	Hildegard	SG
Fernheilung	HAPPLE	Petra	SH
	SCHLUEP	Johann	SO
	JANSER	Gery	SZ
Fernheilung	TRUTTMANN	Elvira	SZ
	HASENFRATZ	Marianne	TG
	JASPERS	Aldis	TG
	MEIER	Ewald	TG
	SCHIESSER	Susanne	TG
Fernheilung	VOGT-RAMSEIER	Manuela	TG
	MOLINARI	Piero	TI
	ARNOLD	Rita	UR
Auch Tiere	STADLER	Josef	UR
	ZURFLUH	Hans	UR
Auch Tiere	HILTEBRAND	Jürg	VD
Auch Tiere, Fernheilung	SCHUWEY	Sibylle	VD
	SOMMER	Adelheid	VD
Fernheilung	BLUMENSTEIN	Jean-Claude	VS
	DUPONT	Valérie	VS
	DUPONT	Cédric	VS
Auch Tiere	FELDER	Edith	VS
	GUINCHARD	Jean-Paul	VS

Auch Tiere	BETSCHART	Fredi	ZG
	GWERDER	Agnes	ZG
Fernheilung	MEISSER	John	ZG
	ARBENZ-TENTI	Patrizia	ZH
Fernheilung	BACHMANN	Peter	ZH
	KLAUS	Stephan	ZH
	LAUENER	Albrecht	ZH
	MEIER	Ewald	ZH
	STRASSMANN	Irene	ZH
Fernheilung	WEISS	Matthias A.	ZH

MAGNETISMUS – ENERGIE

Energetiker

Bemerkungen	Name	Vorname	Kt.
Fernheilung	OTTIGER	Felix	AG
Auch Tiere	SCHNEIDER	Lilli	AG
	STIRNEMANN-MARK	Monika	AG
Fernheilung	HAURI OLDRATI	Claudia	AR
	AEGERTER	Heidi	BE
	BINDER	Erika	BE
	BÜHLMANN	Roland	BE
	FEDERER	Ruth	BE
	LIENHARDT	Andrea-Linda	BE
Auch Tiere, Fernheilung	SCHWEIZER-MÄDER	Gabriela	BE
Fernheilung	REMUND	Katharina	BS
	DE GUIGNE	Jean-Pierre	FR
	ROCH	Christophe	FR
	HAMAROVA	Zdenka Sidonia	GL
	BARBEY	Claudine	NE
	BEURET	Josiane	NE
	EVARD-RODRIGUES	Marie-Claire	NE
	JACOB	Hannes	NE
	ROBERT	Sylviane	NE
	SCHLAEPPY	Marie-Paule	NE
	SCHÜPBACH	Inma	NE
	MEIER	Hans	OW

266

SPRUCH- UND GEBETSHEILUNG

Spruch- und Gebetsheiler allgemein

Bemerkungen	Name	Vorname	Kt.
	BÄRTSCHI	Otto	BE
	FEDERER	Ruth	BE
	JOLIDON	Jean-Marie	BE
	SCHÄREN	Jakob S.	BE
	ROCH	Christophe	FR
	SCHMUTZ	Daniel	FR
	WECKERLE	Ralph	FR
	NOVARA	Regula	GR
	AUBRY	Elvire	JU
	PLANZER	Hans	LU
	KRATTIGER	Pascal	NE
	BÜRGE	Markus	SG
	SCHÖNENBERGER	Ursula	SG
	WOHLGENSINGER	Maria	SG
	JANSER	Gery	SZ
	STADLER	Josef	UR
	SCHUWEY	Sibylle	VD

Ängste, Stress (Prüfungen, Operationen usw.)

Bemerkungen	Name	Vorname	Kt.
Fernheilung	GEHRIG	René	AG
	RECHSTEINER	Beda	AR
	HADORN	Jean-Claude	BE
	LAABS	Anna	BE
	LIENHARDT	Andrea-Linda	BE
	LÜTHI	Liselotte	BE
	LÜTHI	Ursula	BE
Fernheilung	SCHWEIZER-MÄDER	Gabriela	BE
	URFER THOMET	Renate	BE
Keine Fernheilung	ZÜLLIG	Gabriela	BS
	DANUSER	Melanie	GR
Keine Fernheilung	FELDER	Edith	JU
	SUTTERLET	Anne	JU

Keine Fernheilung	BÄTTIG	Xaver	LU
	LEHMANN	Frank	LU
	PLANZER	Hans	LU
	RIGERT	Barbara	LU
	TRUTTMANN	Marco	NW
	KISER	Melk	OW
	SCHÖNENBERGER	Ursula	SG
	WOHLGENSINGER	Maria	SG
	HILTEBRAND	Jürg	VD
	BLUMENSTEIN	Jean-Claude	VS
	FELDER	Edith	VS
	WÜRSCH	Albin	VS
	ARBENZ-TENTI	Patrizia	ZH
Fernheilung	BACHMANN	Peter	ZH
	STRASSMANN	Irene	ZH

Blutstillen

Bemerkungen	Name	Vorname	Kt.
	RIMAZ	Laurent	BE
	BAOUR	François	FR
	BOVIGNY	Jean-Pierre	FR
	BULLIARD	Eric	FR
	CASSAT	Jocelyne	FR
	COSANDEY	Christophe	FR
	DELAY	Daniel	FR
Auch Tiere	DESCLOUX	Françoise	FR
	DOUTAZ	Jean-Paul	FR
	GLANNAZ	Marie-Louise	FR
	JUNGO	Francis	FR
	REY	Alexandre	FR
	ROLLE	Francine	FR
	ROLLE	Henri	FR
	SAHLI	Lucette	FR
	SCIBOZ-HUMBERT	Monique	FR
	TELLEY	Gérald	FR
	VILLARD	Michel	FR
	AUBRY	Elvire	JU

	MAIROT	Cyril	JU
	MITTEMPERGHER	Mireille	JU
	SAUCY	Pierre	JU
	VÖGELE	Anne-Marie	JU
Auch Tiere, keine Fernheilung	BÄTTIG	Xaver	LU
	PLANZER	Hans	LU
	KRATTIGER	Pascal	NE
	BÜRGE	Markus	SG
	SCHÖNENBERGER	Ursula	SG
	WOHLGENSINGER	Maria	SG
	STADLER	Josef	UR
	SCHUWEY	Sibylle	VD
	BLUMENSTEIN	Jean-Claude	VS
	DEFILIPPIS	Roger	VS
	DELALOYE	Georges	VS
	SCHEYERLE	Jean	ZH

Hautleiden

Bemerkungen	Name	Vorname	Kt.
	GÖTSCHI	Jeannette	AR
	RECHSTEINER	Beda	AR
	LAABS	Anna	BE
	LÜTHI	Liselotte	BE
	LÜTHI	Ursula	BE
Fernheilung	SCHWEIZER-MÄDER	Gabriela	BE
Schuppenflechte	BAOUR	François	FR
	CANTIN	Claudine	FR
Ekzeme, Flechten	DOUTAZ	Jean-Paul	FR
	SAHLI	Lucette	FR
	SCHORRO	Michel	FR
Schuppenflechte	AUBRY	Elvire	JU
Keine Fernheilung	FELDER	Edith	JU
	JOLISSAINT	Bernard	JU
Auch Tiere, keine Fernheilung	BÄTTIG	Xaver	LU
	PLANZER	Hans	LU
	RIGERT	Barbara	LU
	TRUTTMANN	Marco	NW

	SCHÖNENBERGER	Ursula	SG
	WOHLGENSINGER	Maria	SG
	STADLER	Josef	UR
	HILTEBRAND	Jürg	VD
	SCHUWEY	Sibylle	VD
	BLUMENSTEIN	Jean-Claude	VS
	FELDER	Edith	VS
	WÜRSCH	Albin	VS
	ARBENZ-TENTI	Patrizia	ZH
	SCHEYERLE	Jean	ZH

Migräne/Kopfschmerzen

Bemerkungen	Name	Vorname	Kt.
Fernheilung	GEHRIG	René	AG
	GÖTSCHI	Jeannette	AR
	RECHSTEINER	Beda	AR
	BÄRTSCHI	Otto	BE
	LAABS	Anna	BE
	LÜTHI	Liselotte	BE
	LÜTHI	Ursula	BE
Fernheilung	SCHWEIZER-MÄDER	Gabriela	BE
	DELAY	Daniel	FR
	PLANZER	Hans	LU
	TRUTTMANN	Marco	NW
	SCHÖNENBERGER	Ursula	SG
	WOHLGENSINGER	Maria	SG
	STADLER	Josef	UR
Keine Fernheilung	ZURFLUH	Hans	UR
	HILTEBRAND	Jürg	VD
	BLUMENSTEIN	Jean-Claude	VS
	WÜRSCH	Albin	VS

Rückenleiden

Fernheilung	GEHRIG	René	AG
	GÖTSCHI	Jeannette	AR

	FEDERER	Ruth	BE
	LAABS	Anna	BE
	LÜTHI	Liselotte	BE
	LÜTHI	Ursula	BE
Fernheilung	SCHWEIZER-MÄDER	Gabriela	BE
Keine Fernheilung	ZÜLLIG	Gabriela	BS
	TRUTTMANN	Marco	NW
	WOHLGENSINGER	Maria	SG
Diskushernie, keine Fernheilung	ZURFLUH	Hans	UR
	HILTEBRAND	Jürg	VD
	WÜRSCH	Albin	VS

Schmerzen

Bemerkungen	Name	Vorname	Kt.
Auch Tiere, Fernheilung	OTTIGER	Felix	AG
	GÖTSCHI	Jeannette	AR
	RECHSTEINER	Beda	AR
	LAABS	Anna	BE
	LÜTHI	Ursula	BE
Keine Fernheilung	ZÜLLIG	Gabriela	BS
	BULLIARD	Eric	FR
	DESCLOUX	Françoise	FR
	PILLER	Emilia	FR
	SAHLI	Lucette	FR
	SUTTERLET	Anne	JU
	PLANZER	Hans	LU
	TRUTTMANN	Marco	NW
	SCHÖNENBERGER	Ursula	SG
	WOHLGENSINGER	Maria	SG
	STADLER	Josef	UR
Keine Fernheilung	ZURFLUH	Hans	UR
	HILTEBRAND	Jürg	VD
	SCHUWEY	Sibylle	VD
	BLUMENSTEIN	Jean-Claude	VS
	DEFILIPPIS	Roger	VS
	DELALOYE	Georges	VS
	WÜRSCH	Albin	VS

Verbrennungen

Bemerkungen	Name	Vorname	Kt.
	GÖTSCHI	Jeannette	AR
	PILLONEL	Serge	BE
	RIMAZ	Laurent	BE
	BAOUR	François	FR
	BOVIGNY	Jean-Pierre	FR
	BULLIARD	Eric	FR
Keine Fernheilung	CHANEX	Christian	FR
	COSANDEY	Christophe	FR
	DELAY	Daniel	FR
	DESCLOUX	Françoise	FR
	DOUTAZ	Jean-Paul	FR
	GLANNAZ	Marie-Louise	FR
	JORDAN	Marianne	FR
	JUNGO	Francis	FR
	MARCHON	Josiane	FR
	RIGOLET	Alfred	FR
	ROLLE	Francine	FR
	SAHLI	Lucette	FR
	SCIBOZ-HUMBERT	Monique	FR
	AUBRY	Elvire	JU
	JEANGROS	André	JU
	KLAUS	Brigitte	JU
	MITTEMPERGHER	Mireille	JU
	SUTTERLET	Anne	JU
	VÖGELE	Anne-Marie	JU
	WILLEMIN	Joseph et Marlyse	JU
	PLANZER	Hans	LU
	KRATTIGER	Pascal	NE
	BÜRGE	Markus	SG
	SCHÖNENBERGER	Ursula	SG
	WOHLGENSINGER	Maria	SG
	STADLER	Josef	UR
	SCHUWEY	Sibylle	VD
	BLUMENSTEIN	Jean-Claude	VS
	DEFILIPPIS	Roger	VS

	Name	Vorname	Kt.
	DELALOYE	Georges	VS
	SCHEYERLE	Jean	ZH

Warzen

Bemerkungen	Name	Vorname	Kt.
	RECHSTEINER	Beda	AR
	RIMAZ	Laurent	BE
	BOVIGNY	Jean-Pierre	FR
Keine Fernheilung	JUNGO	Francis	FR
	SCHORRO	Michel	FR
	AUBRY	Elvire	JU
Auch Tiere, keine Fernheilung	BÄTTIG	Xaver	LU
	PLANZER	Hans	LU
	BÜRGE	Markus	SG
	SCHÖNENBERGER	Ursula	SG
	STADLER	Josef	UR
	HILTEBRAND	Jürg	VD
	SCHUWEY	Sibylle	VD

ANDERES

Geistwesen/Verstorbene Seelen befreien

Bemerkungen	Name	Vorname	Kt.
	OTTIGER	Felix	AG
	GÖTSCHI	Jeannette	AR
	RECHSTEINER	Beda	AR
	AEGERTER	Heidi	BE
	FEDERER	Ruth	BE
	LÜTHI	Ursula	BE
	URFER THOMET	Renate	BE
Exorzismus	GASS	Hanni	FR
	ROCH	Christophe	FR
Exorzismus	SCHMUTZ	Daniel	FR
	DANUSER	Melanie	GR
	FELDER	Edith	JU
	BÄTTIG	Markus	LU

Exorzismus	BÜRGE	Markus	SG
	VOGT-RAMSEIER	Manuela	TG
	STADLER	Josef	UR
	BLUMENSTEIN	Jean-Claude	VS
	FELDER	Edith	VS
	WÜRSCH	Albin	VS

(Energetische) Hausentstörungen

Bemerkungen	Name	Vorname	Kt.
	OTTIGER	Felix	AG
	GÖTSCHI	Jeannette	AR
	HAURI OLDRATI	Claudia	AR
	RECHSTEINER	Beda	AR
	AEGERTER	Heidi	BE
	FEDERER	Ruth	BE
	LÜTHI	Liselotte	BE
	DANUSER	Melanie	GR
	FELDER	Edith	JU
	BÄTTIG	Markus	LU
	LEHMANN	Frank	LU
	RIGERT	Barbara	LU
	TRUTTMANN	Marco	NW
	KISER	Melk	OW
	SCHÖNENBERGER	Ursula	SG
	VOGT-RAMSEIER	Manuela	TG
	SCHUWEY	Sibylle	VD
	FELDER	Edith	VS
	WÜRSCH	Albin	VS

Verlorene Gegenstände, Tiere, Personen

Bemerkungen	Name	Vorname	Kt.
	RECHSTEINER	Beda	AR
	BIERI BLUM	Erwin und Margrit	LU
	LEHMANN	Frank	LU
	RIGERT	Barbara	LU
Kostenpflichtige Telefonnummer	WECKERLE	Noëlle	FR

	SCHUWEY	Sibylle	VD
	DORSAZ	Yvette	VS

Besitzen Sie die Gabe und helfen anderen Menschen, indem Sie sich einer volksheilkundlichen Methode bedienen, sei dies die Spruch- und Gebetsheilung, das Handauflegen oder das Einrenken, und möchten in die Adressliste aufgenommen werden? Dann senden Sie bitte Ihren Namen, Vornamen, Ihre Adresse, Telefonnummer und evtl. E-Mail-Adresse mit der Angabe Ihrer Spezialitäten (kurzer Beschrieb) an den Verleger:

Éditions Favre AG
29, rue de Bourg
CH-1002 Lausanne
Tel.: +41 (0)21 312 17 17
Fax: +41 (0) 21 320 50 59
lausanne@editionsfavre.com

Literaturverzeichnis

Bücher und Artikel

Anderegg, Beatrice, 2008: *Mein Weg zum Urvertrauen. Geistiges Heilen – Station der Hoffnung.* Norderstedt: Books on Demand GmbH.

Behringer, Wolfgang, 1998: *Hexen: Glaube, Verfolgung, Vermarktung.* München: C.H. Beck.

Berney, Stéphane: *Contre les attaques de Satan, on implore saint Michel,* in: *Le Matin,* lundi 31 mars 2008, pp. 2-3.

Bieger, Alfons, 2004: *Schröpfende Heiler – schwitzende Kranke. Das Thurgauer Medizinalwesen im 18. und frühen 19. Jahrhundert.* Frauenfeld: Verlag des Historischen Vereins des Kantons Thurgau.

Bloch, Marc, 1998: *Die wundertätigen Könige.* München: Beck.

Blondel Marin, Chantal, 1991: *Contribution à l'étude des guérisseurs et de la relation de soin. Enquête auprès de guérisseurs en Suisse romande* (Thèse de la Faculté de médecine, département universitaire de psychiatrie adulte de l'Université de Lausanne).

Boesch, Jakob, 2002: *Spirituelles Heilen und Schulmedizin. Eine Wissenschaft am Neuanfang.* Bern: Buchverlag Lokwort.

Boesch, Jakob, 2002: *Wissenschaftliche Grundlagen des geistigenergetischen Heilens,* in: *Schweizerisches Medizinisches Forum,* Nr. 21. Teil 1: S. 511–516.

Boesch, Jakob, 2002: *Wissenschaftliche Grundlagen des geistigenergetischen Heilens,* in: *Schweizerisches Medizinisches Forum,* Nr. 22. Teil 2: S. 533–538.

Boesch, Jakob, 2007: *La Voie de la guérison: réconcilier médecine et spiritualité.* Saint-Julien-en-Genevois: Éditions Jouvence.

Bontemps, Michel et al., 2004: *Guérisseurs et grandes médecines douces.* Chêne-Bourg: Éditions Ambre.

Bosson, Alain, 1999: *Les Fribourgeois et leurs médecins dans la seconde moitié du XIXe siècle*, in: *Bulletin de la Société fribourgeoise des sciences naturelles.* Fribourg: Éditions universitaires, pp. 81-85.

Bosson, Alain, 1998: *Histoire des médecins fribourgeois (1850-1900). Des premières anesthésies à l'apparition des rayons X.* Fribourg: Aux sources du temps présent.

Brändli, Sebastian, 1990: *«Die Retter der leidenden Menschheit». Sozialgeschichte der Chirurgen und Ärzte auf der Zürcher Landschaft (1700–1850).* Zürich: Chronos Verlag.

Brockhaus Enzyklopädie in 30 Bänden, 2006: «Radiästhesie». Leipzig/Mannheim: F.A: *Brockhaus*, 21. Auflage, Bd. 22, 434.

Brunner, Conrad, 1922: *Über Medizin und Krankenpflege im Mittelalter in Schweizerischen Landen.* Zürich: Orell Füssli.

Busson, François et Marc David: *Guérisseurs en Suisse romande: le guide*, in: *L'Illustré* 10/08, paru le 5 mars 2008, pp. 51-60.

Candi (Mohlberg, Leo Cunibert), 1986: *Radiästhetische Studien.* St. Gallen: Verlag RGS. 8. Auflage (1. Auflage 1945).

Chalverat, Charles, 1986: *Voie parallèle. Aux sources de la relation d'aide.* Maîtrise en sciences et techniques de l'expression et de la communication. Université de Paris 13.

Daxelmüller, Christoph, 1993: *Zauberpraktiken. Eine Ideengeschichte der Magie.* Zürich: Artemis und Winkler Verlag.

Dettling, A.: *Aus dem Arzneibuch des Landmanns Michael Schorno von Schwytz*, in: *Schweizerisches Archiv für Volkskunde*, Bd. 15 (1911). Basel: Verlag der Schweizerischen Gesellschaft für Volkskunde. S. 89–94.

Duden. *Deutsches Universalwörterbuch* 2003: Mannheim et al.: Dudenverlag, 5. Auflage, 1450.

Ebneter M., M. Binder und R. Saller, 2001: *Fernheilung und klinische Forschung*, in: *Forschende Komplementärmedizin und Klassische Naturheilkunde.* Bd. 8, S 274–287.

Ebneter M., M. Binder, O. Kristof, H. Walach und R. Saller, 2002: *Fernheilung und Diabetes mellitus: eine Pilotstudie*, in: *Forschende Komplementärmedizin und Klassische Naturheilkunde*. Bd. 9, S. 22–30.

Ellis, Arthur J., 1957: *The Divining Rod. A History of Water Witching*. Washington: Government Printing Office, (1. Auflage 1917).

Gantenbein, Urs Leo, 1996: *Schwitzkur und Angstschweiss. Praktische Medizin in Winterthur seit 1300*. Winterthur: Stadtbibliothek Winterthur.

Gilles, Elisabeth: *Comment la médecine hi-tech réveille les pratiques ancestrales*, in: *Allez savoir!* N° 25 février 2003, pp. 22–30.

Gilles, Elisabeth: *Le Mystère des guérisseurs*, in: *Allez savoir!* N° 25 février 2003, pp. 25–27.

Gisler, Karl: *Volksmedizinischer Aberglaube aus Uri*, in: *Schweizerisches Archiv für Volkskunde*, Bd. 17 (1913). Basel: Verlag der Schweizerischen Gesellschaft für Volkskunde. S. 63–64.

Giudicetti, Linda, 2000: *Moderne Heiler erzählen: Interviews mit modernen Heilern der italienischsprachigen Schweiz über ihre Lebensgeschichte, ihre weltanschaulichen Elemente und ihr Verständnis von Gesundheit, Krankheit und Heilung*. Lizenziatsarbeit an der Universität Zürich.

Görres, Joseph von, 1990: *Hinter der Welt ist Magie*. München: Diederichs Verlag.

Grabner, Elfriede: *Theodor Zwinger und die Heilkunde. Schul- und Volksmedizin im Spiegel eines Schweizer Arzneibuches des frühen 18. Jahrhunderts*, in: *Schweizerisches Archiv für Volkskunde*, Bd. 68 (1972). Basel: Verlag der Schweizerischen Gesellschaft für Volkskunde. S. 171–184.

Guggenbühl, Dietegen, 2002: *Mit Tieren und Teufel. Sodomiten und Hexen unter Basler Jurisdiktion in Stadt und Land 1399 bis 1799*. Basel: Verlag des Kantons Basel-Landschaft.

Halter, Ernst und Dominik Wunderlin (Hrsg.), 1999: *Volksfrömmigkeit in der Schweiz*. Zürich: OZV Offizin Verlag.

Hanf, Walter 2007: *Dörfliche Heiler. Gesundbeten und Laienmedizin in der Eifel.* Köln: Greven.

Hauser, Walter, 2007: *Der Justizmord an Anna Göldi. Neue Recherchen zum letzten Hexenprozess in Europa*, Zürich: Limmat Verlag.

Herot, Katrin, 2002: *Berufung zum Heilen: Lebens- und Berufsgeschichten von Heilpraktizierenden aus der deutschsprachigen Schweiz.* Lizentiatsarbeit an der Universität Zürich.

Hirzel, Paul: *Aberglauben in Kanton Zürich*, in: *Schweizerisches Archiv für Volkskunde*, Bd. 2 (1898). Zürich: Cotti. S. 257–279.

Holliger-Clavadetscher, Vera Dorothea, 1995: *Volksmedizinische Rezepte aus dem Kanton Bern des 18. und 19. Jahrhunderts.* Inaugural – Dissertation zur Erlangung der Doktorwürde der Humanmedizin der Medizinischen Fakultät der Universität Bern.

Inauen, Roland, Erhard Taverna, Rudolf Widmer und Peter Witschi, 1995: *Kräfte und Kräuter im Appenzellerland.* Walter Irniger (Hrsg.), Herisau: Schläpfer Verlag.

Inauen, Roland: *För Hitz ond Brand*, in: Inauen, Roland, Erhard Taverna, Rudolf Widmer und Peter Witschi, 1995: *Kräfte und Kräuter in Appenzellerland.* Walter Irniger (Hrsg.), Herisau: Schläpfer Verlag. S. 47–69.

Inauen, Roland: *Heilglauben und Heilpraktiken in Appenzell Innerrhoden*, in: Halter, Ernst und Dominik Wunderlin (Hrsg.), 1999: *Volksfrömmigkeit in der Schweiz.* Zürich: Offizin. S. 129–137.

Inauen, Roland: *Heilglauben und Heilpraktiken in Appenzell Innerrhoden*, in: www.visarteost.ch/projekte/pp03_ri.html#fno2 (09.04.2009)

Iwersen, Julia, 2000: *Was ist New Age, was ist Esoterik?* In: *Zeitschrift für Religions- und Geistesgeschichte.* Leiden: Brill, Volume 52, Number 1, S. 1–24.

Jaenecke-Nickel, *Johanna: Schutzzauber im Jahre 1967*, in: *Schweizerisches Archiv für Volkskunde*, Bd. 64 (1968). Basel: Verlag der Schweizerischen Gesellschaft für Volkskunde. S. 163–167.

Jenny, Magali, 2005: *L'important, c'est que ça marche. Guérisseurs, faiseurs de secrets et rebouteux dans le canton de Fribourg.* Mémoire de licence en ethnologie. Université de Berne.

Jenny, Magali, 2008: *Guérisseurs, rebouteux et faiseurs de secrets en Suisse romande.* Lausanne: Éditions Favre.

Jütte, Robert, 1991: *Ärzte, Heiler und Patienten. Medizinischer Alltag in der frühen Neuzeit.* München, Zürich: Artemis und Winkler Verlag.

Jütte, Robert, 1996: *Geschichte der Alternativen Medizin. Von der Volksmedizin zu den unkonventionellen Therapien von heute.* München: Verlag C.H. Beck.

Kiefer, Klaus H., 2004: *Die famose Hexenepoche. Sichtbares und Unsichtbares in der Aufklärung.* München: Oldenburg.

Klaus, Stephan: *Wissenschaftliche Studien zur Geistheilung,* in: www.spiritheal.com/wissen.htm (02.09.09)

Küchler, Anton: *Rezepte von Dr. Jacob Jenner aus Kerns,* in: *Schweizerisches Archiv für Volkskunde,* Jg. 7 (1903). Zürich: Juchli und Beck. S. 46–50.

Kuhn, G.: *Zur Volkskunde in Maur (Kt. Zürich),* in: *Schweizerisches Archiv für Volkskunde,* Jg. 24 (1923). Basel: Verlag der Schweizerischen Gesellschaft für Volkskunde. S. 241–291.

Lienert, Salome, 2001: *«Sösch probiert mer's haut deserewäg»: Heiler der Luzerner Landschaft erzählen von ihrer Tätigkeit.* Lizentiatsarbeit an der Universität Zürich.

Métral, Nicole: *Imposition des mains et guérisseuses: des pasteurs remettent les souffrances du corps au milieu de l'église,* in: *ProtestInfo,* édition du 26 février au 4 mars 2001, in: www.protestinfo.ch

Meyer-Salzmann, Marta, 1989: *Frühe Medizin in der Schweiz. Von der Urzeit bis 1500.* Aarau, Frankfurt am Main, Salzburg: Verlag Sauerländer.

Morel, Marie-France: *Les curés, les paysans: un même langage. Autrement,* dossier n° 15 78, septembre 1978, pp. 63-73.

Nettesheim von, Heinrich Cornelius Agrippa, 2008: *Die magischen Werke.* Marix Verlag.

Obrecht, Andreas J. (Hrsg.), 2000: *Die Klienten der Geistheiler. Vom anderen Umgang mit Krankeit, Krise, Schmerz und Tod.* Wien, Köln, Weimar: Böhlau Verlag.

Oepen, I.: *Von Erdstrahlen und Wasseradern*, in: Saller, Reinhard und Hubert Feiereis: *Unkonventionelle Therapiemethoden und Arzneimittelverschreibungen.* In: *Erweiterte Schulmedizin*, Bd. 3 (1997). München: Hans Marseille Verlag. S. 403–410.

Pletscher, A.: *Alternativmedizin: Glaube oder Wissenschaft?* In: Saller, Reinhard und Hubert Feiereis: *Unkonventionelle Therapiemethoden und Arzneimittelverschreibungen.* In: *Erweiterte Schulmedizin*, Bd. 3 (1997). München: Hans Marseille Verlag. S. 441–455.

Rahn, Johann Heinrich. In: Bieger, Alfons, 2004: *Schröpfende Heiler – schwitzende Kranke. Das Thurgauer Medizinalwesen im 18. und frühen 19. Jahrhundert.* Frauenfeld: Verlag des Historischen Vereins des Kantons Thurgau. S. 111.

Resch, Andreas, 1992: *Aspekte der Paranormologie. Die Welt des Aussergewöhnlichen.* Innsbruck: Resch Verlag.

Richard, Alexandra: *Ces médecins qui font appel aux guérisseurs.* 28 octobre 2005. In: www.tsr.ch/tsr/index.html?siteSect=200003&sid=6172197

Rudolph, Ebermut, 1977: *Die geheimnisvollen Ärzte. Von Gesundbetern und Spruchheilern.* Olter und Freiburg im Breisgau: Walter-Verlag.

Saller, Reinhard und Hubert Feiereis (Hrsg.), 1997: *Erweiterte Schulmedizin. Anwendung in Diagnostik und Therapie*, Bd. 3. München: Hans Marseille Verlag.

Saller, Reinhard und Hubert Feiereis: *Unkonventionelle Therapiemethoden und Arzneimittelverschreibungen*, in: *Erweiterte Schulmedizin*, Bd. 3 (1997). München: Hans Marseille Verlag. S. X–XXVIII.

Schindelholz, Georges, 1970: *Grimoires et Secrets.* Porrentruy: Editions Jurassiennes.

Schnelle, Udo, 2007: *Theologie des Neuen Testaments.* Göttingen: Vandenhoeck und Ruprecht.

Schweizerisches Idiotikum. Wörterbuch der Schweizerischen Sprache. Bd. 2, 1885. Frauenfeld: J. Huber.

Schweizerische Gesellschaft für Volkskunde: *Schweizerisches Archiv für Volkskunde.*

Spamer, Adolf, 1958: *Romanusbüchlein. Historisch-philologischer Kommentar zu einem deutschen Zauberbuch.* Berlin: Akademie Verlag.

Stoll, Otto: *Die Erhebungen über «Volksmedizin» in der Schweiz,* in: *Schweizerisches Archiv für Volkskunde,* Bd. 5 (1901). Zürich: Cotti. S. 157–200.

Streuli, Rolf A.: *Pourquoi les guérisseurs ont-ils autant de succès?* in: *Forum Med Suisse,* 2006 ; 6: 41, p. 441.

Thali, Dominik: *Interview mit Roman Grüter.* Hochdorf: Seetaler-Bote, 07.12.2006.

Trippel, Cilgia Catrina, 2002: *Gespräche mit Heilern im Bündnerland: Ist von den alten Heiltradition noch etwas erhalten geblieben?* Lizentiatsarbeit an der Universität Zürich.

Wechsler, Rebekka, 2002: *Mit Gebeten heilen: Interviews mit acht heiltätigen Personen aus der Ostschweiz.* Lizentiatsarbeit an der Universität Zürich.

Wehrli, G. A., 1924: *Der Zürcher Stadtarzt Dr. Christoph Clauser und seine Stellung zur Reformation der Heilkunde im 16. Jahrhundert.* Zürich: Verlag Seldwyla.

Weiss, Richard, 1946: *Volkskunde der Schweiz.* Zürich: Eugen Rentsch Verlag.

Wiesendanger, Harald, 1996: *Das grosse Buch vom geistigen Heilen: die umfassende Darstellung sämtlicher Methoden, Krankheiten auf geistigen Wege zu erkennen und zu behandeln.* Bern: Scherz Verlag.

Zaugg, Julie: *Les Guérisseurs en Suisse romande: guérisseurs, les Romands ont foi en eux,* in: *L'Hebdo* du 20 juillet 2006, pp. 14-23.

Zehnder, Vreny, 2004: *Heiterer. Wir alle können heilen.* Druckerei Schüpfheim AG.

Videos und Fernsehsendungen

Aschwanden, Pino: *Der Handaufleger – Merkwürdige Geschichten aus dem Emmental*, SF DOK (2008).

Beday, André: *Le Don redonné* (1999).

Chalverat, Charles: *Voie parallèle* (1986).

Neuenschwander, Jürg: *Kräuter und Kräfte – Naturheiler aus dem Emmental* (1995).

Riniker, Paul: *Pamela – Ein Leben mit Geistern*, SRG (1994).

Pfluger, Rosmarie: *Hellsichtig – Anouk Claes. Ein Leben in zwei Welten* (2005).

Paroles de guérisseuses, TSR1 (1999).

13 Kurzfilme der Fernsehreihe «Mysteriöse Schweiz». SRG SSR idée suisse (2000):

> 2. Stéphane Goël: *Das Geheimnis. Ein Heiler aus dem Freiburgerland.*
>
> 6. Bettina Oberli: *Feen, Zwerge, Zauberwesen.*
>
> 7. Jürg Neuenschwander: *Zwischenwelt.*

Le Secret du secret. Les coupeurs de feu du Jura, TSR2 (2002).

Mon docteur a le «secret», TSR1 (2004), rediffusion le 28.07.2005. In: www.tsr.ch/tsr/index.html?siteSect=500000&channel= #bcid=374276;vid=5974230

A.R.C.: *Les Rebouteux.* 22.04.2006. TSR1.

Internetseiten

Dictionnaire historique de la Suisse: www.hls-dhs-dss.ch/ textes/f/F43539.php

National Federation of Spiritual Healers (NFSH): www.nfsh. org.uk

Wiesendanger, Harald: www.psi-infos.de

www.gl.ch/documents/Bulletin_20_vom_10._Juni_2008.pdf

www.soins-alternatifs.ch

www.protestinfo.ch

www.revivre.ch

www.geistheilen.ch
www.relinfo.ch
www.ee-oron.ch
www.laguerison.org